2018年版全国一级建造师执业资格考试案例分析专项突破

公路工程管理与实务案例分析专项突破

本书编委会　编写

中国建筑工业出版社

图书在版编目（CIP）数据

公路工程管理与实务案例分析专项突破/《公路工程管理与实务案例分析专项突破》编委会编写. —北京：中国建筑工业出版社，2018.4

2018年版全国一级建造师执业资格考试案例分析专项突破

ISBN 978-7-112-22030-4

Ⅰ.①公…　Ⅱ.①公…　Ⅲ.①道路工程-工程管理-资格考试-自学参考资料　Ⅳ.①U415.1

中国版本图书馆CIP数据核字（2018）第062194号

本书根据考试大纲的要求，以历年实务科目案例分析真题的考试命题规律及所涉及的重要考点为主线，收录了2011～2017年度全国一级建造师执业资格考试案例分析真题，并针对历年案例分析真题中的各个难点进行了细致的讲解，从而有效地帮助考生突破固定思维，启发解题思路。

同时以历年真题为基础编排了大量的典型案例习题，注重关联知识点、题型、方法的再巩固与再提高，着力培养考生对“能力型、开放型、应用型和综合型”试题的解答能力，使考生在面对案例分析考题时做到融会贯通、触类旁通，顺利通过考试。

本书可供参加全国一级建造师执业资格考试的考生作为复习指导书，也可供工程施工管理人员参考。

责任编辑：田立平
责任校对：党　蕾

2018年版全国一级建造师执业资格考试案例分析专项突破
公路工程管理与实务案例分析专项突破
本书编委会　编写
*
中国建筑工业出版社出版、发行（北京海淀三里河路9号）
各地新华书店、建筑书店经销
霸州市顺浩图文科技发展有限公司制版
大厂回族自治县正兴印务有限公司印刷
*
开本：787×1092毫米　1/16　印张：13¼　字数：321千字
2018年5月第一版　2018年8月第四次印刷
定价：**35.00**元
ISBN 978-7-112-22030-4
（31767）

前　　言

为了帮助广大考生在短时间内掌握考试中的重点和难点，迅速提高应试能力和答题技巧，更好地适应考试，我们组织了一批优秀的一级建造师考试领域的权威专家，根据现行考试大纲要求，以历年考试命题规律及所涉及的重要考点为主线，精心编写了这套《2018年版全国一级建造师执业资格考试案例分析专项突破》丛书。

本套丛书共分5册，涵盖了一级建造师执业资格考试的5个专业科目，分别是：《建筑工程管理与实务案例分析专项突破》《机电工程管理与实务案例分析专项突破》《市政公用工程管理与实务案例分析专项突破》《公路工程管理与实务案例分析专项突破》《水利水电工程管理与实务案例分析专项突破》。

本套丛书具有以下特点：

要点突出——本套丛书对每一章的要点进行归纳总结，帮助考生快速抓住重点，节约学习时间，更加有效地掌握基础知识。

布局清晰——每套丛书分别从进度、质量、安全、成本、合同、现场等方面，将历年真题进行合理划分，并配以典型习题。有助于考生抓住考核重点，各个击破。

真题全面——本套丛书收录了2011～2017年度全国一级建造师执业资格考试案例分析真题，便于考生掌握考试的命题规律和趋势，做到运筹帷幄。

一击即破——针对历年案例分析真题中的各个难点，进行细致的讲解，从而有效帮助考生突破固定思维，启发解题思路。

触类旁通——以历年真题为基础编排的典型习题，着力加强“能力型、开放型、应用型和综合型”试题的开发与研究，注重关联知识点、题型、方法的再巩固与再提高，加强考生对知识点的进一步巩固，做到融会贯通、触类旁通。

为了配合考生的备考复习，我们配备了专家答疑团队，开通了答疑QQ(3098362934)，以便及时解答考生所提的问题。

由于本书编写时间仓促，书中难免存在疏漏之处，望广大读者不吝赐教。

目　录

真题试卷答题方法及评分说明

全国一级建造师执业资格考试设《建设工程经济》《建设工程项目管理》《建设工程法规及相关知识》三个公共必考科目和《专业工程管理与实务》十个专业选考科目（专业科目包括建筑工程、公路工程、铁路工程、民航机场工程、港口与航道工程、水利水电工程、矿业工程、机电工程、市政公用工程和通信与广电工程）。

《建设工程经济》《建设工程项目管理》《建设工程法规及相关知识》三个科目的考试试题为客观题。《专业工程管理与实务》科目的考试试题包括客观题和主观题。

一、客观题答题方法及评分说明

1. 客观题答题方法

客观题题型包括单项选择题和多项选择题。对于单项选择题来说，备选项有4个，选对得分，选错不得分也不扣分，建议考生宁可错选，不可不选。对于多项选择题来说，备选项有5个，在没有把握的情况下，建议考生宁可少选，不可多选。

在答题时，可采取下列方法：

(1) 直接法。这是解常规的客观题所采用的方法，就是考生选择认为一定正确的选项。

(2) 排除法。如果正确选项不能直接选出，应首先排除明显不全面、不完整或不正确的选项，正确的选项几乎是直接来自于考试教材或者法律法规，其余的干扰选项要靠命题者自己去设计，考生要尽可能多排除一些干扰选项，这样就可以提高选择出正确答案的概率。

(3) 比较法。直接把各备选项加以比较，并分析它们之间的不同点，集中考虑正确答案和错误答案关键所在。仔细考虑各个备选项之间的关系。不要盲目选择那些看起来、读起来很有吸引力的错误选项，要去误求正、去伪存真。

(4) 推测法。利用上下文推测词义。有些试题要从句子中的结构及语法知识推测入手，配合考生自己平时积累的常识来判断其义，推测出逻辑的条件和结论，以期将正确的选项准确地选出。

2. 客观题评分说明

客观题部分采用机读评卷，必须使用2B铅笔在答题卡上作答，考生在答题时要严格按照要求，在有效区域内作答，超出区域作答无效。每个单项选择题只有1个备选项最符合题意，就是4选1。每个多项选择题有2个或2个以上备选项符合题意，至少有1个错项，就是5选2～4，并且错选本题不得分，少选，所选的每个选项得0.5分。考生在涂卡时应注意答题卡上的选项是横排还是竖排，不要涂错位置。涂卡应清晰、厚实、完整，保持答题卡干净整洁，涂卡时应完整覆盖且不超出涂卡区域。修改答案时要先用橡皮擦将原涂卡处擦干净，再涂新答案，避免在机读评卷时产生干扰。

二、主观题答题方法及评分说明

1. 主观题答题方法

主观题题型是案例分析题。案例分析题是通过背景资料阐述一个项目在实施过程中所开展的相应工作，根据这些具体的工作提出若干小问题。

案例分析题的提问方式及作答方法如下：

（1）补充内容型。一般应按照教材将背景资料中未给出的内容都回答出来。

（2）判断改错型。首先应在背景资料中找出问题并判断是否正确，然后结合教材、相关规范进行改正。需要注意的是，考生在答题时，有时不能按照工作中的实际做法来回答问题，因为根据实际做法作为答题依据得出的答案和标准答案之间存在很大差距，即使答了很多，得分也很低。

（3）判断分析型。这类型题不仅要求考生答出分析的结果，还需要通过分析背景资料来找出问题的突破口。需要注意的是，考生在答题时要针对问题作答。

（4）图表表达型。结合工程图及相关资料表回答图中构造名称、资料表中缺项内容。需要注意的是，关键词表述要准确，避免画蛇添足。

（5）分析计算型。充分利用相关公式、图表和考点的内容，计算题目要求的数据或结果。最好能写出关键的计算步骤，并注意计算结果是否有保留小数点的要求。

（6）简单论答型。这类型题主要考查考生记忆能力，一般情节简单、内容覆盖面较小。考生在回答这类型题时要直截了当，有什么答什么，不必展开论述。

（7）综合分析型。这类型题比较复杂，内容往往涉及不同的知识点，要求回答的问题较多，难度很大，也是考生容易失分的地方。要求考生具有一定的理论水平和实际经验，对教材知识点要熟练掌握。

2. 主观题评分说明

主观题部分评分是采取网上评分的方法来进行，为了防止出现评卷人的评分宽严度差异对不同考生产生的影响，每个评卷人员只评一道题的分数。每份试卷的每道题均由2位评卷人员分别独立评分，如果2人的评分结果相同或很相近（这种情况比例很大）就按2人的平均分为准。如果2人的评分差异较大超过4～5分（出现这种情况的概率很小），就由评分专家再独立评分一次，然后用专家所评的分数和与专家评分接近的那个分数的平均分数为准。

主观题部分评分标准一般以准确性、完整性、分析步骤、计算过程、关键问题的判别方法、概念原理的运用等为判别核心。标准一般按要点给分，只要答出要点基本含义一般就会给分，不恰当的错误语句和文字一般不扣分，要点分值最小一般为0.5分。

主观题部分作答时必须使用黑色墨水笔书写作答，不得使用其他颜色的钢笔、铅笔、签字笔和圆珠笔。作答时字迹要工整、版面要清晰。因此书写不能离密封线太近，密封后评卷人不容易看到；书写的字不能太粗太密太乱，最好买支极细笔，字体稍微书写大点、工整点，这样看起来工整、清晰，评卷人也愿意多给分。当本页不够答题要占用其他页时，在下面注明：转第×页；因为每个评卷人仅改一题，若转到另一页评卷人可能就看不到了。

主观题部分作答应避免答非所问，因此考生在考试时要答对得分点，答出一个得分点就给分，说的不完全一致，也会给分，多答不会给分的，只会按点给分。不明确用到什么规范的情况就用“强制性条文”或者“有关法规”代替，在回答问题时，只要有可能，就在答题的内容前加上这样一句话：根据有关法规或根据强制性条文，通常这些是得分点之一。

主观题部分作答应言简意赅，并多使用背景资料中给出的专业术语。考生在考试时应相信第一感觉，往往很多考生在涂改答案过程中，“把原来对的改成错的”这种情形有很多。在确定完全答对时，就不要展开论述，也不要写多余的话，能用尽量少的文字表达出正确的意思就好，这样评卷人看得舒服，考生自己也能省时间。如果答题时发现错误，不得使用涂改液等修改，应用笔画个框圈起来，打个“×”即可，然后再找一块干净的地方重新书写。

第一章　公路工程施工进度管理

要 点 归 纳

1. 公路工程进度计划的主要形式**【一般考点】**

公路工程进度计划的主要形式：横道图、“S”曲线、垂直图（也称斜条图、时间里程图）、斜率图、网络图。

2. 公路施工过程组织方法和特点**【重要考点】**

（1）顺序作业法（也称为依次作业法）的主要特点

1）没有充分利用工作面进行施工，（总）工期较长。

2）每天投入施工的劳动力、材料和机具的数量比较少，有利于资源供应的组织工作。

3）施工现场的组织、管理比较简单。

4）不强调分工协作，若由一个作业队完成全部施工任务，不能实现专业化生产，不利于提高劳动生产率；若按工艺专业化原则成立专业作业队（班组），各专业队是间歇作业，不能连续作业，材料供应也是间歇供应，劳动力和材料的使用可能不均衡。

（2）平行作业法的主要特点

1）充分利用工作面进行施工，（总）工期较短。

2）每天同时投入施工的劳动力、材料和机具数量较大，材料供应特别集中，所需作业班组很多，影响资源供应的组织工作。

3）如果各工作面之间需共用某种资源时，施工现场的组织管理比较复杂、协调工作量大。

4）不强调分工协作，各作业单位都是间歇作业，此点与顺序作业法相同。

这种方法的实质是用增加资源的方法来达到缩短（总）工期的目的，一般适用于需要突击性施工时施工作业的组织。

（3）流水作业法的主要特点

1）必须按工艺专业化原则成立专业作业队（班组），实现专业化生产，有利于提高劳动生产率，保证工程质量。

2）专业化作业队能够连续作业，相邻作业队的施工时间能最大限度地搭接。

3）尽可能地利用工作面进行施工，工期比较短。

4）每天投入的资源量较为均衡，有利于资源供应的组织工作。

5）需要较强的组织管理能力。

这种方法可以科学地利用工作面，实现不同专业作业队之间的平行施工。

3. 公路工程常用的流水施工组织**【重要考点】**

（1）公路工程常用的流水参数：工艺参数、空间参数、时间参数。

(2) 公路工程流水施工分类

1) 按节拍的流水施工分类：有节拍（等节奏）流水施工、无节拍（无节奏）流水施工。其中，有节拍（有节奏）流水施工又分为：等节拍（等节奏）流水施工和异节拍（异节奏）流水施工。

2) 按施工段在空间分布形式的流水施工分类：流水段法流水施工、流水线法流水施工。

(3) 通道和涵洞的流水段施工组织

1) 不窝工的无节拍流水工期＝流水步距和＋最后一道工序流水节拍的和＋要求间歇和。

2) 无多余间歇的无节拍流水工期＝施工段间间隔和＋最后一个施工段流水节拍的和＋要求间歇和。

3) 有窝工并且有多余间歇的无节拍流水工期，一般通过绘制横道图来确定；如果是异节拍流水时往往是不窝工或者无多余间歇流水施工中的最小值，此时一般是无多余间歇流水工期最小。

(4) 桥梁工程流水施工组织

多跨桥梁的桥梁基础或桥梁下部结构施工由于受到专业设备数量的限制，不宜配备多台，因此只能采取流水施工。桥梁的流水施工也是属于流水段法流水施工，应注意尽可能组织成有节拍的形式。工期计算与通道涵洞相同。

4. 进度计划的检查与调整**【重要考点】**

(1) 进度计划检查的方法：横道图比较法、“S”形曲线比较法、“香蕉”形曲线比较法、前锋线比较法。

(2) 进度计划的调整

当公路工程项目施工实际进度影响到后续工作时，总工期需要对进度计划进行调整时，通常采用以下两种方法：

1) 改变某些工作间的逻辑关系。

2) 缩短某些工作的持续时间。

历 年 真 题

案例分析题一［2017年真题］

【背景资料】

某公路工程采用工程量清单方式招标，甲公司中标并与发包人签订了施工承包合同，甲公司项目部编制了工程施工进度单代号网络计划图如图1-1所示，监理工程师批准了该计划。

合同约定当工程量增加超出清单工程量25%时，双方可以协商调整超出25%部分的单价，甲公司部分工程量清单报价见表1-1。

施工中发生如下事件：

事件1：由于设计变更，路基挖土方实际完成工程量为90000m^3，双方协商调整单价为14元/m^3。边沟人工清淤挖运20m实际完成工程量82m^3。

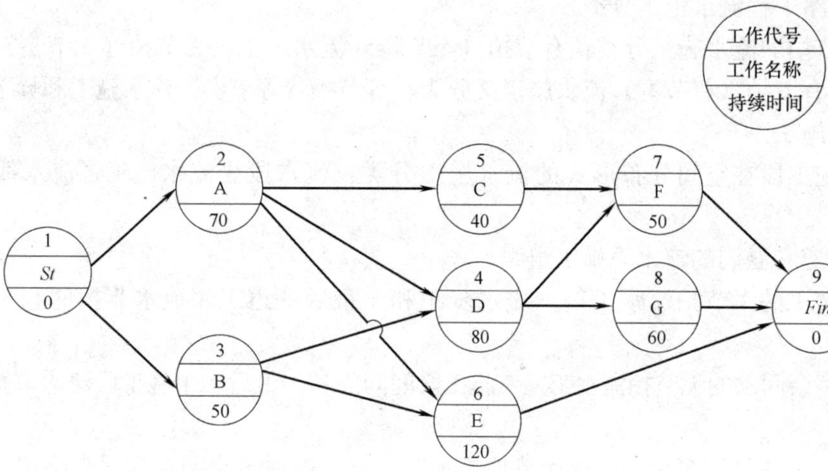

图 1-1 工程施工进度单代号网络计划图（时间单位：d）

部分工程量清单报价表 **表 1-1**

第 200 章 路基					
子目号	子目名称	单位	数量	单价(元)	合价(元)
…	……………				
203	挖方				
203－1	路基挖方				
－a	挖土方(外运 1km)	m^3	60000.000	15.00	900000
204	填方				
204－3	结构物台背回填				
－a	台背回填 4%水泥稳定碎石	m^3	146.000	285.31	41655
207	排水工程				
207－1	边沟				
－b	M7.5 浆砌片石边沟	m^3	108.000	415.42	44865
－d	边沟人工清淤挖运 20m	m^3	91.260		
…	……………				
第 200 章 合计 人民币 3033830 元					

事件 2：A、B 工作开工 5d 后开始下雨，因季节性下雨导致停工 4d，后变为 50 年一遇特大暴雨，导致停工 6d。承包商提出工程延期 10d 与窝工补偿 2 万元。

事件 3：由于设计变更，导致 C 工作推迟开工 60d。

事件 4：D 工作完成后，业主委托第三方检验，检验结果质量为不合格。承包商返工修复完工后，业主重新委托第三方检验。由于 D 工作返工，影响了 G 工作的开始时间，业主要求承包商赶工，监理工程师也需要一起加班。

【问题】

1. 事件 1 中，路基挖方的总价为多少元？边沟人工清淤挖运是否计价？说明理由。(计算结果保留整数)

2. 将工程施工进度单代号网络计划转换为双代号网络图。

3. 事件 2 中，承包商可以获得的工期和窝工补偿各为多少？事件 3 中，承包商可以索赔的工期为多少？

4. 事件 4 中，业主可以向承包商提出索赔的费用有哪些？

【解题方略】

1. 本题考核的是路基挖方成本的计算。关于路基挖方总价的计算，应注意“增加超出清单工程量 25%时，双方可以协商调整超出 25%部分的单价”的信息，即分别计算超出 25%和未超出 25%部分的价格，之后求和。

2. 本题考核的是双代号网络计划图的绘制。双代号网络图中，不允许出现循环回路。绘制网络图时，箭线不宜交叉。双代号网络图中应只有一个起点节点和一个终点节点（多目标网络计划除外），而其他所有节点均应是中间节点。双代号网络图应条理清楚，布局合理。

3. 本题考核的是工期和费用的索赔。(1) 工程延期索赔，因为不可抗力事件等原因造成工期拖延的，承包人向发包人提出索赔。事件 2 中，“50 年一遇特大暴雨，导致停工 6d”属于不可抗力事件故可索赔 6d。(2) 从网络计划的终点节点开始，逆着箭线方向一次找出相邻两工作之间的时间间隔为零的线路就是关键线路。可得出事件 3 中关键线路为 A→D→G。其他工作的总时差应等于本工作与其各紧后工作之间的时间间隔加该紧后工作的总时差所得之和的最小值，即：$TF_i=\min\{LAG_{i,j}+TF_j\}$。可得出事件 3 中，C 工作的总时差为 40，F 工作的总时差为 10。60－(40＋10)＝10d。

4. 本题考核的是业主向承包商的索赔。质量不满足合同要求，工程被拒绝接收，在承包商自费修复后，业主可索赔重新检验费。工程进度太慢，要求承包商赶工时，可索赔工程师的加班费。

【参考答案】

1. (1) 路基挖方按原单价结算的工程量：60000×（1＋25%）＝75000m^3。

路基挖方按新单价结算的工程量：90000－75000＝15000m^3。

路基挖方总价：75000m^3×15 元/m^3＋15000m^3×14 元/m^3＝1335000 元。

(2) 边沟人工清淤挖运不予计价。

理由是：此项工作出现在 207－1－d 中，按照规定，已经列出的工程量清单，只是没有填写价格的，表明此部分工程量投标人已经考虑到，因为其未填写价格，可以视为其价格已经包含在其他项目中。

2. 工程施工进度单代号网络计划转换为双代号网络图，如图 1-2 所示。

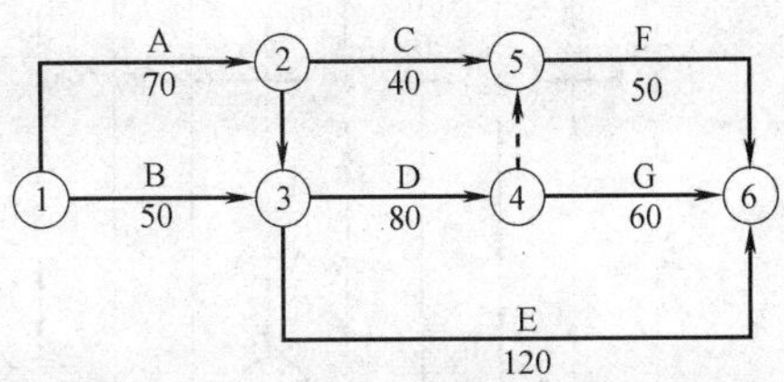

图 1-2 双代号网络图

3. 事件 2 中，承包商可以获得索赔补偿工期 6d，无法获得窝工补偿（或窝工补偿为零）。

事件 3 中，承包商可以索赔工期 10d。

4. 业主可以向承包商索赔：重新检验费和监理加班费。

案例分析题二［2013 年真题］

【背景资料】

某施工单位承接了南方某山区高速公路 K10＋000～K24＋080 段的施工。工期为当年 3 月初至 10 月底，其中 K12＋800～K13＋200 段紧邻一山区河流，该地区 4、5、6 月为多雨季节。土方挖运主要采用自备挖掘机施工，有 50000m^3 弃土需运至指定弃土场，平均运距为 3km。

合同中约定，只有钢材、水泥可调价，并采用调值公式法调整价格。钢材在投标函投标总报价中占 30%，水泥占 15%。6 月份钢材价格较基准日期上涨 30%，当月承包人完成的工程量金额为 463 万元。该项目主要工作信息摘录见表 1-2。

施工单位编制的时标网络计划如图 1-3 所示。

主要工作信息表（摘录） **表 1-2**

工作说明	工作代号	紧后工作	持续时间(d)	所需主要资源
—	A	B,D	20	—
路基土方开挖 2	B	C,E	20	每天 2 台挖掘机
路基土方开挖 3	C	F	20	每天 4 台挖掘机
涵洞基础开挖	D	E,G	30	每天 2 台挖掘机
—	E	F,H	30	
—	F	J,I	30	
—	G	H	20	
—	H	I	40	
—	I	K,L	20	
—	J	M	20	
—	K	M	10	
—	L	N	20	
—	M	P,N	40	
—	…	…	…	

施工中，由于业主原因，导致 G 停工 20d。

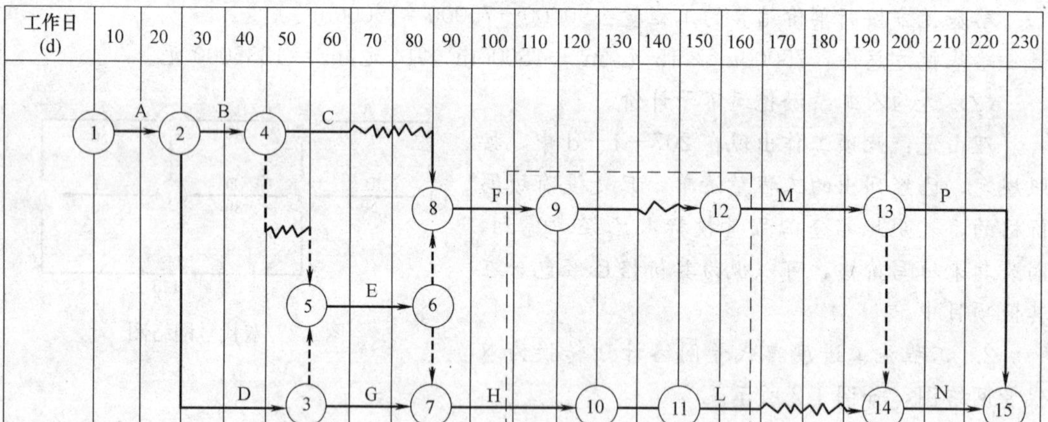

图 1-3 时标网络图

【问题】

1. 按最早开始时间补充绘制时标网络图中虚框内的图形（将虚框内的内容复制在答题卡上作答），并写出关键线路和工期。

2. 若按计划执行，施工中每天最多需要多少台挖掘机？如果施工单位只配置了 4 台，并且保证全部投入使用，写出 C 连续作业的工作安排。

3. 计算 6 月份调价后的工程款。

4. 为保证 4、5、6 月的施工安全，应在季节性安全措施中考虑防范哪些安全风险？

5. 写出G工作的总时差，计算因业主原因导致的工期拖延天数。

6. 对于土方挖运施工，除挖掘机外，还需配置哪些主要施工机械？

【解题方略】

1. 本题考查的是时标网络图的绘制以及关键线路的选择及工期的计算。本题时标网络图的完善较为简单，结合利用背景资料的相关信息即可。双代号时标网络计划能在图上直接显示出各项工作的开始与完成时间、工作的自由时差及关键线路。根据确定的关键线路即可轻松得知总工期。

2. 本题考查的是机械设备配置的计算。因为C、D重叠，按计划需要4+2=6台挖掘机。

3. 本题考查的是调值公式法计算合同价款。用调值公式 $P=P_0(a_0+a_1A/A_0+a_2B/B_0+a_3C/C_0+\cdots\cdots)$ 分别带入即可。调值公式需要考生牢记。

4. 本题考查的是雨期施工应考虑的风险。本问中，问4、5、6月的施工风险，考生应第一时间想到雨期施工的相关知识。

5. 本题考查的是总时差的确定。总时差（TF_{i-j}），是指在不影响总工期的前提下，工作 $i-j$ 可以利用的机动时间。

6. 本题考查的是土方施工主要施工机械的配置。对于土方开挖工程，选择的机械与设备主要有：推土机、铲运机、挖掘机、装载机和自卸汽车等。

【参考答案】

1. 完整的时标网络图如图1-4所示。

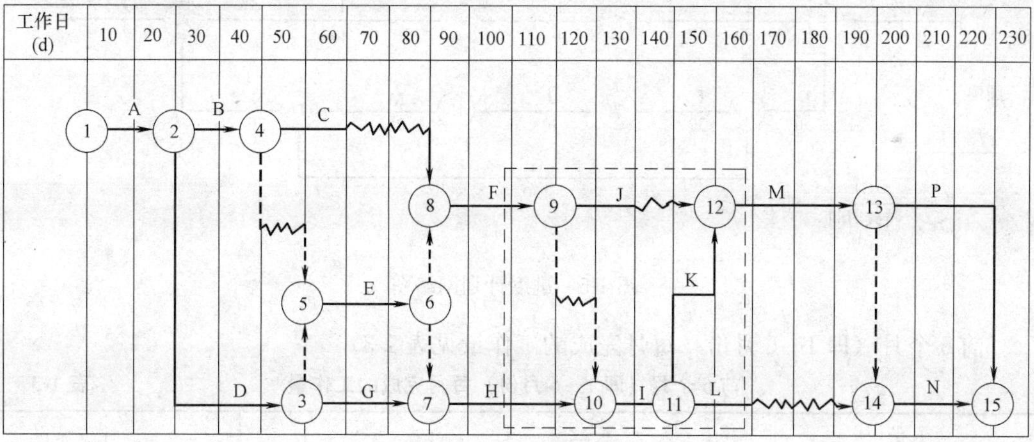

图1-4　时标网络图

关键线路为：①→②→③→⑤→⑥→⑦→⑩→⑪→⑫→⑬→⑮和①→②→③→⑤→⑥→⑦→⑩→⑪→⑫→⑬→⑮。或用A→D→E→H→I→K→M→P和A→D→E→H→I→K→M→N表示。

总工期为220d。

2. 若按计划执行，施工中每天最多需要6台挖掘机。

C连续作业的工作安排：C工作按最早开始时间安排进度，前10d与D工作平行施工，每天用两台挖掘机；从第51天开始，C工作用4台设备工作15d。

3. 6月调价后的工程款=463×(40%+30%+30%×130%/100%)=504.67万元。

4. 4、5、6月雨期施工应考虑防范洪水、泥石流、路堑塌方、施工便道冲毁、机械设备防护等。

5. G 工作的总时差应为 10d。

因业主的原因导致的工期拖延天数=20—10=10d。

6. 对于土方开挖工程，选择的机械与设备主要有：推土机、铲运机、挖掘机、装载机和自卸汽车等。除挖掘机外，还应配置推土机、装载机、铲运机、自卸汽车等。

案例分析题三［2012 年真题］

【背景资料】

某公路工程，合同价 4000 万元，合同工期 270d。合同条款约定：(1) 工程预付款为合同价的 10%，开工当月一次性支付；(2) 工程预付款扣回时间及比例：自工程款（含工程预付款）支付至合同价款的 60%的当月起，分两个月平均扣回；(3) 工程进度款按月支付；(4) 工程质量保证金按月进度款的 5%扣留；(5) 钢材、水泥、沥青按调值公式法调价，权重系数分别为 0.2、0.1、0.1，其中钢材基期价格指数为 100。

施工合同签订后，施工单位向监理提交了如图 1-5 所示的进度计划，并得到监理批准。

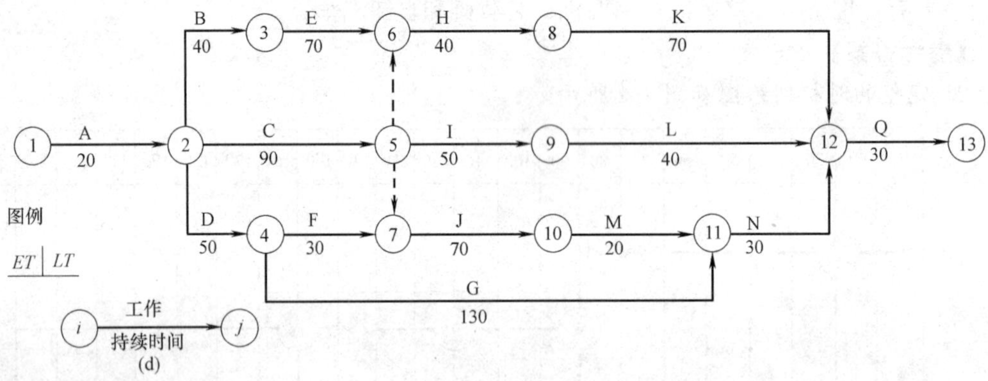

图 1-5　进度计划网络图

前 6 个月（即 1～6 月份）每月完成的工作量见表 1-3。

前 6 个月（即 1～6 月份）每月完成的工作量　　　　表 1-3

月份	1	2	3	4	5	6
实际完成工作量(万元)	100	200	350	600	800	800

6 月份钢材的现行价格指数为 110，其余材料价格无变化。

施工过程中，在第三个月末检查时发现：E 工作延误 20d，C 工作延误 10d，F 工作按计划进行，G 工作提前 10d。为满足业主坚持按合同工期完工的要求，在不改变网络计划逻辑关系的条件下，施工单位根据表 1-4 条件按经济性原则进行了计划调整。

可压缩天数及费率　　　　表 1-4

工作	…	B	E	H	K	Q	…
可压缩天数	…	5	5	10	20	5	…
费率(万元/d)	…	0.1	0.2	0.3	0.4	1.0	…

在G工作进行到一半左右，出现了合同中未标明的硬质岩石，导致施工困难。施工单位及时采取合理措施进行处理并通知了监理。因处理硬质岩石导致增加费用20万元、G工作延误20d，对此，施工单位在规定时间内提出了工期及费用索赔。

【问题】

1. 按网络图图例方式，列出⑤、⑥、⑦三个节点的节点时间参数。指出网络图中的关键线路。确定计划工期。

2. 列式计算本工程预付款及其起扣点金额。工程预付款在哪两个月扣回？每月扣多少万元？

3. 列式计算4月份及5月份的工程进度支付款。

4. 列式计算6月份的调价款。

5. 针对3月末进度检查结果，评价工程进度，并分析确定调整计划的最经济方案。

6. 针对G工作中出现硬质岩石的处理，分别指出施工单位提出的工期及费用索赔是否合理？并说明理由。

【解题方略】

1. 本题考查的是关键线路与计划工期的确定。

(1) 按节点计算法，节点最早时间的计算应从网络计划的起点节点开始，顺着箭线方向依次进行。

网络计划起点节点，如未规定最早时间时，其值等于零。即起点节点①的最早时间$ET_1=0$。

其他节点的最早时间应按下列公式进行计算：

$$ET_j=\max\{ET_i+D_{i-j}\}$$

依次计算出节点⑤、⑥、⑦的最早时间分别为110、130、110。

节点最迟时间的计算应从网络计划的终点节点开始，逆着箭线方向依次进行。网络计划终点节点的最迟时间等于网络计划的计划工期，即：$LT_{13}=270$。

其他节点的最迟时间应按下列公式进行计算：

$$LT_i=\min\{LT_j-D_{i-j}\}$$

依次计算出节点⑤、⑥、⑦的最迟时间分别为120、130、120。

(2) 在双代号网络计划和单代号网络计划中，关键路线是总的工作持续时间最长的线路。

(3) 计划工期是根据要求工期和计算工期所确定的作为实施目标的工期，用Tp表示。未规定要求工期时，计划工期等于计算工期。计算工期等于其终点节点所代表的工作的最早完成时间。

2. 本题考查的是工程预付款及其起扣点的计算。

(1) 本题关于预付款及起扣点的计算考核的较为简单，根据背景资料所给条件简单的相乘即可。

(2) 按月支付至5月份的工程款部分，考生应格外注意此处应含预付款。

3. 本题考查的是工程款的支付。本题要充分考虑到“工程质量保证金按月进度款的5%扣留”。

4. 本题考查的是因钢材价格变动引起的调价款的计算。本题要充分考虑到“钢材、水泥、沥青按调值公式法调价，权重系数分别为0.2、0.1、0.1”。

5. 本题考查的是工程进度及调整计划的最经济方案。调整工作的选择条件分析应充分考虑在不改变逻辑关系的条件下，选择有压缩余地且费率最小的工作进行压缩最为经济。调整方案应按费率由小到大进行压缩。

6. 本题考查的是工期索赔与费用索赔。关于工期索赔应首先考虑是否超出本工作的总时差。抓住“合同中未标明的硬质岩石”是回答费用索赔的关键。

【参考答案】

1. 节点时间参数：

110 | 120 ⑤ 130 | 130 ⑥ 110 | 120 ⑦

关键线路：A→B→E→H→K→Q。

或：①→②→③→⑥→⑧→⑫→⑬。

计划工期：270d。

2. 工程预付款：4000×10%=400万元

工程预付款起扣点：4000×60%=2400万元

按月支付至5月份的工程款（含预付款）累计2450万元。从5月份开始扣工程预付款，在5、6两个月扣200万元。

3. 4月份支付工程款：600×(1−5%)=570万元

5月份支付工程款：800×(1−5%)−200=560万元

4. 6月份因钢材价格变动引起的调价款：

800×[0.6+(0.2×110/100+0.1+0.1)−1]=800×0.02=16万元。

5. 施工单位的最经济的调整方案分析确定如下：

(1) 第三个月末进度评价见表1-5：

第三个月末进度评价 表1-5

工作	延误	TF	误期
E	20	0	20
C	10	10	0
F	0	20	−20
G	−10	10	−10

可见，由于E工作的20d延误将导致工期拖延20d。

(2) 调整工作的选择条件分析：

未按合同工期完成，需调整后续工作计划，在不改变逻辑关系条件下，选择有压缩余地且费率最小的工作进行压缩最为经济。

(3) 调整方案：按费率由小到大进行压缩。

压缩E工作5d，增加费用5×0.2=1万元

压缩H工作10d，增加费用10×0.3=3万元

压缩K工作5d，增加费用5×0.4=2万元

合计压缩 20d，增加费用 6 万元。

6. 施工单位提出的工期索赔不合理。

理由：G 工作的 20d 延误并未超出 G 工作此时的总时差（20d）不影响工期。

施工单位提出的费用索赔合理。

理由：G 工作进行中出现合同中未标明的硬质岩石，增大了施工难度，属于“不利物质条件”。

典 型 习 题

案例分析题一

【背景资料】

某实施监理的公路工程，项目业主与施工单位于 2012 年 12 月按《建设工程施工合同（示范文本）》签订了施工合同，合同工期为 11 个月，2013 年 1 月 1 日开工。合同约定的部分工作的工程量清单见表 1-6，工程进度款按月结算，并按项目所在地工程造价指数进行调整（此外没有其他调价条款）。

工程量清单（部分）表　　表 1-6

序号	工作名称	估算工程量(m^3)	全费用综合单价(元/m^3)
1	A	800	500
2	B	1200	1200
3	C	1800	1000
4	D	600	1100
5	E	800	1200

施工单位编制的施工进度时标网络计划，如图 1-6 所示。该项目的各项工作均按最早开始时间安排，且各项工作均按匀速施工。2013 年 1～5 月工程造价指数见表 1-7。

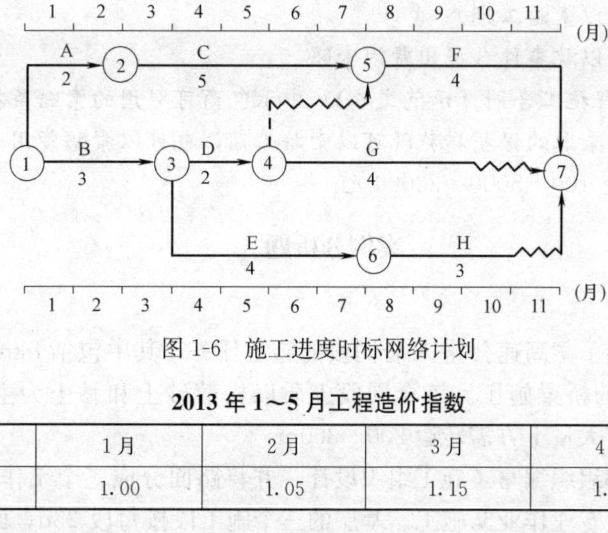

图 1-6 施工进度时标网络计划

2013 年 1～5 月工程造价指数　　表 1-7

时间	1 月	2 月	3 月	4 月	5 月
工程造价指数	1.00	1.05	1.15	1.10	1.20

工程施工过程中，发生如下事件：

事件1：A工作因设计变更，增加工程量，经工程师确认的实际完成工程量为 $840m^3$，工作持续时间未变。

事件2：B工作施工时遇到不可预见的异常恶劣气候，造成施工单位的施工机械损坏，修理费用2万元；施工人员窝工损失0.8万元，其他损失费用忽略不计，工作时间延长1个月。

事件3：C工作施工时发现地下文物，导致C工作的工作时间延长1个月，施工单位自有设备闲置180个台班（台班单价为300元/台班，台班折旧费为100元/台班）。施工单位对文物现场进行保护，产生费用0.5万元。

【问题】

1. 分析上述事件发生后C、D、E工作的实际进度对总工期的影响，并说明理由。

2. 施工单位是否可以就事件2、3提出费用索赔？如果不可以索赔，说明理由。如果可以索赔，说明理由并计算可索赔多少费用？

【参考答案】

1. 上述事件发生后C、D、E工作的实际进度对总工期影响的判断及理由。

(1) C工作的实际进度使总工期拖后1个月。

理由：C工作为关键工作，其工作时间延长1个月会使总工期拖后1个月。

(2) D工作的实际进度不影响总工期。

理由：D工作为非关键工作，有2个月的总时差，即使工作时间拖后1个月也不会影响总工期。

(3) E工作的实际进度不影响总工期。

理由：E工作为非关键工作，有1个月的总时差，即使工作时间拖后1个月也不会影响总工期。

2. 施工单位就事件2、3提出费用索赔的判断及理由。

(1) 施工单位不可以就事件2提出费用索赔。

理由：《建设工程施工合同（示范文本）》中承包商可引用的索赔条款，遇到不可预见的异常恶劣气候只可以索赔工期。

(2) 施工单位可以就事件3提出费用索赔。

理由：《建设工程施工合同（示范文本）》中承包商可引用的索赔条款，工作施工时发现地下障碍和文物而采取的保护措施既可以索赔工期，也可以索赔费用。

索赔费用＝180×100＋5000＝23000元。

案例分析题二

【背景资料】

某施工单位承接了某高速公路A合同段的施工任务，其中包括8km的路基、路面工程和一座跨径80m的桥梁施工。该合同段土质以松散砂土和黏土为主，土质含水量为20%，路基施工中有大量土方需转运200～300m。

施工前，项目部组织编写了施工组织设计，并将路面分成三个工作量相等的施工段，基层和面层各由一个专业作业队施工。基层的三个施工段按每段25d，面层的三个施工段按每段15d等节拍组织线性流水施工，并绘制了总体进度计划如图1-7所示。

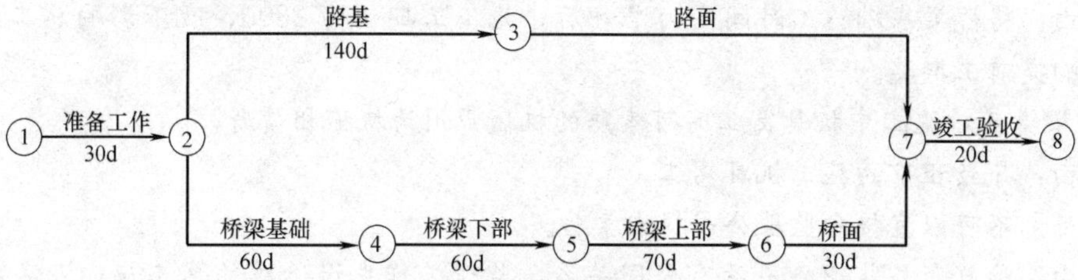

图1-7　总体进度计划

合同约定工期为300d，并规定每提前工期1d，奖励0.5万元；每拖延工期1d，罚款0.8万元。

在施工准备阶段，项目部将桥梁工程的基础施工指派给某专业作业队实施，但由于种种原因，施工时间需调整为70d。

在桥梁基础施工中，由于监理工作失误，使该桥施工暂停10d，导致人员和租赁的施工机具窝工10d，项目部在规定时间内就此向监理公司提出了费用索赔。

【问题】

1. 该项目土方转运宜选用何种土方机械？说明理由。

2. 按组织流水施工的要求，完善路面部分的施工网络图。

3. 计算完善后的网络计划工期和按此计划项目部可能得到的提前完工奖励或因误期的罚款额。

4. 将桥梁基础施工时间定为70d是否可行？说明理由。

5. 指出桥梁基础施工中机具窝工时可索赔的机械费用组成，项目部是否可以直接向监理公司提出索赔？说明理由。

【参考答案】

1. 该项目土方转运宜选用小型和中型铲运机。

理由：铲运机在土的湿度方面，最适宜湿度较小（含水量在25%以下）松散砂土和黏土中施工，铲斗容积为小型和中型的合理运距为100～350m；大型和特大型的合理运距为800～1500m。本题中的土质以松散砂土和黏土为主，土质含水量为20%，路基施工中有大量土方需转运200～300m。

2. 路面施工时间＝25＋25＋25＋15＝90d，总体进度计划如图1-8所示。

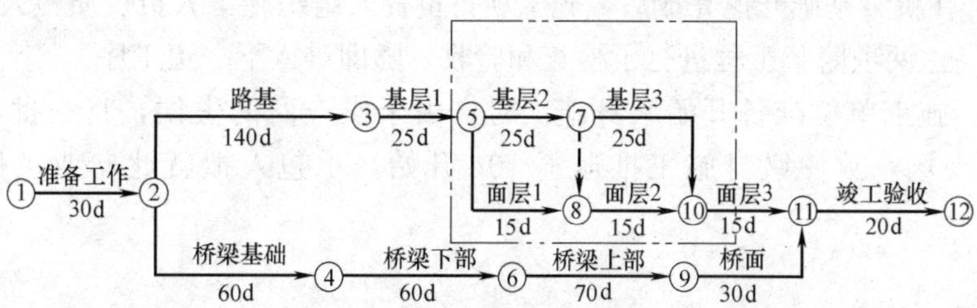

图1-8　总体进度计划

3. 完善后的网络计划工期＝30＋140＋90＋20＝280d。

按此计划项目部可能得到的提前完工奖＝（300－280）×0.5＝10万元

4. 将桥梁基础施工时间定为70d可行。

理由：将桥梁基础施工时间定为70d后，施工工期仍为280d，既不影响总工期，也不会影响提前工期奖。

5. 桥梁基础施工中机具窝工时可索赔的机械费用为机械租赁费。

理由：导致租赁的施工机具窝工。

项目部不可以直接向监理公司提出索赔。

理由：承包商与监理公司没有合同关系，监理工作失误造成的窝工应向业主提出索赔，并按规定向监理递交索赔文件。

案例分析题三

【背景资料】

某施工单位承接了一4×20m简支梁桥工程。桥梁采用扩大基础，墩身平均高10m。项目为单价合同，且全部钢筋由业主提供，其余材料由施工单位自采或自购。在离本工程不远的江边有丰富的砂源，经检验，砂的质量符合要求。采砂点位于一跨江大桥下游150m处，施工用砂均取自这里。项目部拟就1～3号排架组织流水施工，各段流水节拍见表1-8。

各段流水节拍　　表1-8

工序　流水节拍(d)　段落	1号排架	2号排架	3号排架
扩大基础施工(A)	10	12	15
墩身施工(B)	15	20	15
盖梁施工(C)	10	10	10

注：表中排架由基础、墩身和盖梁三部分组成。

根据施工组织和技术要求，基础施工完成后至少10d才能施工墩身。

施工期间，还发生了如下事件：

事件1：由于业主大型安装设备的进场，业主委托承包人对一旧桥进行加固。加固工程中的施工项目在原合同中有相同项目，承包人要求直接采用相关单价来处理加固费用。

事件2：在桥梁基础开挖完成后，施工项目负责人组织施工人员、质检人员对基槽几何尺寸和标高这两项隐蔽工程进行了检查和验收，随即进入下一道工序。

事件3：施工单位准备开始墩身施工时，由于供应商的失误，将一批不合格的钢筋运到施工现场，致使墩身施工推迟了10d开始，承包人拟就此向业主提出工期和费用索赔。

【问题】

1. 计算排架施工的流水工期（列出计算过程），并绘制流水横道图。

2. 事件1中，承包人的要求是否合理？说明理由。

3. 事件2中，隐蔽工程的检查验收项目是否完善？说明理由。并指出检查方式的错误之处。

4. 针对事件 3，承包人是否可以提出工期和费用索赔？说明理由。

5. 指出背景资料中施工单位存在的违法行为，以及违反了哪部法律或法规？按有关规定应如何处理？

【参考答案】

1. 计算流水工期：

扩大基础施工（A）与墩身施工（B）

	10	22	37	
—）	15	35	50	
	10	7	2	−50

$K_{A,B}=\max\{10,7,2,-50\}=10d$

墩身施工（B）与盖梁施工（C）

	15	35	50	
—）	10	20	30	
	15	25	30	−30

$K_{A,C}=\max\{15,25,30,-30\}=30d$

所以，$T=10+30+(10+10+10)+10=80d$

流水横道图见表 1-9。

流水横道图 **表 1-9**

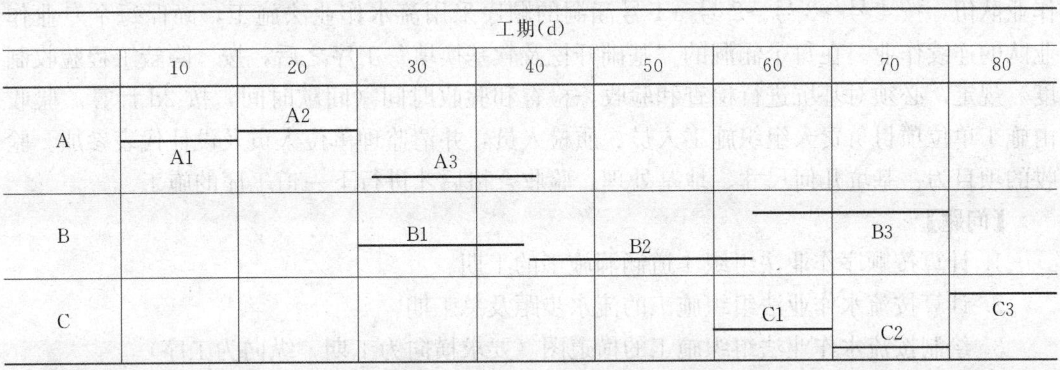

2. 不合理。

理由：因为按照索赔的一般要求，由于需要加强桥梁结构以承受“特殊超重荷载”而索赔，承包商只能索赔有关工程费用，无权得到利润。但单价合同中的单价包含了利润在内的一切费用。

3. 不完善。

理由：检查项目还应有：土质情况、地基处理。还应请监理单位、建设单位、设计单位相关人员参加。

4. 可以。

理由：因为首先造成墩身施工推迟是由于业主的原因，而且该推迟会使工期延长，并会带来人员、设备的窝工，所以承包商可以提出工期和费用索赔。

5. 存在的违法行为是：在大中型公路桥梁周围 200m（施工单位是在 150m）范围内

取砂。违反了《公路法》的规定。应由交通主管部门责令停止违法行为，并可以处以3万元以下罚款。

案例分析题四

【背景资料】

某施工单位承接的二级公路中有4道单跨2.0m×2.0m钢筋混凝土盖板涵，在编制的《施工组织设计》中，对各涵洞的工序划分与工序的工作时间分析见表1-10。

各涵洞的工序划分与工序的工作时间分析 **表1-10**

工作时间(d) 涵洞 / 工序名(代号)	1号涵洞	2号涵洞	3号涵洞	4号涵洞
基础开挖及软基换填(A)	6	7	4	5
基础混凝土浇筑(B)	2	2	4	4
涵台混凝土浇筑(C)	4	3	4	5
盖板现浇(D)	5	4	3	4

施工单位最初计划采用顺序作业法组织施工，报监理审批时，监理认为不满足工期要求，要求改为流水作业法。

根据现场施工便道情况，施工单位决定分别针对A、B、C、D 4道工序组织4个专业作业队伍，按4号→3号→2号→1号涵洞的顺序采用流水作业法施工，确保每个专业作业队的连续作业。在每个涵洞的"基础开挖及软基换填"工序之后，按《隐蔽工程验收制度》规定，必须对基坑进行检查和验收，检查和验收时间（间歇时间）按2d计算。验收由施工单位项目负责人组织施工人员、质检人员，并请监理单位人员及设计代表参加。验收的项目为：基坑几何尺寸、地基处理。验收合格后才进行下一道工序的施工。

【问题】

1. 计算按顺序作业法组织4道涵洞施工的工期。
2. 计算按流水作业法组织施工的流水步距及总工期。
3. 绘制按流水作业法组织施工的横道图（要求横向为工期，纵向为工序）。
4. 根据《隐蔽工程验收制度》，验收时还必须邀请哪个单位参加？
5. 补充基坑验收时缺漏的项目。

【参考答案】

1. 按顺序作业法组织4道涵洞施工的工期＝(6＋2＋4＋5)＋(7＋2＋3＋4)＋(4＋4＋4＋3)＋(5＋4＋5＋4)＋2×4＝74d。

2. 流水施工工期计算：采用"累计数列错位相减取大值法"K_{AB}：

	5	9	16	22	
一)		4	8	10	12
	5	5	8	12	−12

故 $K_{AB}=12$，同理 $K_{BC}=4$，$K_{CD}=5$，$T=(12+4+5)+(4+3+4+5)+2=39$d。

3. 绘制按流水作业法组织施工的横道图见表1-11。

4. 根据《隐蔽工程验收制度》，验收时还必须邀请建设单位（或业主单位）参加。

5. 基坑验收时缺漏的项目：土质情况、标高。

按流水作业法组织施工的横道图　　表 1-11

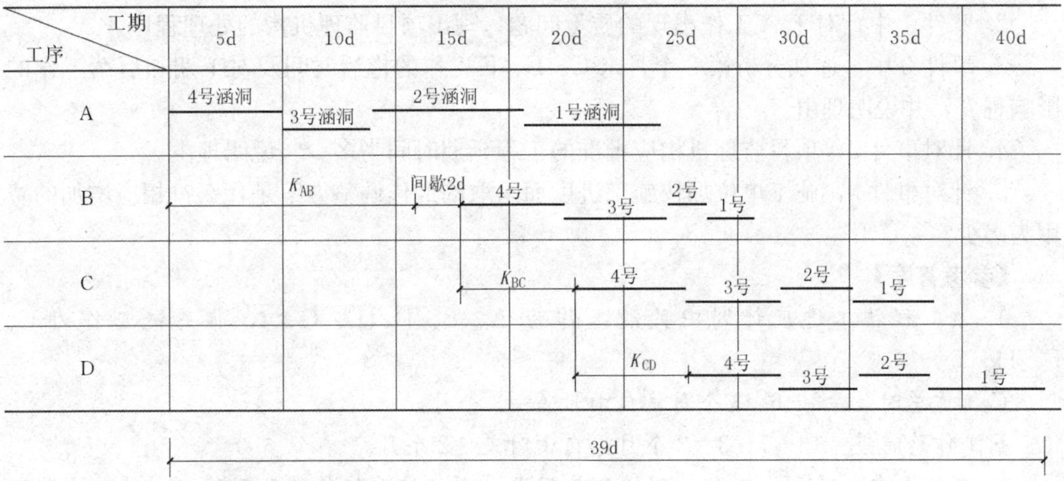

案例分析题五

【背景资料】

某实施监理的公路工程，合同工期 15 个月，总监理工程师批准的施工进度计划如图 1-9 所示。

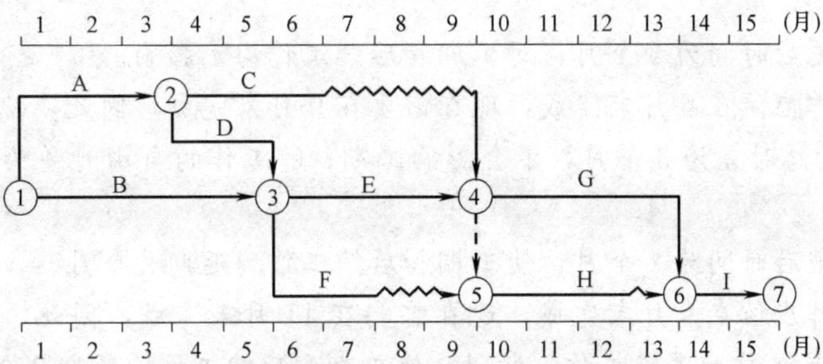

图 1-9　施工进度计划

该公路工程实施过程中发生下列事件：

事件 1：项目监理机构对 A 工作进行验收时发现质量问题，要求施工单位返工整改。

事件 2：在第 5 个月初到第 8 个月末的施工过程中，由于建设单位提出工程变更，使施工进度受到较大影响。截至第 8 个月末，未完工作尚需作业时间见表 1-12。施工单位按索赔程序向项目监理机构提出了工程延期的要求。

相关数据　　表 1-12

工作名称	C	E	F	G	H	I
尚需作业时间(个月)	1	3	1	4	3	2
可缩短的持续时间(个月)	0.5	1.5	0.5	2	1.5	1
缩短持续时间所增加的费用(万元/月)	28	18	30	26	10	14

事件 3：建设单位要求本工程仍按原合同工期完成，施工单位需要调整施工进度计划，加快后续工程进度。经分析得到的各工作有关数据见表 1-12。

【问题】

1. 该工程施工进度计划中关键工作和非关键工作分别有哪些？C 和 F 工作的总时差和自由时差分别为多少？

2. 事件 1 中，对于 A 工作出现的质量问题，写出项目监理机构的处理程序。

3. 事件 2 中，逐项分析第 8 个月末 C、E、F 工作的拖后时间及对工期和后续工作的影响程度，并说明理由。

4. 针对事件 2，项目监理机构应批准的工程延期时间为多少？说明理由。

5. 针对事件 3，施工单位加快施工进度而采取的最佳调整方案是什么？相应增加的费用为多少？

【参考答案】

1. 该工程施工进度计划中关键工作为 A、B、D、E、G、I，非关键工作为 C、F、H。

C 工作总时差＝9－6＝3 个月，自由时差＝3 个月。

F 工作总时差＝13－7－3＝3 个月，自由时差＝2 个月。

2. 事件 1 中，对于 A 工作出现的质量问题，项目监理机构的处理程序：签发“监理通知”，责成施工单位写出质量问题调查报告，提出处理方案，填写“监理通知回复单”报监理工程师审核后，批复承包单位处理，必要时应经建设单位和设计单位认可，处理结果应重新进行验收。

3. 事件 2 中，第 8 个月末 C、E、F 工作的拖后时间及对工期和后续工作的影响程度及理由。

(1) C 工作拖后时间为 3 个月，对工期和后续工作均无影响。

理由：C 工作应该在 6 月末完成，现在需要在 9 月末完成，因此，C 工作拖后时间为 3 个月；C 工作的总时差为 3 个月，不会影响工期；C 工作的自由时差为 3 个月，不会影响后续工作。

(2) E 工作拖后时间为 2 个月，使工期和后续工作均延期 2 个月。

理由：E 工作应该在 9 月末完成，现在需要在 11 月末完成，因此，E 工作拖后时间为 2 个月；由于 E 工作为关键工作，所以会使工期和后续工作均延期 2 个月。

(3) F 工作拖后时间为 2 个月，对总工期和后续工作均无影响。

理由：F 工作应该在 7 月末完成，现在需要在 9 月末完成，因此，F 工作拖后时间为 2 个月；F 工作总时差为 3 个月，拖后 2 个月不会影响总工期，自由时差为 2 个月，拖后 2 个月不影响后续工作。

4. 针对事件 2，项目监理机构应批准的工程延期时间为 2 个月。

理由：处于关键线路上的 E 工作拖后 2 个月，影响总工期 2 个月，其他工作没有影响工期。

5. 针对事件 3，施工单位加快施工进度而采取的最佳调整方案是：I 工作缩短 1 个月，E 工作缩短 1 个月。相应增加费用＝14＋18＝32 万元。

案例分析题六

【背景资料】

某施工单位承接了某二级公路的施工，工程合同总价为 6758 万元。其工程划分见表

1-13。

工程划分　　　　　　　　　　　　表 1-13

单位工程	分部工程(代号)	分项工程
路基工程	路基土石方工程(A)	土方路基、石方爆破路堑、软土路基
	排水工程(B)	浆砌排水沟、跌水、集水槽
	涵洞(C)	基础及下部结构、主要构件预制及安装、填土、总体
	砌筑防护工程(D)	锚喷防护、护坡
路面工程	路面工程(E)	底基层……
桥梁工程	基础及下部结构	桩基……
	F	……
	总体、桥面系及附属工程	……
	防护工程	……

本项目中的桥梁工程为一座 3×25m 简支梁桥，梁板采用预制构件。

根据施工组织安排，排水工程（B）开始施工 20d 后才能开始路基土石方工程（A）施工，涵洞（C）完成 20d 后才能开始路基土石方工程（A）施工，而砌筑防护工程（D）与涵洞（C）、排水工程（B）同时开始施工，在路基工程全部完成后才能进行路面工程（E）施工。

在本项目施工组织设计中，项目机构组成人员中的主要领导包括：项目经理 1 名，项目副经理 1 名，总工 1 名，党支部书记 1 名，财务主管 1 名，技术主管 1 名。

为搞好廉政建设，在项目管理文件中还写明了廉政建设的具体措施。

【问题】

1. 绘制分部工程中 A～E 工程的单代号网络计划图。

2. 写出 F 代表的分部工程名称。

3. 根据《公路水运工程安全生产监督管理办法》，指出表中已列出的分项工程中需要编制安全生产专项施工方案的工程。（如列出错误分项工程，要倒扣分，直到本小题得分扣完为止）

4. 根据《公路水运工程安全生产监督管理办法》，本项目哪些人员应该持有交通运输部颁发的安全生产三类管理人员上岗证书？最少有几人？

5. 为保证廉政建设措施的落实，一般情况下，按照招标文件要求，施工单位应与哪个单位签订什么文件？

【参考答案】

1. 绘制分部工程中 A～E 工程的单代号网络计划图，如图 1-10 所示。

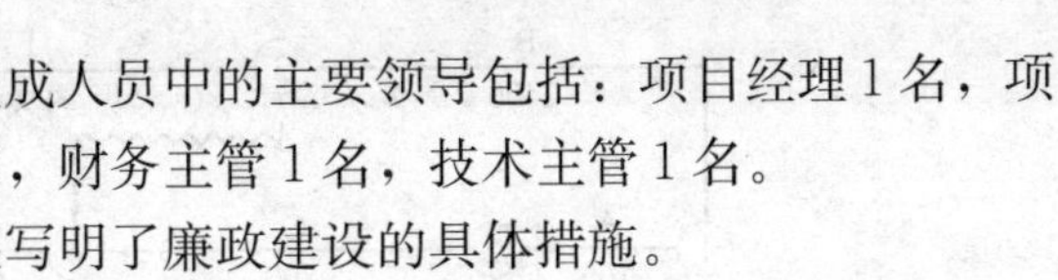

图 1-10　单代号网络计划图

2. F 代表的分部工程名称：上部构造预制和安装。

3. 已列出的分项工程中需要编制安全生产专项施工方案的工程：石方爆破路堑、桩基。

4. 本项目的项目经理、项目副经理、项目总工、现场专职安全生产管理人员应该持有交通运输部颁发的安全生产三类管理人员上岗证书。最少有5人。

5. 按照招标文件要求，施工单位应与建设单位签订廉政合同。

案例分析题七

【背景资料】

某公路工程，合同约定：

(1) 合同工期为130d；因施工单位原因造成工期延误的，违约赔偿金为5000元/d。

(2) 按《建筑安装工程费用项目组成》(建标［2013］44号) 规定，以直接费为计算基础的工料单价法进行计价，间接费率为15%，利润率为5%，综合计税系数为3.41%。

(3) 部分工料机单价如下：人工费60元/工日，窝工补偿30元/工日；挖掘机租赁费900元/d；自有塔吊设备使用费1200元/台班，闲置补偿800元/台班。

工程实施过程中发生以下事件：

事件1：开工前，施工单位编制的时标网络计划如图1-11所示(时间单位：d；箭线下方数字为工作的计划消耗工日)，各项工作均匀速进展。

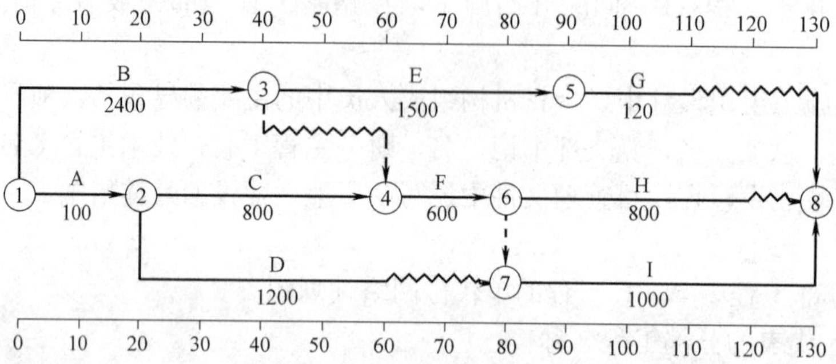

图1-11　时标网络计划

项目监理机构审核施工单位提交的时标网络计划时发现：工作C、F和I需使用一台挖掘机，工作E和H需单独使用塔吊设备，而施工单位仅有一台塔吊设备，于是向施工单位提出调整工作进度安排的建议。

事件2：项目监理机构对施工单位调整后的计划安排进行风险分析，认为因施工单位原因使工作C持续时间延长5d的概率是15%，使工作D持续时间延长12d的概率是20%，使工作G持续时间延长10d的概率是5%。工作持续时间的延长会导致机械闲置和人员窝工。

事件3：建设单位要求对工作E进行设计变更，使工作E的持续时间延长5d，增加用工150工日、塔吊设备5台班、材料费18000元、相应的措施费7000元。施工单位向项目监理机构提出变更工程价款和延长工期的要求。

事件4：由于工作E的设计变更，使工作G、H进场的施工人员不能按期施工，施工单位向项目监理机构提出相应的窝工补偿要求。

【问题】

1. 事件1中，应如何调整工作进度安排？调整后的总工期是多少？

2. 事件 2 中，直接导致总工期延误 5d 的风险事件有哪些？说明理由。仅考虑直接导致总工期延误的风险事件，施工单位的风险量（以费用形式表示）是多少？

3. 事件 3 中，施工单位可以提出的变更价款和工期补偿分别是多少？说明理由。

4. 事件 4 中，施工单位可以提出的窝工补偿是多少？说明理由。

【参考答案】

1. 对施工单位编制的时标网络计划进行调整，结果如图 1-12 所示。

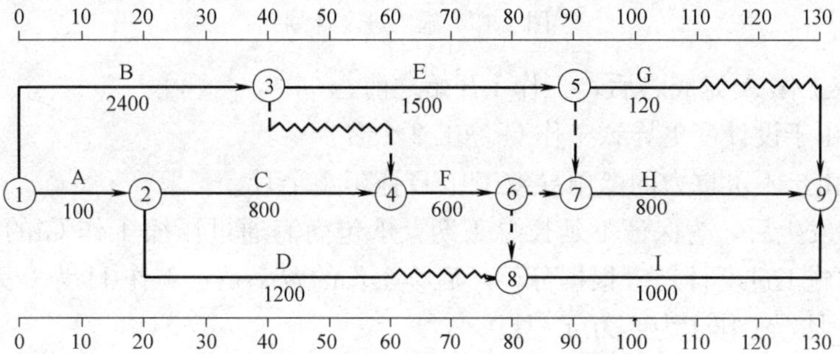

图 1-12　调整后的时标网络计划

调整后的总工期是 130d。

2. 直接导致总工期延误 5d 的风险事件有：工作 C 的持续时间延长。

理由：工作 C 为关键工作，其持续时间延长 5d 会直接导致总工期延长 5d；工作 D 的总时差为 20d，其持续时间延长 12d 未超过总时差，不会影响总工期；工作 G 的总时差为 20d，其持续时间延长 10d 未超过总时差，不会影响总工期。

以费用形式表示的施工单位的风险量＝(5×5000＋5×900＋5×800/40×30)×15%＝4875 元。

3. 施工单位可申请的变更价款为 49947.03 元。

应补偿的变更价款为：(150×60＋5×1200＋18000＋7000)×(1＋15%)×(1＋5%)×(1＋3.41%)＝49947.03 元。

施工单位可获得 5d 的工期补偿。

理由：调整网络计划后，工作 E 为关键工作，延长时间会影响总工期，即应给予补偿。

4. 施工单位可以提出的窝工补偿费为 3900 元。

理由：工作 G 的窝工补偿费＝30×5×120/20＝900 元。

工作 H 的窝工补偿费＝30×5×800/40＝3000 元。

施工单位可以提出的窝工补偿费＝900＋3000＝3900 元。

案例分析题八

【背景资料】

某实施监理的建设项目，承包商根据施工承包合同规定，在开工前编制了该项目的施工进度计划，如图 1-13 所示（单位：月）。经项目业主确认后承包商按该计划实施。

在施工过程中，发生了下列事件：

事件 1：施工到第 2 个月时，业主要求增加一项工作 D，工作 D 持续时间为 4 个月。

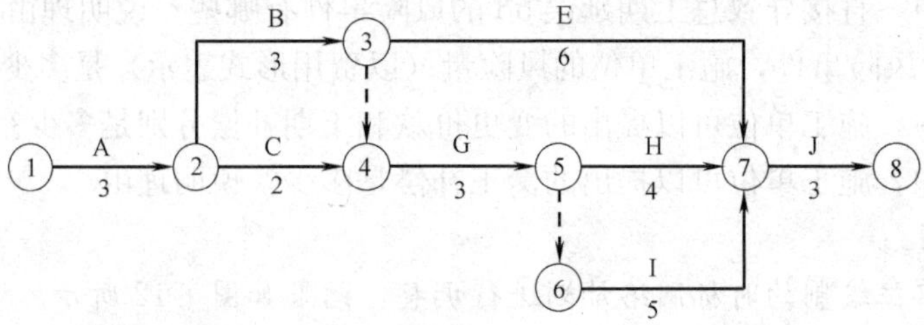

图 1-13　施工进度计划

工作 D 安排在工作 A 完成之后，工作 I 开始之前。

事件 2：由于设计变更导致工作 G 停工 2 个月。

事件 3：由于不可抗力的暴雨导致工作 D 拖延 1 个月。

上述事件发生后，为保证不延长总工期，承包商需通过压缩工作 G 的后续工作的持续时间来调整施工进度计划。根据分析，后续工作的费率是：工作 H 为 2 万元/月，工作 I 为 2.5 万元/月，工作 J 为 3 万元/月。

【问题】

1. 该建设项目初始施工进度计划的关键工作有哪些？计划工期是多少？

2. 在该建设项目初始施工进度计划中，工作 C 和工作 E 的总时差分别是多少？

3. 绘制增加工作 D 后的施工进度计划并计算此时的总工期。

4. 工作 G、D 拖延对总工期的影响分别是多少？说明理由。

5. 根据上述情况，提出承包商施工进度计划调整的最优方案，并说明理由。

【参考答案】

1. 该建设项目初始施工进度计划的关键工作是：A、B、G、I、J。

计划工期＝3＋3＋3＋5＋3＝17 个月。

2. 计算线路的总时差＝计划工期－通过该线路的持续时间之和的最大值。

工作 C 的总时差＝17－(3＋2＋3＋5＋3)＝1 个月。

工作 E 的总时差＝17－(3＋3＋6＋3)＝2 个月。

3. 增加工作 D 后的施工进度计划如图 1-14 所示。

此时的总工期＝3＋3＋3＋5＋3＝17 个月。

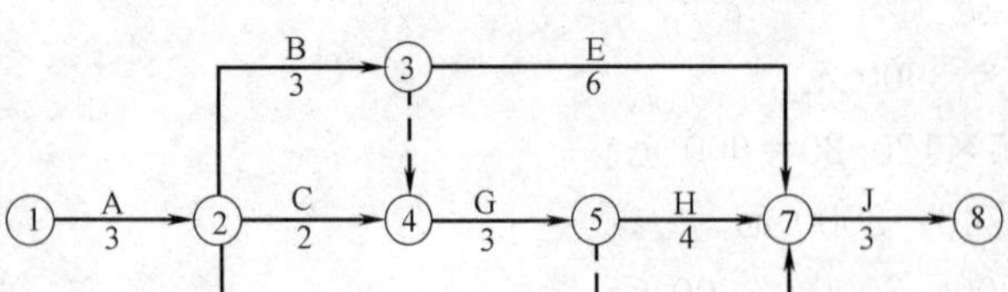

图 1-14　增加工作 D 后的施工进度计划

4. 工作 G、D 拖延对总工期的影响。

(1) 工作 G 的拖延使总工期延长 2 个月。

理由：工作 G 位于关键线路上，它的拖延将延长总工期。

(2) 工作 D 的拖延对总工期没有影响。

理由：工作 D 没在关键线路上，对总工期没有影响。

5. 承包商施工进度计划调整的最优方案：各压缩 I 工作和 J 工作的持续时间 1 个月。

理由：调整的方案包括三种，第一种方案是压缩 J 工作的持续时间 2 个月，其增加的费用为 3×2=6 万元；第二种方案是各压缩 I 工作和 J 工作的持续时间 1 个月，其增加的费用为 2.5×1+3×1=5.5 万元；第三种方案是压缩 I 工作的持续时间 2 个月，同时压缩 H 工作的持续时间 1 个月，其增加的费用为 2.5×2+2×1=7 万元。由于第二种方案增加的费用最低，因此，施工进度计划调整的最优方案是各压缩 I 工作和 J 工作的持续时间 1 个月。

案例分析题九

【背景资料】

某施工单位承接了某二级公路桥梁工程，施工单位按照合同工期要求编制了如图1-15所示的网络计划（时间单位：d），并经监理工程师批准后实施。

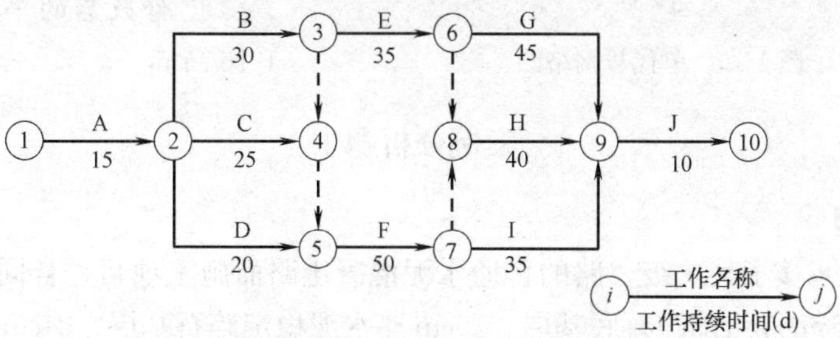

图 1-15　双代号网络计划图

在实施过程中，发生了如下事件：

事件 1：工作 D（1 号台基础）施工过程中，罕见特大暴雨天气使一台施工机械受损，机械维修花费 2 万元，同时导致工作 D 实际时间比计划时间拖延 8d。

事件 2：施工单位租赁的施工机械未及时进场，使工作 F（1 号台身）实际时间比计划时间拖延 8d，造成施工单位经济损失 2000 元/d。

事件 3：业主变更设计，未及时向施工单位提供图纸，使工作 E（0 号台身）实际时间比计划时间拖延 15d，造成施工单位经济损失 1600 元/d。

【问题】

1. 根据网络图计算该工程的总工期，并指出关键路线。

2. 分别分析事件 1、2、3 对总工期的影响，并计算施工单位可获得的工期补偿。

3. 分别分析施工单位能否就事件 1、2、3 导致的损失向业主提出索赔，说明理由，并计算索赔金额。

4. 将背景资料中的双代号网络改为单代号网络。

【参考答案】

1. 该工程的总工期=15+30+50+40+10=145d。关键路线为 A、B、F、H、J。

2. 事件 1 对总工期没有影响，因为工作 D 有 10d 的总时差，延误 8−10=−2d。

事件 2 对总工期有影响，会使总工期延长 8d，因为工作 F 为关键工作。

事件 3 对总工期有影响，会使总工期延长 5d，因为工作 E 有 10d 的总时差，延误 15−10=5d。

施工单位可获得的工期补偿为 5d。

3. 就事件 1 导致的损失，施工单位不能向业主提出索赔。

理由：不可抗力发生后，施工机械的损失由施工单位承担。

就事件 2 导致的损失，施工单位不能向业主提出索赔。

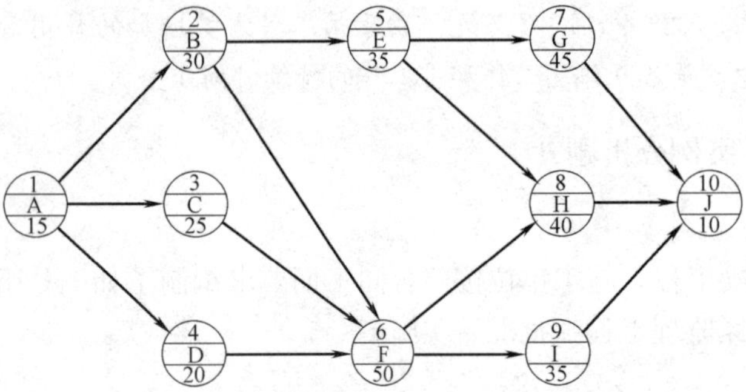

图 1-16　单代号网络图

理由：施工单位租赁的施工机械未及时进场属施工单位的责任。

就事件 3 导致的损失，施工单位能向业主提出索赔。

理由：施工图纸的延误属业主的责任。

索赔金额＝15×1600＝24000 元。

4. 修改后的单代号网络图如图 1-16 所示。

案例分析题十

【背景资料】

某施工单位承接了某二级公路的普通水泥混凝土路面施工项目，合同段总长度 36km，路面结构层为 15cm 厚级配碎石底基层、20cm 厚水泥稳定碎石基层、24cm 厚水泥混凝土面层，面层采用轨道摊铺机摊铺施工。钢材、水泥供应厂家由建设单位指定。施工单位对基层和面层分别组织一个专业队采用线性流水施工，其施工组织设计内容摘要如下：

摘要 1：基层施工进度为每天 450m，养护时间至少 7d；水泥混凝土面层施工进度为每天 400m，养护时间至少 14d，所需最小工作面长度为 3600m，其流水施工横道图见表 1-14。

路面工程线性流水施工横道图　　　　表 1-14

工作内容	时间(d)																							
	5	10	15	20	25	30	35	40	45	50	55	60	65	70	75	80	85	90	95	100	105	110	115	120
基层																								
面层																								

摘要 2：施工单位现有主要施工设备包括混凝土生产设备、混凝土及原材料运输设备、吊车、布料机、摊铺机、整平机、压路机、拉毛养护机和石屑撒布机，项目部根据实际情况调用。

摘要 3：项目部要求工地试验室在检查了产品合格证、质量保证书后向监理工程师提交每批水泥清单。

【问题】

1. 计算摘要 1 中路面基层和面层工作的持续时间。

2. 计算基层和面层的流水工期并按表绘制路面工程线性流水施工横道图。（注：将表抄绘在答题纸上作答）

3. 结合摘要 2，为完成水泥混凝土面层施工，施工单位还需配备哪两个关键设备？并指出肯定不需要调用的两个设备。

4. 摘要 3 中工地试验室的做法能否保证进场水泥质量？说明理由。

【参考答案】

1. 工作持续时间＝工作总量÷每天的工作量。

路面基层工作的持续时间＝36000÷450＝80d。

路面面层工作的持续时间＝36000÷400＝90d。

2. 因为基层的速度450m/d快于面层的速度400m/d，基层与面层之间逻辑关系应选择*STS*（开始到开始）搭接关系，搭接时距计算应该除以两者中较快的速度，结果为3600÷450＝8d；考虑到养护至少7d，所以*STS*＝8＋7＝15d。

基层和面层的流水工期＝15＋90＝105d。

绘制路面工程线性流水施工横道图见表1-15。

路面工程线性流水施工横道图 **表1-15**

工作内容	时间(d)																							
	5	10	15	20	25	30	35	40	45	50	55	60	65	70	75	80	85	90	95	100	105	110	115	120
基层	——	——	——	——	——	——	——	——	——	——	——	——	——	——	——	——								
面层				——	——	——	——	——	——	——	——	——	——	——	——	——	——	——	——	——	——			

3. 为完成水泥混凝土面层施工，施工单位还需配备的关键设备包括：切缝机组和振捣机。肯定不需要调用的两个设备是压路机和石屑撒布机。

4. 摘要3中工地试验室的做法不能保证进场水泥质量。

理由：没有依据标准规范规定的试验方法、试验项目、检验规则进行取样检定。

案例分析题十一

【背景资料】

某实施监理的公路工程，建设单位与施工单位签订了施工合同。项目监理机构批准的施工进度计划如图1-17所示，各项工作均按最早开始时间安排，匀速进行。

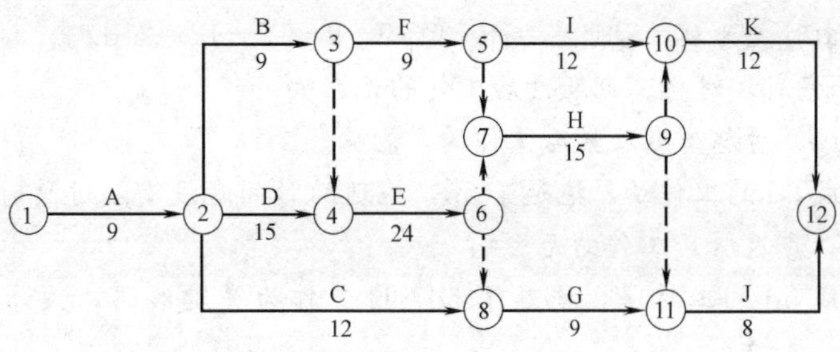

图1-17 施工进度计划图（单位：d）

施工过程中发生如下事件：

事件1：施工准备期间，由于施工设备未按期进场，施工单位在合同约定的开工日前第5天向项目经理机构提出延期开工的申请，总监理工程师审核后给予书面回复。

事件2：施工准备完毕后，项目监理机构审查“工程开工报审表”及相关资料后认为：施工许可证已获政府主管部门批准，征地拆迁工作满足工程进度需求，施工单位现场管理人员已到位，但其他开工条件尚不具备。总监理工程师不予签发“工程开工报审表”。

事件3：工程开工后第20天下班时刻，项目监理机构确认：A、B工作已完成；C工作已完成6d的工作量；D工作已完成5d的工作量；B工作未经监理人员验收的情况下，

F 工作已进行 1d。

【问题】

1. 总监理工程师是否应批准事件 1 中施工单位提出的延期开工申请？说明理由。

2. 根据《建设工程监理规范》，该工程还应具备哪些开工条件，总监理工程师方可签发“工程开工报审表”？

3. 针对图 1-17 所示的施工进度计划，确定该施工进度计划的工期和关键工作。并分别计算 C 工作、D 工作、F 工作的总时差和自由时差。

4. 分析开工后第 20 天下班时刻施工进度计划的执行情况，并分别说明对总工期及紧后工作的影响，此时，预计总工期延长多少天？

5. 针对事件 3 中 F 工作在 B 工作未经验收的情况下就开工的情形，项目监理机构应如何处理？

【参考答案】

1. 总监理工程师不应批准事件 1 中施工单位提出的延期开工申请。

理由：(1) 施工单位自身原因不能按期开工；(2) 根据《建设工程施工合同（示范文本)》的规定，如果承包人不能按时开工，应在不迟于协议约定的开工日期前 7d 以书面形式向监理工程师提出延期开工的理由和要求。本案例是在开工日前 5d 提出，不符合规定，所以不应批准。

2. 根据《建设工程监理规范》，该工程还应具备以下开工条件，总监理工程师方可签发“工程开工报审表”：(1) 施工组织设计已获总监理工程师批准；(2) 机具、施工人员已进场，主要工程材料已落实；(3) 进场道路及水、电、通信等已满足开工要求。

3. 该施工进度计划的工期为 75d，关键工作为 A、D、E、H、K。

C 工作自由时差＝9＋15＋24－9－12＝27d，总时差＝75－9－12－9－8＝37d。

D 工作为关键工作，因此，自由时差为 0，总时差为 0。

F 工作的自由时差为 0，总时差＝75－9－9－9－15－12＝21d。

4. A 工作已完成，对总工期及紧后工作的无影响。

B 工作已完成，对总工期及紧后工作的无影响。

C 工作已完成 6d 的工作量，拖延了 5d，拖延的时间既没有超过总时差，也没有超过自由时差，对总工期及紧后工作的无影响。

D 工作已完成 5d 的工作量，拖延了 6d，D 工作为关键线路，预计会使总工期延长 6d，也会影响紧后工作。

F 工作推迟 1d，不影响总工期，影响紧后工作的最早开始时间 1d。

施工总工期预计将延长 6d。

5. 项目监理机构的处理程序：下达局部“工程暂停令”，经项目监理机构对 B 工作验收合格后，再进行 F 工作，并由施工单位承担所造成的费用及工期损失。

案例分析题十二

【背景资料】

某工程项目的施工招标文件中表明该工程采用综合单价计价方式，工期为 15 个月。承包单位投标所报工期为 13 个月。合同总价确定为 8000 万元。合同约定：实际完成工程量超过估计工程量 25%以上时允许调整单价；拖延工期每天赔偿金为合同总价的 1‰，最高拖延工期赔偿限额为合同总价的 10%；若能提前竣工，每提前 1d 的资金按合同总价的 1‰计算。承包单位开工前编制并经总监理工程师认可的施工进度计划如图 1-18 所示。

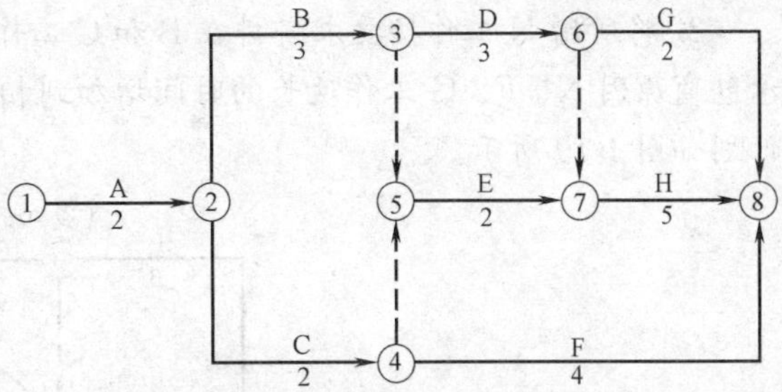

图 1-18　施工进度计划

施工过程中发生了以下 4 个事件，致使承包单位完成该项目的施工实际用了 15 个月。

事件 1：A、C 两项工作为土方工程，工程量均为 16 万 m^3，土方工程的合同单价为 16 元/m^3。实际工程量与估计工程量相等。施工按计划进行 4 个月后，总监理工程师以设计变更通知发布新增土方工程 N 的指示。该工作的性质和施工难度与 A、C 工作相同，工程量为 32 万 m^3。N 工作在 B 和 C 工作完成后开始施工，且为 H 和 G 的紧前工作。总监理工程师与承包单位依据合同约定协商后，确定的土方变更单价为 14 元/m^3。承包单位按计划用 4 个月完成。3 项土方工程均租用 1 台机械开挖，机械租赁费为 1 万元/(月・台)。

事件 2：F 工作因设计变更等待新图纸延误 1 个月。

事件 3：G 工作由于连续降雨累计 1 个月导致实际施工 3 个月完成，其中 0.5 个月的日降雨量超过当地 30 年气象资料记载的最大强度。

事件 4：H 工作由于分包单位施工的工程质量不合格造成返工，实际 5.5 个月完成。

由于以上事件，承包单位提出以下索赔要求：

(1) 顺延工期 6.5 个月。理由是：完成 N 工作 4 个月；变更设计图纸延误 1 个月；连续降雨属于不利的条件和障碍影响 1 个月；监理工程师未能很好地控制分包单位的施工质量应补偿工期 0.5 个月。

(2) N 工作的费用补偿＝16×32＝512 万元。

(3) 由于第 5 个月后才能开始 N 工作的施工，要求补偿 5 个月的机械闲置费 5×1×1＝5 万元。

【问题】

1. 请对上述施工过程中发生的 4 个事件进行合同责任分析。

2. 根据总监理工程师认可的施工进度计划，应给承包单位顺延的工期是多少？说明理由。

3. 确定应补偿承包单位的费用，并说明理由。

4. 分析承包单位应获得工期提前奖励还是承担拖延工期违约赔偿责任，并计算其金额。

【参考答案】

1. 施工过程中发生的 4 个事件的责任分析：

(1) 事件 1 属于建设单位责任（总监理工程师以设计变更形式发布新增土方工程）。

(2) 事件 2 属于建设单位责任（因设计变更等待新图纸拖延）。

(3) 事件 3 属于不可抗力（日降雨量超过当地 30 年气象资料记载的最大强度）。其中，0.5 个月的降雨属于不可抗力，另外 0.5 个月的降雨属于承包单位应承担的风险。

(4) 事件 4 属于承包单位责任（分包单位施工的工程质量不合格，由承包单位承担责任）。

2. 将所增N工作按要求安排在B和C工作均完成后，且在H、G前完成，并将因非承包商原因N、F、G工作延长的时间增加到相应工作持续时间。重新确定新的施工进度计划如图1-19所示。

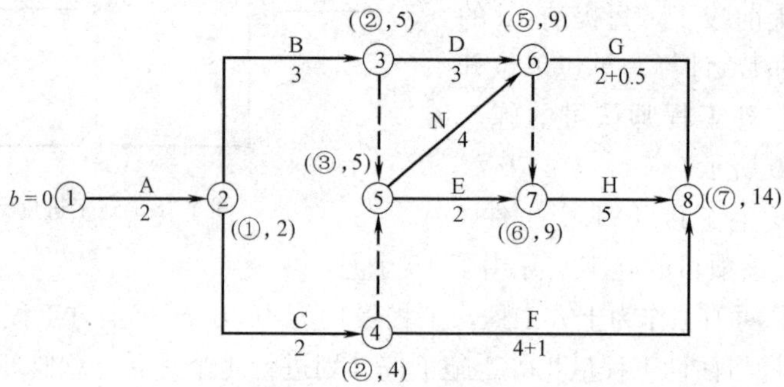

图1-19　新的施工进度计划

根据上述得知，总工期为14个月，比承包单位投标书中承诺合同工期13个月多了1个月，故应给承包单位的工期顺延1个月。

3. 机械闲置费不予补偿。

清单土方工程量＝16＋16＝32万m^3。

新增N工作土方工程＝32＞32×25％＝8万m^3。

超出部分应执行新单价14元/m^3。

补偿土方工程款为：8×16＋(32－8)×14＝464万元。

应补偿承包单位的总费用为464万元。

4. 承包单位应承担超过合同工期的违约责任（合同工期应为承包单位投标所报工期13个月加上顺延工期1个月，合同工期为14个月，实际工期为14.5个月，故拖延工期0.5个月）。

拖延工期赔偿费为：8000×0.001×15＝120万元。

小于最高赔偿限额，最高赔偿限额＝8000×0.1＝800万元。

案例分析题十三

【背景资料】

某工程，建设单位与施工单位按《建设工程施工合同（示范文本）》签订了合同，经总监理工程师批准的施工总进度计划如图1-20所示，各项工作均按最早开始时间安排且匀速施工。

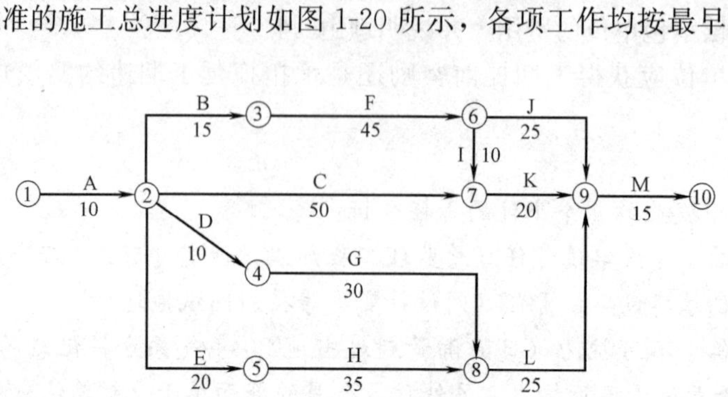

图1-20　施工总进度计划（时间单位：d）

施工过程中发生如下事件：

事件1：合同约定开工日期前10d，施工单位向项目监理机构递交了书面申请，请求将开工日期推迟5d。理由是，已安装的施工起重机械未通过有资质检验机构的安全验收，需要更换主要支撑部件。

事件2：由于施工单位人员及材料组织不到位，工程开工后第33天上班时工作F才开始。为确保按合同工期竣工，施工单位决定调整施工总进度计划。经分析，各项未完成工作的赶工费率及可缩短时间见表1-16。

工作的赶工费率及可缩短时间　　表1-16

工作名称	C	F	G	H	I	J	K	L	M
赶工费率(万元/d)	0.7	1.2	2.2	0.5	1.5	1.8	1.0	1.0	2.0
可缩短时间(d)	8	6	3	5	2	5	10	6	1

事件3：施工总进度计划调整后，工作L按期开工。施工合同约定，工作L需安装的设备由建设单位采购，由于设备到货检验不合格，建设单位进行了退换。由此导致施工单位吊装机械台班费损失8万元，L工作拖延9d。施工单位向项目监理机构提出了费用补偿和工程延期申请。

【问题】

1. 事件1中，项目监理机构是否应批准工程推迟开工？说明理由。

2. 指出图1-20所示施工总进度计划的关键线路和总工期。

3. 事件2中，为使赶工费最少，施工单位应如何调整施工总进度计划（写出分析与调整过程）？赶工费总计多少万元？计划调整后工作L的总时差和自由时差为多少天？

4. 事件3中，项目监理机构是否应批准费用补偿和工程延期？分别说明理由。

【参考答案】

1. 事件1中，项目监理机构不应批准工程推迟开工。

理由：施工单位原因造成开工日期推迟。

2. 图1-20所示施工总进度计划的关键线路为A、B、F、I、K、M。

总工期＝10＋15＋45＋10＋20＋15＝115d。

3. 事件2中，为使赶工费最少，施工单位应分别缩短工作K和工作F的工作时间5d和2d，这样才能既实现建设单位的要求又能使赶工费用最少。

分析与调整过程为：

(1) 由于事件2的发生，导致工期拖延7d。

(2) 第33天后，可以赶工的关键工作包括F、I、K、M，由于工作K的赶工费率最低，首先压缩工作K，工作K可以压缩10d。如果直接压缩工作K7d，结果就改变了关键线路，关键线路变成了A、B、F、J、M，即将关键工作K变成了非关键工作。为了不使关键工作K变成非关键工作，第一次压缩工作K5d。

(3) 经过第一次压缩后，关键线路就变成了两条，即A、B、F、J、M和A、B、F、I、K、M。此时有四种赶工方案，见表1-17。

赶工方案　　表 1-17

赶工方案	赶工费率(万元/d)	可压缩时间
压缩工作 F	1.2	6
同时压缩工作 J 和 I	3.3	2
同时压缩工作 J 和 K	2.8	5
压缩工作 M	2.0	1

(4) 第二次选赶工费率最低的工作 F 压缩 2d，这样就可以确保按合同工期竣工。

赶工费总计＝5×1.0＋2×1.2＝7.4 万元。

计划调整后工作 L 的总时差＝115－105＝10d。

计划调整后工作 L 的自由时差＝10－0＝10d。

4. 事件 3 中，项目监理机构应批准 8 万元的费用补偿。

理由：建设单位采购的材料出现质量检测不合格导致的机械台班损失，应由建设单位承担责任。

事件 3 中，项目监理机构不应批准工程延期。

理由：工作 L 不是关键工作，且该工作的总时差为 10d，工作 L 拖延 9d 未超过其总时差，不会影响工期的延误。

案例分析题十四

【背景资料】

甲公司承接了某一级公路 K10＋100～K18＋230 段的路基路面施工任务，施工前编制了双代号网络计划如图 1-21 所示，并通过监理审批。

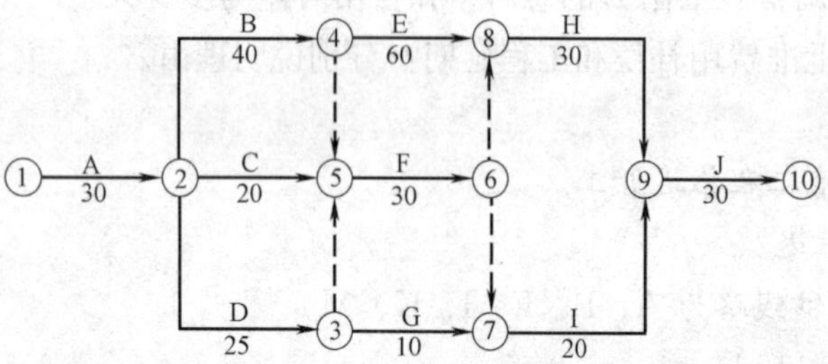

图 1-21　双代号网络计划（时间单位：d）

根据与业主所签的施工合同，甲公司将 K14＋280～K15＋400 段的路基及防护工程分包给乙公司，乙公司再将部分劳务工作交由丙公司承担，并签订了合同。

该项目在实施中发生了如下事件：

事件 1：K11＋430～K11＋685 段为软土地基，原设计方案为换填处理，由于当地材料缺乏，经监理、业主同意，决定变更为采用砂井处理。

事件 2：为便于统一进行安全管理，乙公司现场安全管理人员由甲公司安全管理人员兼任。

事件 3：因为业主原因，导致 F 工作停工 35d，甲公司为此向业主提出工期索赔。

事件 4：完工后，丙公司以分包人名义向甲公司和业主申请业绩证明。

【问题】

1. 该网络的计划工期为多少天？计算 D 工作的最迟结束时间，并指出网络计划的关键线路。

2. 按照《公路工程设计变更管理办法》，事件 1 中的变更属于哪一类变更？其变更应由哪级交通主管部门负责审批？砂井成孔有哪几种方法？

3. 事件 2 中，甲、乙两公司的做法是否正确？简述理由。

4. 事件 3 中，F 工作的总时差为多少天？甲公司可以向业主提出多少天的索赔工期？

5. 事件 4 中，丙公司的做法是否正确？简述理由。

【参考答案】

1. 该网络的计划工期为 190d。

D 工作最迟结束时间是第 100 天。

网络计划关键线路：A→B→E→H→J（或①→②→④→⑧→⑨→⑩）。

2. 按照《公路工程设计变更管理办法》，事件 1 中的变更属于较大设计变更。

变更应由省级交通运输主管部门负责审批。沙井成孔方法有：水冲成孔法、套管法、螺旋钻孔法。

3. 事件 2 中，甲、乙两公司的做法不正确。

理由：甲公司安全管理员不得兼任乙公司安全管理人员，乙公司应有自己的专职安全员管理。

4. 事件 3 中，F 工作的总时差为 30d。甲公司可向业主提出 5d 的索赔工期。

5. 事件 4 中，丙公司的做法不正确。

理由：根据《公路工程施工分包管理办法》的规定，劳务合作不属于施工分包。劳务合作企业以分包人名义申请业绩证明的，承包人与业主不得出具。

案例分析题十五

【背景资料】

某施工单位编制的某工程网络图，如图 1-22 所示，网络进度计划原始方案各工作的持续时间和估计费用，见表 1-18。

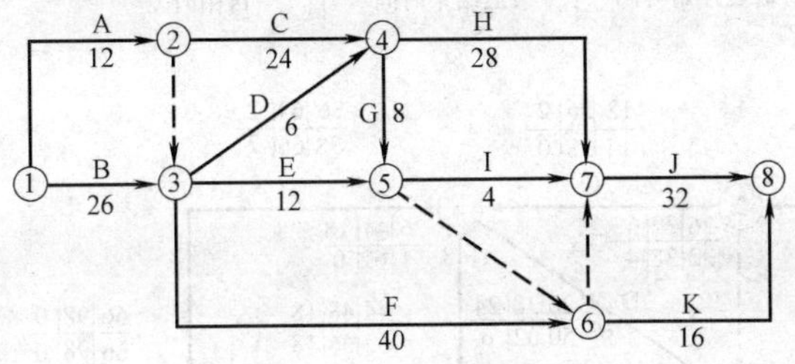

图 1-22　网络图

各工作持续时间和估计费用　　表 1-18

工作	持续时间(d)	费用(万元)	工作	持续时间(d)	费用(万元)
A	12	18	G	8	16
B	26	40	H	28	37
C	24	25	I	4	10
D	6	15	J	32	64
E	12	40	K	16	16
F	40	120			

【问题】

1. 在图 1-22 上，计算网络进度计划原始方案各工作的时间参数，确定网络进度计划原始方案的关键路线和计算工期。

2. 若施工合同规定：工程工期 93d，工期每提前 1 天奖励施工单位 3 万元，每延期 1 天对施工单位罚款 5 万元。计算按网络进度计划原始方案实施时的综合费用。

3. 若该网络进度计划各工作的可压缩时间及压缩单位时间增加的费用，见表 1-19。确定该网络进度计划的最低综合费用和相应的关键路线，并计算调整优化后的总工期（要求写出调整优化过程）。

各工作的可压缩时间及压缩单位时间增加的费用表　　表 1-19

工作	可压缩时间(d)	压缩单位时间增加的费用(万元/d)	工作	可压缩时间(d)	压缩单位时间增加的费用(万元/d)
A	2	2	G	1	2
B	2	4	H	2	1.5
C	2	3.5	I	0	—
D	0	—	J	2	6
E	1	2	K	2	2
F	5	2	—	—	—

【参考答案】

1. 原始方案的关键路线和计算工期：

关键路线为①→③→⑥→⑦→⑧。

（或关键工作为 B、F、J；或在图 1-23 中直接标出）

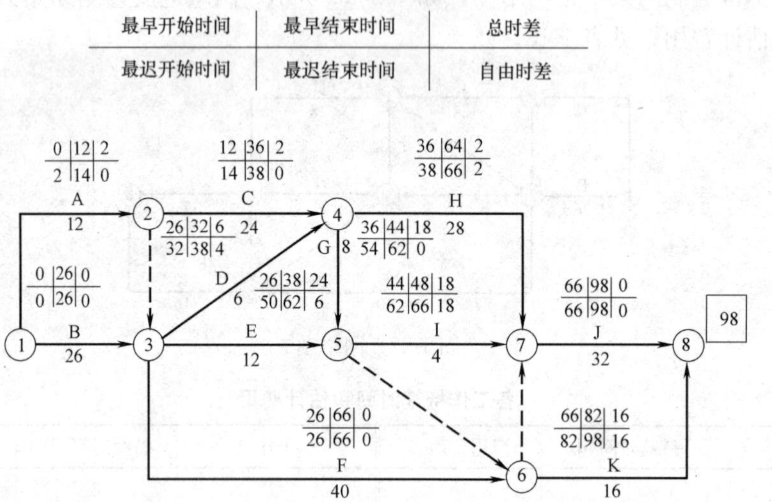

图 1-23　网络时间参数计算

计算工期为 98d。

2. 计算按网络进度计划原始方案实施时的综合费用如下。

原始方案估计费用：

18＋40＋25＋15＋40＋120＋16＋37＋10＋64＋16＝401 万元。

延期罚款：5×(98－93)＝25 万元。

综合费用为：401＋25＝426 万元。

3. 第一次调整优化：在关键线路上取压缩单位时间增加费用最低的 F 工作为对象压缩 2d。

增加费用：2×2＝4 万元。

第二次调整优化：A、C、H、J 与 B、F、J 同时成为关键工作，选择 H 工作和 F 工作为调整对象，各压缩 2d。

增加费用：2×(1.5＋2)＝7 万元。

第三次调整优化：A、C、H、J 与 B、F、J 仍为关键工作，选择 A 工作和 F 工作作为调整对象，各压缩 1d。

增加费用：1×(2＋2)＝4 万元。

优化后的关键线路为：

①→③→⑥→⑦→⑧（或关键工作为 B、F、J）和①→②→④→⑦→⑧（或关键工作为 A、C、H、J）。

总工期：98－2－2－1＝93d。

最低综合费用：401＋4＋7＋4＝416 万元。

案例分析题十六

【背景资料】

某施工单位承接了二级公路一桥隧相连项目，其中桥梁桥跨布置为（65＋120＋65）m，③号桥台紧邻隧道进口洞门。隧道全长 910m，净宽 12m，净高 5m，单洞双向两车道，最大埋深 100m，进、出口 50m 范围内埋深均小于 20m（属浅埋隧道）。桥跨布置与隧道围岩级别及其长度、掘进速度如图 1-24 所示。

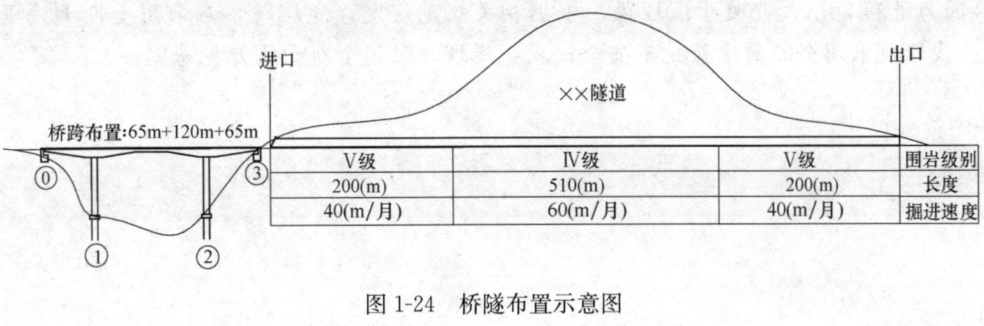

Ⅴ级	Ⅳ级	Ⅴ级	围岩级别
200(m)	510(m)	200(m)	长度
40(m/月)	60(m/月)	40(m/月)	掘进速度

图 1-24　桥隧布置示意图

该项目实施过程中发生了如下事件：

事件 1：桥梁为 T 型刚构，采用挂篮悬臂浇筑，设计文件要求悬臂浇筑须对称平衡。中跨、边跨合拢段长度均为 2m，靠近桥台 4m 梁段采用现浇施工。

事件 2：隧道掘进工期为 12 个月，采用进、出口双向开挖，但最后 30m 为单向开挖。由于受③号桥台施工限制，决定先由 A 作业队从出口向进口方向掘进，待③号桥台施工完成后，立即由 B 作业队从进口掘进，且最后 30m 决定由 B 作业队单独完成。

事件 3：洞口工程施工包括以下工序：①截水沟施工；②边、仰坡开挖；③套拱及长管棚施工；④边、仰坡防护。

事件 4：A 作业队在进洞 30m 后，现场负责人决定将开挖方法由台阶法改为全断面法。

【问题】

1. 事件 1 中，主跨悬臂浇筑施工是否需要在墩梁处采取临时固结措施？说明理由。

2. 事件 1 中，边跨 4m 现浇梁段应采用何种方法施工？说明本桥合拢顺序。

3. 事件 2 中，为保证隧道掘进工期，③号桥台施工最迟应在 A 作业队掘进开工后多少个月完成？(列式计算，计算结果小数点后保留 1 位)

4. 写出事件 3 中洞口工程施工的正确顺序。(用编号表示即可)

5. 事件 4 中，改变后的开挖方法是否合理？说明理由。

【参考答案】

1. 不需要采取临时固结措施。

因为 0 号块与桥墩是固结的，已具有抗弯能力。

2. 支架法（或托架法，或钢管柱法）

合拢顺序：先边跨后中跨。

3. B 作业队完成最后 30m 掘进时间 0.5 个月。

A 作业队最长掘进时间：12－0.5＝11.5 个月。

A 作业队最长掘进距离：40×5＋60×6.5＝590m。

B 作业队最短掘进长度：910－590＝320m。

B 作业队掘进需要最短时间：200/40＋120/60＝7 个月。

最多迟后时间为 12－7＝5 个月。

即：③号桥台施工最迟在 A 作业队掘进开工后 5 个月完成。

4. 正确顺序：①→②→④→③。

5. 不合理。

因为进洞 30m 处尚处于浅埋段，根据相关规范规定，浅埋段不应采用全断面法开挖（或：浅埋段采用全断面法开挖不安全；或：浅埋段采用全断面法开挖易塌方）。

第二章　公路工程施工质量管理

要　点　归　纳

1. 现场质量检查控制**【一般考点】**

现场工程质量检查分开工前检查、施工过程中检查和分项工程完成后的检查。现场质量检查控制的方法主要有：测量、试验、观察、分析、记录、监督、总结改进。

2. 土方路基工程施工中常见质量控制关键点**【重要考点】**

（1）施工放样与断面测量。

（2）路基原地面处理，按施工技术合同或规范规定要求处理，并认真整平压实。

（3）使用适宜材料，必须采用设计和规范规定的适用材料，保证原材料合格，正确确定土的最大干密度和最佳含水量。

（4）压实设备及压实方案。

（5）路基纵横向排水系统设置。

（6）每层的松铺厚度，横坡及填筑速率。

（7）分层压实，控制填土的含水量，确保压实度达到设计要求。

根据不同的土的性质，测定最佳含水量的试验方法通常有：轻型、重型击实试验；振动台法；表面振动击实仪法。

压实度是现场干密度和室内最大干密度的比值。压实度越高，路基密实度越大，材料整体性能越好。其现场密度的测定方法有：灌砂法、环刀法、核子密度湿度仪法。

3. 路面基层（底基层）施工中常见的质量控制关键点**【重要考点】**

（1）基层施工所采用设备组合及拌合设备计量装置校验。

（2）路面基层（底基层）所用结合料（如水泥、石灰）剂量。

（3）路面基层（底基层）材料的含水量、拌合均匀性、配合比。

（4）路面基层（底基层）的压实度、弯沉值、平整度及横坡等。

（5）如采用级配碎（砾）石还需要注意集料的级配和石料的压碎值。

（6）及时有效的养护。

4. 水泥混凝土路面施工中常见质量控制关键点**【重要考点】**

（1）基层强度、平整度、高程的检查与控制。

（2）混凝土材料的检查与试验，水泥品种及用量确定。

（3）混凝土拌合、摊铺设备及计量装置校验。

（4）混凝土配合比设计和试件的试验。混凝土的水胶比、外掺剂掺加量、坍落度应控制。

（5）混凝土的摊铺、振捣、成型及避免离析。

（6）切缝时间和养护技术的采用。

5. 沥青混凝土路面施工中常见质量控制关键点**【重要考点】**

（1）基层强度、平整度、高程的检查与控制。

（2）沥青材料的检查与试验。沥青混凝土配合比设计和试验。

（3）沥青混凝土拌合设备及计量装置校验。

（4）路面施工机械设备配置与压实方案。

（5）沥青混凝土的拌合、运输及摊铺温度控制。

（6）沥青混凝土摊铺厚度的控制和摊铺中离析控制。

（7）沥青混凝土的碾压与接缝施工。

沥青混凝土配合比设计采用马歇尔试验配合比设计法。该法是首先按配合比设计拌制沥青混合料，然后制成规定尺寸试件，12h之后测定其物理指标（包括表观密度、空隙率、沥青饱和度、矿料间隙率等），然后测定稳定度和流值。

6. 桥梁基础工程施工中常见质量控制关键点**【重要考点】**

（1）扩大基础

1）基底地基承载力的检测确认，满足设计要求。

2）基底表面松散层的清理。

3）及时浇筑垫层混凝土，减少基底暴露时间。

4）大体积混凝土施工裂缝控制。

（2）钻孔桩

1）桩位坐标与垂直度控制。

2）护筒埋深。

3）泥浆指标控制。

4）护筒内水头高度。

5）孔径的控制，防止缩径。

6）桩顶、桩底标高的控制。

7）清孔质量（嵌岩桩与摩擦桩要求不同）。

8）钢筋笼接头质量。

9）导管接头质量检查与水下混凝土的灌注质量。

（3）沉井

1）初始平面位置的控制。

2）刃脚质量。

3）下沉过程中沉井倾斜度与偏位的动态控制。

4）封底混凝土的浇筑工艺确保封底混凝土的质量。

7. 土方路基工程质量检验**【重要考点】**

（1）基本要求

1）在路基用地和取土坑范围内，应清除地表植被、杂物、积水、淤泥和表土，处理坑塘，并按规范和设计要求对基底进行压实。

2）路基填料应符合规范和设计的规定，经认真调查、试验后合理选用。

3）填方路基须分层填筑压实，每层表面平整，路拱合适，排水良好。

4）施工临时排水系统应与设计排水系统结合，避免冲刷边坡，勿使路基附近积水。

5）在设定取土区内合理取土，不得滥开滥挖。完工后应按要求对取土坑和弃土场进行修整，保持合理的几何外形。

（2）实测项目

土方路基实测项目有：压实度（△）、弯沉值（△）、纵断高程、中线偏位、宽度、平整度、横坡、边坡。

8. 石方路基工程质量检验**【高频考点】**

（1）基本要求

1）石方路堑的开挖宜采用光面爆破法。

2）修筑填石路堤时应进行地表清理，逐层水平填筑石块，摆放平稳，码砌边部。采用振动压路机分层碾压，压至填筑层顶面石块稳定，18t 以上压路机振压两遍无明显标高差异。

3）路基表面应整修平整。

（2）实测项目

石方路基实测项目有：压实、纵断高程、中线偏位、宽度、平整度、横坡、边坡坡度和平顺度。

9. 路面基层、底基层的检验**【重要考点】**

（1）水泥稳定粒料（碎石、砂砾或矿渣等）基层和底基层质量检验基本要求

1）粒料应符合设计和施工规范要求，并应根据当地料源选择质坚干净的粒料，矿渣应分解稳定，未分解渣块应予剔除。

2）水泥用量和矿料级配按设计控制准确。

3）路拌深度要达到层底。

4）摊铺时要注意消除离析现象。

5）混合料处于最佳含水量状况下，用重型压路机碾压至要求的压实度从加水拌合到碾压终了的时间不应超过 3～4h，并应短于水泥的终凝时间。

6）碾压检查合格后立即覆盖或洒水养护，养护期要符合规范要求。

（2）实测项目

1）水泥稳定粒料（碎石、砂砾或矿渣等）基层和底基层主要检验内容包括：压实度（△）、平整度、纵断高程、宽度、厚度（△）、横坡、强度（△）。

2）级配碎（砾）石或填隙碎石（矿渣）基层和底基层实测项目有：压实度（△）、弯沉值、平整度、纵断高程、宽度、厚度（△）、横坡。

10. 水泥混凝土面层与沥青混凝土面层和沥青碎（砾）石面层检验的实测项目**【高频考点】**

（1）水泥混凝土面层检验的实测项目

水泥混凝土面层实测项目有：水泥混凝土面板的弯拉强度（△）、平整度、板厚度（△）、水泥混凝土路面的抗滑构造深度、相邻板间的高差、纵横缝顺直度、水泥混凝土路面中线平面偏位、路面宽度、纵断高程和路面横坡。

（2）沥青混凝土面层和沥青碎（砾）石面层检验的实测项目

沥青混凝土面层和沥青碎（砾）石面层的实测项目有：厚度（△）、平整度、压实度（△）、弯沉值、渗水系数、抗滑（含摩擦系数和构造深度）、中线平面偏位、纵断高程、路面宽度及路面横坡。

11. 桥梁工程预应力筋的加工和张拉质量检验**【重要考点】**

（1）基本要求

1）预应力束中的钢丝、钢绞线应梳理顺直，不得有缠绞、扭麻花现象，表面不应有损伤。

2）单根钢绞线不允许断丝。

3）同一截面预应力筋接头面积不超过预应力筋总面积的25%，接头质量应满足施工技术规范的要求。

4）预应力钢丝采用镦头锚时，镦头应头形圆整，不得有斜歪或破裂现象。

5）制孔管道应安装牢固，接头密合，弯曲圆顺。锚垫板平面应与孔道轴线垂直。

6）千斤顶、油表、钢尺等器具应经检验校正。

7）锚具、夹具和连接器应符合设计要求，按施工技术规范的要求经检验合格后方可使用。

8）压浆工作在5℃以下进行时，应采取防冻或保温措施。

9）孔道压浆的水泥浆性能和强度应符合施工技术规范要求，压浆时排气、排水孔应有水泥原浆溢出后方可封闭。

（2）实测项目

管道坐标（包含梁长方向和梁高方向）、管道间距（包含同排和上下层）、张拉应力值（△）、张拉伸长率（△）、断丝滑丝数。

12. 隧道工程（钢纤维）喷射混凝土支护质量检验

（1）基本要求

1）材料必须满足规范或设计要求。

2）喷射前要检查开挖断面的质量，处理好超欠挖。

3）喷射前，岩面必须清洁。

4）喷射混凝土支护应与围岩紧密粘接，结合牢固，喷层厚度应符合要求，不能有空洞，喷层内不容许添加片石和木板等杂物，必要时应进行粘结力测试。喷射混凝土严禁挂模喷射。受喷面必须是原岩面。

5）支护前应做好排水措施，对渗漏水孔洞、缝隙应采取引捧、堵水措施，保证喷射混凝土质量。

6）采用钢纤维喷射混凝土时，钢纤维抗拉强度不得低于380MPa，且不得有油渍及明显的锈蚀。钢纤维直径宜为0.3～0.5mm，长度为20～25mm，且不得大于25mm。钢纤维含量宜为混合料质量的1%～3%。

（2）实测项目

（钢纤维）喷射混凝土支护实测项目有：喷射混凝土强度（△）、喷层厚度（△）、空洞检测（△）。

13. 工程质量评分方法**【高频考点】**

（1）分项工程质量评分

$$分项工程得分=\frac{\sum（检查项目得分\times权值）}{\sum检查项目权值}$$

分项工程评分值＝分项工程得分－外观缺陷减分－资料不全减分

（2）分部工程和单位工程质量评分

$$分部（单位）工程评分值=\frac{\sum［分项（分部）工程评分值\times相应权值］}{\sum分项（分部）工程权值}$$

（3）合同段和建设项目工程质量评分

施工合同段工程质量评分采用所含各单位工程质量评分的加权平均值。即：

$$施工合同段工程质量评分值=\frac{\sum（单位工程评分值\times该单位工程投资额）}{合同段总投资额}$$

整个工程项目工程质量评分采用加权平均法进行。即：

$$工程项目质量评分值=\frac{\sum（合同段工程质量评分值\times该合同段投资额）}{\sum施工合同段投资额}$$

14. 工程质量等级评定【高频考点】

（1）分项工程质量等级评定。

（2）分部工程质量等级评定。

（3）单位工程质量等级评定。

（4）合同段和建设项目质量等级评定。

历 年 真 题

案例分析题一［2016 年真题］

【背景资料】

某施工单位在北方平原地区承建了一段长 152km 的双向四车道高速公路的路面工程，路面结构设计示意图如图 2-1 所示。

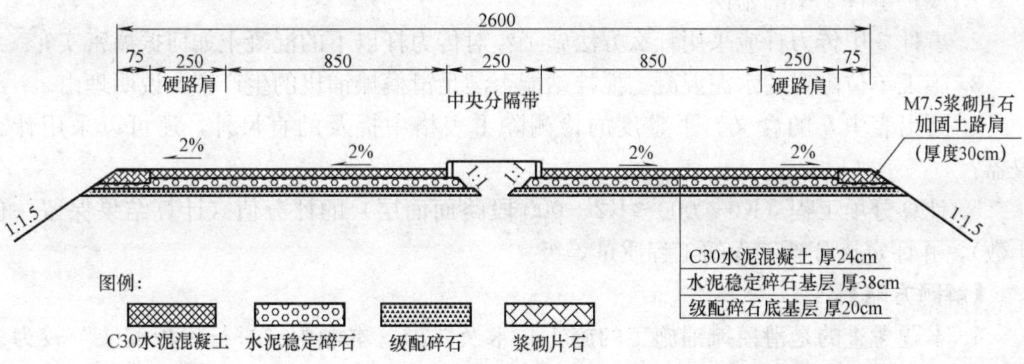

图 2-1 路面结构设计示意图

为保证工期，施工单位采用 2 台滑模摊铺机分左右幅同时组织面层施工，对行车道与硬路肩进行整体滑模摊铺。施工中发生如下事件：

事件 1：滑模摊铺前，施工单位在基层上进行了模板安装，并架设了单线基准线，基准线材质为钢绞线。

事件 2：滑模摊铺机起步时，先开启振捣棒，在 2～3min 内调整到适宜振捣频率，使进入挤压板前缘拌合物振捣密实，无大气泡冒出，方可开动滑模机平稳推进摊铺。因滑模摊铺机未配备自动插入装置（DBI），传力杆无法自动插入。

事件3：施工单位配置的每台摊铺机的摊铺速度为100m/h，时间利用系数为0.75，施工单位还配置了专门的水泥混凝土搅拌站，搅拌站生产能力为450m^3/h（滑模摊铺机生产率公式为：$Q=1000hBV_pK_B$（m^3/h），公式中h为摊铺厚度，B为摊铺宽度）。

事件4：施工单位按每2km路面面层划分为一个分项工程，并按《公路工程质量检验评定标准》进行检验和评定。分项工程的质量检验内容包括基本要求、实测项目、外观鉴定和质量保证资料四个部分。K0＋000～K2＋000段路面面层满足基本要求，且资料检查齐全，但外观鉴定时发现1处外观缺陷，需扣1分。该分项工程的实测项目得分见表2-1。

K0＋000～K2＋000段路面面层实测项目得分表　　表2-1

序号	实测项目	得分值	权值	检测工具或方法
1	弯拉强度△	97	3	钻芯劈裂法
2	平整度	99	2	3m直尺测得k(mm)
3	板厚度△	98	3	钻芯取样法
4	抗滑构造深度	95	2	铺砂法
5	相邻板间的高差	96	2	抽量
6	纵横缝顺直度	92	1	拉线
7	路面中线平面偏位	94	1	经纬仪
8	路面宽度	96	1	抽量
9	纵断高程	95	1	水准仪
10	路面横坡	95	1	水准仪

【问题】

1. 改正事件1中的错误。

2. 事件2中传力杆应采用什么方法施工？对传力杆以下的混凝土如何振捣密实？

3. 施工单位配置的水泥混凝土搅拌站能否满足滑模摊铺机的生产率？说明理由。

4. 写出表中k的含义。平整度的检测除了表格中提及的直尺外，还可以采用什么仪器？

5. 计算分项工程（K0＋000～K2＋000段路面面层）的评分值（计算结果保留一位小数），并评定该分项工程的工程质量等级。

【解题方略】

1. 本题考查的是滑模摊铺施工的施工技术及要求。本题中“进行模板安装”较为多余。“单线基准线”错误较为明显。

2. 本题考查的是水泥混凝土路面施工技术。前置法施工，应预先加工、安装和固定胀缝钢筋支架，并在使用手持振捣棒振实胀缝板两侧的混凝土后再摊铺。

3. 本题考查的是滑模摊铺机生产率的计算。考生应充分把握背景资料中提供的“滑模摊铺机生产率公式为：$Q=1000hBV_pK_B$（m^3/h），公式中h为摊铺厚度，B为摊铺宽度”线索。考生应明确V_p为摊铺速度，K_B为时间利用系数。

4. 本题考查的是直尺与路面的最大间隙及平整度的测量。本题考核的较为简单，考生应避免丢分。

5. 本题考查的是分项工程质量评分。分项工程得分$=\frac{\sum(\text{检查项目得分}\times\text{权值})}{\sum\text{检查项目权值}}$。

分项工程评分值=分项工程得分－外观缺陷减分－资料不全减分。分项工程评分值不小于75分者为合格；小于75分者为不合格。

【参考答案】

1. “在基层上进行了模板安装”改为“滑模摊铺机不需要安装模板”。

滑模摊铺高速公路时，应采用单向坡双线基准线，故，“单线基准线”应改为“单向坡双线基准线”。

2. 采用前置支架法施工。传力杆以下的混凝土宜在摊铺前采用手持振捣棒振实。

3. 水泥混凝土搅拌站能满足滑模摊铺机的生产率；

因为：每台摊铺机生产效率$Q=1000\times0.24\times11\times0.1\times0.75=198\text{m}^3/\text{h}$。

则两台摊铺机生产效率为：$198\times2=396\text{m}^3/\text{h}$。

$396\text{m}^3/\text{h}<450\text{m}^3/\text{h}$（搅拌站生产能力），所以能满足滑模摊铺机的生产率。

4. (1) k是指3m直尺与路面的最大间隙。

(2) 本题中，平整度还可以采用的检测仪器为：平整度仪。

5. 分项工程得分$=\sum$（实测项目得分×权值）$/\sum$实测项目权值$=1637/17=96.3$分。

分项工程评分＝分项工程得分－外观缺陷扣分－资料不齐扣分＝96.3－1－0＝95.3分。

该分项工程的评分95.3分≥75分，该分项工程的工程质量等级为：合格。

案例分析题二［2015年真题］

【背景资料】

某段高速公路桩号为K0＋000～K13＋700，交通荷载等级为重交通。K9＋362处有一座7×30m预应力混凝土T型梁桥，桥梁造价为1000万元（含桥面铺装、交通安全设施等所有工程），K9＋100～K9＋600路线纵断面示意图如图2-2所示。施工单位中标进场后，经初步考察，拟组织下列机械进场：(A) 挖掘机；(B) 缆索式起重机；(C) 羊足碾；(D) 旋挖钻机；(E) 架桥机；(F) 打桩机；(G) 平地机；(H) 大吨位千斤顶；(I) 压路机；(J) 自卸汽车等。

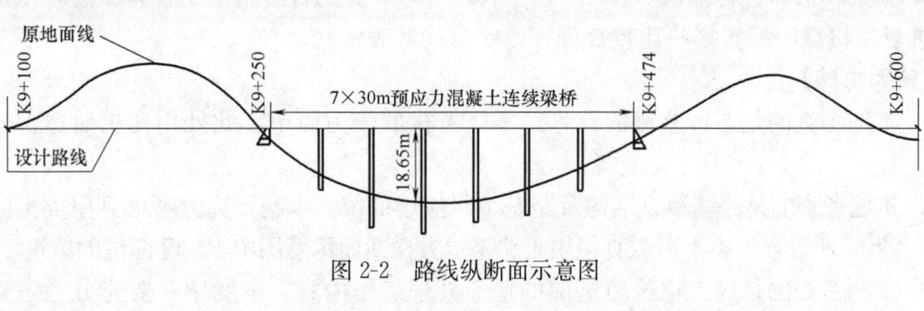

图2-2 路线纵断面示意图

在编制实施性施工组织设计时，施工单位发现K9＋100～K9＋600段弃方共计140000m³，弃方平均运距为450m，且弃土场占用良田较多；桥头两端挖方体经取样检测，甲类土CBR值为4.2%，乙类土CBR值为8.1%，土体均匀。经业主、设计、监理、施工等单位现场考察，综合各方面因素，业主单位提出设计变更，将桥梁变更为路堤，变更后的路基填方横断面示意图如图2-3所示。变更后，桥位段增加填方125000m³（均来自于K9+100～K9+600段路基挖方），增加的其他所有防护、排水、路面、交通安全设施等工程造价为680万元。该合同段路基挖方单价为14.36元/m³，填方单价为7.02元/m³。

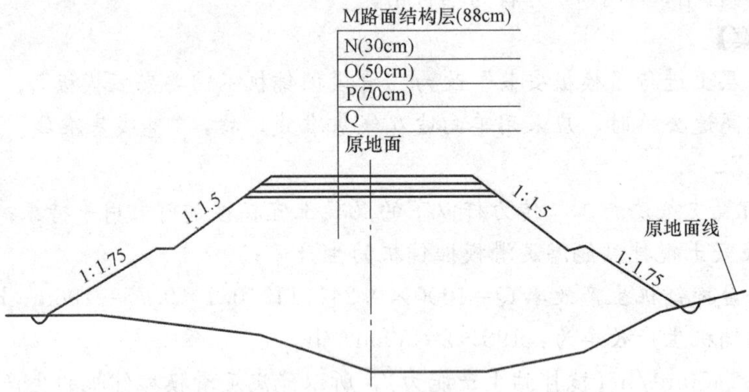

图2-3　路基填方横断面示意图

桥位段地表主要为旱地，原状土强度满足填方要求，设计要求清除表土深度为15cm。变更申请批复后，施工单位先将桥位段树木、表土、坟墓等清理完成，在基底填筑前，进行平整、碾压，并进行了相关检查或检测，然后逐层进行填筑施工。

【问题】

1. 计算路基方案和桥梁方案的造价差额（单位：万元，计算结果保留2位小数）。根据《公路工程设计变更管理办法》，判定该设计变更属于哪级变更？说明理由。该设计变更应该由什么单位审批？

2. 写出路基填方横断面示意图2-3中N、O、P、Q各部位名称。如果桥头两端挖方体作为填料，甲类土可以直接用于路基填方横断面示意图中哪些部位的填筑（以字母代号表示）？

3. 施工单位填筑前，对原地面还应如何处理？说明理由。

4. 施工单位完成原地面处理后，正式填方前通常应对处理后的原地面进行哪些检查或检测？

5. 施工单位在进行该段（K9+100～K9+600）变更后的路基工程施工时，从前期拟组织进场的机械中配置哪些比较合理（以字母代号表示）？

【解题方略】

1. 本题考查的是造价差额的计算。本题考核的较为简单，此处用变更后造价－1000万元。

2. 本题考查的是路基填方结构及路基填料应用部位。本题要充分考虑到甲类土的CBR值为4.2%，所以，甲类土可以直接用于路基填方横断面示意图中P、Q部位的填筑。

3. 本题考查的是施工单位填筑前的地面处理工作内容。本题中，要充分考虑到最低处填高、两侧填筑长度，从而计算出纵坡度。因为最低处填高为18.65m，两侧填筑长度分别为90m和120m，则对应的纵坡度分别为20.07%和15.54%，纵坡大于12%，所以填筑时纵向应挖台阶处理。

4. 本题考查的是土方路基实测项目。土方路基实测项目有：压实度（△）、弯沉值

(△)、纵断高程、中线偏位、宽度、平整度、横坡、边坡。

5. 本题考查的是现场施工机械的配置。施工机械的配置主要在于掌握其特点及适用情况，然后结合背景资料进行分析选择。

【参考答案】

1. (1) 路基方案和桥梁方案的造价差额＝680＋12.5×7.02－1000＝－232.25 万元。

(2) 根据《公路工程设计变更管理办法》，该变更属于较大设计变更。

理由：该桥总长为 210m，属于大桥，且该变更为大中桥梁的数量发生变化。

(3) 该设计变更应该由项目所在地省级交通运输主管部门审批。

2. (1) 路基填方横断面示意图 2-3 中，N 为上路床，O 为下路床，P 为上路堤，Q 为下路堤。

(2) 甲类土可以直接用于路基填方横断面示意图中 P、Q 部位的填筑。

3. 施工单位填筑前，对原地面的坑洞用合格材料回填，同时进行填筑前的压实处理，压实度不小于 90%；还应做挖台阶处理。设置坡度向内并大于 4%、宽度大于 2m 的台阶。

4. 施工单位完成原地面处理后，正式填方前通常应对处理后的原地面进行压实度、弯沉值、纵断高程、中线偏位、宽度、平整度、横坡等检查或检测。

5. 从前期拟组织进场的机械中配置 (A) (C) (G) (I) (J) 比较合理。

案例分析题三［2015 年真题］

【背景资料】

某施工单位承包了跨湖区某大桥的滩地引桥施工。该引桥全长 2450m，共 44 孔，每孔跨径 55m，上部结构为预应力混凝土连续箱梁。桥跨布置为四跨一联，采用 MSS55 下行式移动模架施工，每联首跨施工长度为 55m＋8m，第 2、3 跨施工长度为 55m，末跨施工长度为 47m。

事件 1：移动模架两主梁通过牛腿支承托架支承在桥墩墩柱或承台上，模板系统由两主梁支承（如图 2-4 和图 2-5 所示）。首跨施工主要工序为：(1) 移动模架安装就位、调试及预压；(2) 工序 D；(3) 底模及支座安装；(4) 预拱度设置与模板调整；(5) 绑扎底板及腹板钢筋；(6) 预应力系统安装；(7) 内模就位；(8) 顶板钢筋绑扎；(9) 工序 E；(10) 混凝土养护、内模脱模；(11) 施加预应力；(12) 工序 F；(13) 落模拆底模；(14) 模架纵移。

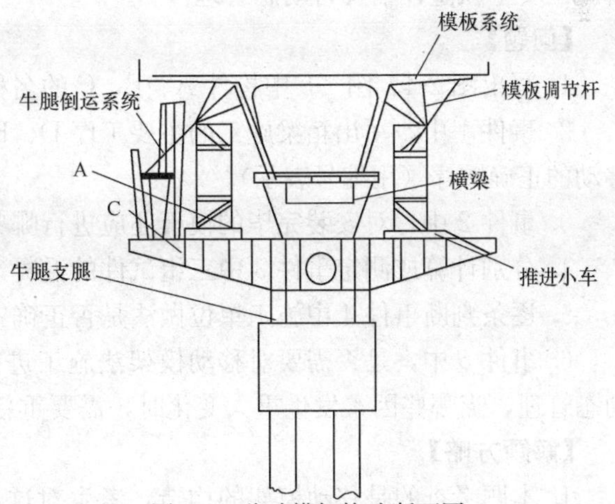

图 2-4 移动模架构造断面图

首跨施工完成后，开始移动模架，移动程序包括：①主梁（横梁）横向内移；②主梁（横梁）横向外移；③主梁（导梁）纵移过孔；④主梁（横梁）及模板系统就位；⑤解拆模板、降下主梁。

事件 2：模板安装完毕后，施工单位在浇筑混凝土前，对其平面位置及尺寸、节点联

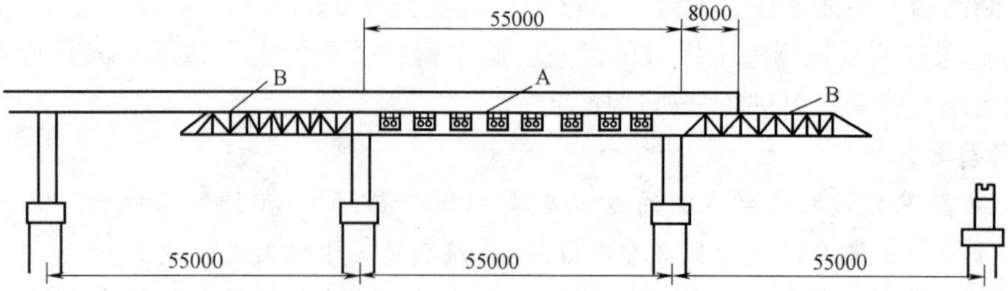

图 2-5　移动模架构造侧示图（图中单位：mm）

系及纵横向稳定性进行了检查。

事件 3：箱梁混凝土设计抗压强度为 50MPa。施工过程中按规范与试验规程要求对混凝土取样制作边长为 150mm 的立方体标准试件进行强度评定，试件以同龄期者三块为一组，并以同等条件制作和养护，经试验测定。第一组三块试件强度分别为 50.5MPa、51.5MPa、61.2MPa，第二组三块试件强度分别为 50.5MPa、54.7MPa、57.1MPa，第三组三块试件强度分别为 50.1MPa、59.3MPa、68.7MPa。

事件 4：上部结构箱梁移动模架法施工中，施工单位采用如下做法：

（1）移动模架作业平台临边护栏用钢管制作，并能承受 1000N 的可变荷载，上横杆高度为 1.2m；

（2）模架在移动过孔时的抗倾覆系数不得小于 1.5；

（3）箱梁混凝土抗压强度评定试件采取现场同条件养护；

（4）控制箱梁预应力张拉的混凝土试件采取标准养护。

事件 5：根据交通运输部《公路桥梁和隧道工程施工安全风险评估指南（试行）》要求，施工单位对该桥梁施工进行了总体风险评估，总体风险评估为Ⅲ级，施工过程中对大桥施工安全风险评估实行动态管理。

【问题】

1. 写出图 2-4、图 2-5 中构件 A、B、C 的名称。

2. 事件 1 中，写出箱梁施工的主要工序 D、E、F 的名称，写出首跨施工完成后模架移动的正确顺序（用编号表示）。

3. 事件 2 中，对安装完毕的模板还应进行哪些检查？

4. 分别计算或测定事件 3 中三组试件的混凝土强度测定值。

5. 逐条判断事件 4 中施工单位做法是否正确？并改正错误的做法。

6. 事件 5 中，是否需要对移动模架法施工进行专项风险评估？为进行安全风险评估动态管理，当哪些因素发生重大变化时，需要重新进行风险评估？

【解题方略】

1. 本题考查的是移动模架的构造，考生对这部分熟悉之后不是特别难，移动模架的构造示意图如图 2-6 和图 2-7 所示。

2. 本题考查的是用移动支架逐孔现浇施工（移动模架法）的工序。用移动支架逐孔现浇施工（移动模架法）主要工序有：侧模安装就位、安装底模、支座安装、预拱度设置与模板调整、绑扎底板及腹板钢筋、预应力系统安装、内模就位、顶板钢筋绑扎、箱梁混凝土浇筑、内模脱模、施加预应力和管道压浆及落模拆底模及滑模纵移。

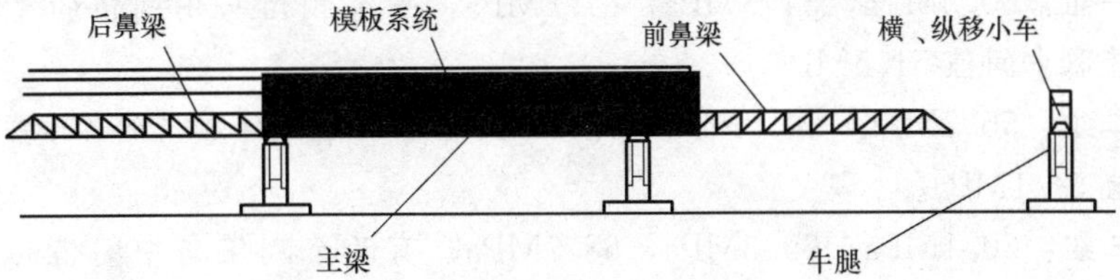

图 2-6 移动模架整体结构示意图

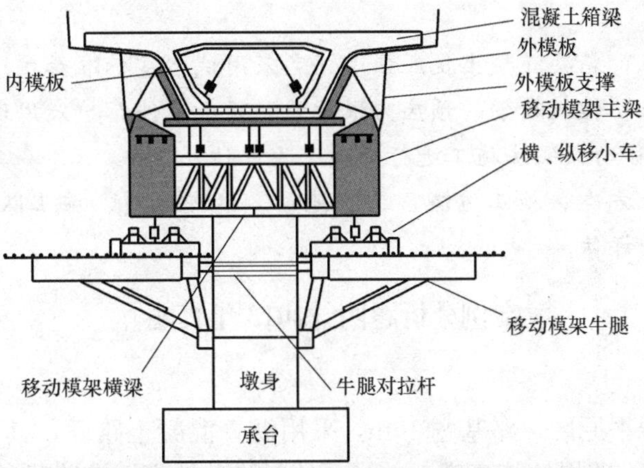

图 2-7 移动模架断面结构示意图

3. 本题考查的是模板安装注意要点。本题为典型的查漏补缺型题目。模板安装完毕后，应对其平面位置、顶部标高、节点联系及纵横向稳定性进行检查，签认后方可浇筑混凝土。

4. 本题考查的是混凝土施工的一般规定。在进行混凝土强度试配和质量评定时，混凝土的抗压强度应以边长为 150mm 的立方体尺寸标准试件测定。试件以同龄期者三块为一组，并以同等条件制作和养护，每组试件的抗压强度应以三个试件测值的算术平均值为测定值，如有一个测值与中间值的差值超过中间值的 15%时，则取中间值为测定值；如有两个测值与中间值的差值均超过 15%时，则该组试件无效。

5. 本题考查的是上部结构箱梁移动模架法施工要点。考生应着重注意，当梁体混凝土强度达到设计规定的张拉强度（试压与梁体同条件养护的试件）时，方可进行张拉。

6. 本题考查的是公路桥梁和隧道工程安全风险评估相关要求。公路桥梁和隧道工程施工安全风险评估应遵循动态管理的原则，当工程设计方案、施工方案、工程地质、水文地质、施工队伍等发生重大变化时，应重新进行风险评估。

【参考答案】

1. 构件 A 为主梁及导梁、构件 B 为鼻梁、构件 C 为牛腿支撑托架梁。

2. D 为侧模板安装就位、E 为箱梁混凝土浇筑、F 为管道压浆。

施工工艺流程：⑤—②—①—③—④。

3. 安装完毕的模板还应进行顶部标高的检查。

4. 混凝土强度测定值：

(1) 第一组：50.5MPa，51.5MPa，61.2MPa，一个测值与中间值的差值超中间值15%，测定值取中间值51.5MPa。

(2) 第二组：50.5MPa，54.7MPa，57.1MPa，以三个试件测值的算术平均值为测定值，取平均值54.1MPa。

(3) 第三组：50.1MPa，59.3MPa，68.7MPa，有两个测值与中间值的差值均超过15%，该组试件无效。

5. (1) 正确。

(2) 正确。

(3) 错误。改正：箱梁混凝土抗压强度评定采用试验室标准养护。

(4) 错误。改正：控制箱梁的预应力张拉的混凝土试件养护采用现场同条件养护。

6. (1) 需要对移动模架法施工进行专项风险评估。

(2) 当工程设计方案、施工方案、工程地质、水文地质、施工队伍等发生重大变化时，应重新进行风险评估。

案例分析题四［2013年真题］

【背景资料】

某二级公路位于平原区，路基宽10m，采用沥青混凝土路面，其中K3+460～K3+550段位于水田路段。路堤填筑高度5～6m，填料为砂性土。该路段的软基处理方案如图2-8所示。

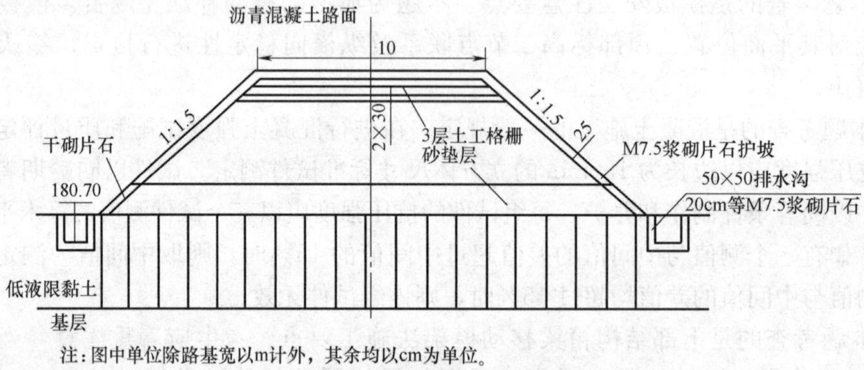

图2-8 软基处理方案图

工程开工前，在建设单位的主持下，由设计单位向施工单位交桩。设计单位向施工单位交了平面控制桩，交桩过程中施工单位发现平面控制桩D32缺失。施工单位接受了控制桩后及时进行了复测。

施工单位制定的塑料排水板及砂垫层整体施工工艺流程如下：整平原地面→摊铺下层砂垫层→机具就位→插入套管→塑料排水板穿靴→拔出套管→割断塑料排水板→机具移位→A。其中，塑料排水板采用插板机打设。

软基处理完成后，施工单位对“软土地基”分项工程按《公路工程质量检验评定标准》进行了自检，对7个实测项目按百分制进行评分、自检结果见表2-2。

经检查，该分项工程“基本要求”符合规范规定，资料完整，但因外观缺陷减1分。

自检项目得分表 表 2-2

自检项目	规定或允许偏差	权值	分数
板间距(mm)	±150	2	70
板长度	不小于设计	3	94
竖直度(%)	1.5	2	85
砂垫层厚度	不小于设计	3	92
砂垫层宽度	不小于设计	1	90
反滤层设置	符合设计要求	1	96
压实度(%)	90	2	85

【问题】

1. 根据《公路工程质量检验评定标准》，写出图 2-8 中涉及的“分部工程”名称。

2. 改正塑料排水板施工工艺流程中的排序错误（按“应先XX，再XX”描述），并写出工艺 A 的名称。

3. 写出图 2-8 中低液限黏土中水排至路堤外的主要路径。

4. 设计单位还应向施工单位交哪种控制桩？针对 D32 控制桩的缺失，施工单位应如何处理？

5. 分别计算“软土地基”分项工程的得分值和评分值（保留至小数点后两位），确定该分项工程的质量等级。

【解题方略】

1. 本题考查的是分部工程。本题要求考生对分部工程有识别的判断的能力，考核形式较为简单。

2. 本题考查的是塑料排水板施工流程。按整平原地面→摊铺下层砂垫层→机具就位→塑料排水板穿靴→插入套管→拔出套管→割断塑料排水板→机具移位→摊铺上层砂垫层的施工工艺程序进行。

3. 本题考查的是施工排水的要点。本题可根据实际工作经验进行作答。

4. 本题考查的是设计交桩及导线点复测。本题为常规性考题。

5. 本题考查的是分项工程得分及质量等级。分项工程得分 $=\dfrac{\sum(\text{检查项目得分}\times\text{权值})}{\sum\text{检查项目权值}}$。

分项工程评分值=分项工程得分－外观缺陷减分－资料不全减分。分项工程评分值不小于 75 分者为合格；小于 75 分者为不合格。

【参考答案】

1. 图 2-8 中涉及的“分部工程”名称有：路基土方工程（1～3km 路段）、排水工程（1～3km 路段）、砌筑防护工程（1～3km 路段）、路面工程（1～3km 路段）。

2. 改正塑料排水板施工工艺流程中的排序错误：应先塑料排水板穿靴，再插入套管。工艺流程中的 A 代表“摊铺上层砂垫层”。

3. 低液限黏土的排水的路径：塑料排水板（垂直）→砂垫层（水平）→干砌片石

（透水）→边沟。

4. 设计单位还应向施工单位交水平控制桩。

施工单位应及时向设计单位提出补桩申请。

5. 加权得分值=[(70×2+94×3+85×2+92×3+90×1+96×1+85×2)/(2+3+2+3+1+1+2)]分=87.43分。

评分值=87.43−1=86.43分。

评分值大于75分，该分项工程质量等级为合格。

案例分析题五［2013年真题］

【背景资料】

施工单位承接了一新建高速公路K50＋000～K75＋000段路面工程与交通工程的施工，其中包含中央分隔带及路面排水工程，一般路段中央分隔带断面设计如图2-9所示。

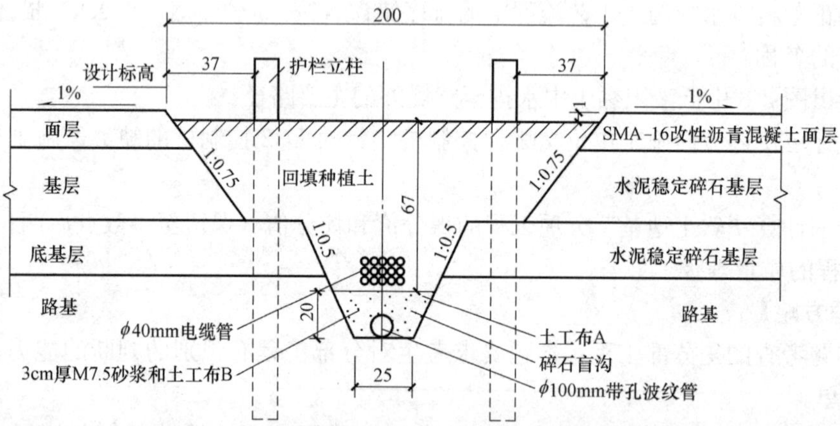

图2-9 一般路段中央分隔带断面设计示意图

每千米一般路段中央分隔带主要材料数量见表2-3。

每千米一般路段中央分隔带主要材料数量 表2-3

项目	单位	数量
ϕ100mmPVC带孔波纹管	m	1000
碎石盲沟(粒径2～4cm)	m^3	62.2
土工布B	m^2	3246
M7.5水泥砂浆	m^3	3246
土工布A	m^2	550
回填种植土	m^3	780

设计说明：

1. 图2-9中尺寸除注明外均以cm计。

2. 施工中应确保防水层不漏水。

3. 土工布A重量为250g/m²，其技术指标按相应要求执行。

4. 土工布 B 重量为 500g/m²，其技术指标按相应要求执行。

该项目采用单价合同，施工合同中的部分清单单价摘录见表 2-4。

施工合同中的部分清单单价 **表 2-4**

清单编号	项目	单位	单价(元)	备注
205-1	ϕ100mmPVC 带孔波纹管	m	66.5	
205-2	碎石盲沟	m^3	145.6	碎石粒径:2～4
205-3	土工布 B	m^2	28.6	隔水型
205-4	M7.5 水泥砂浆	m^3	950	厚 3cm
205-5	土工布 A	m^2	16.5	
205-6	回填种植土	m^3	26.6	
……	……	……	……	……

施工单位编写了中央分隔带施工组织方案，部分内容摘录如下：

(1) 路基施工完毕后，即可埋设横向塑料排水管；

(2) 当路面底基层施工完毕后，即可开挖中央分隔带；

(3) 中央分隔带应采用大型挖掘机开挖；

(4) 开挖的土料不得直接堆置在已经铺好的路面结构层上，应及时运走；

(5) 中央分隔带沟槽开挖完毕并经验收合格后，即可铺设防水层；

(6) 防水层施工范围是中央分隔带开挖沟槽与路基的接触面；

(7) 应合理安排以下四项工作：①回填种植土；②基层施工；③防水层施工；④护栏立柱打设。

根据合同文件，该项目位于一般路段的里程长度总计为 23860m，位于超高路段的里程长度总计为 1140m。

施工单位在波形梁护栏施工完成之后，对护栏进行了质量检验和评定，检测项目有：构件的材料性能和外观尺寸、金属构件的防腐处理、混凝土的强度和外观尺寸、护栏的安装情况。

【问题】

1. 改正中央分隔带施工组织方案中的错误之处（按“第×条应改为：……”描述）。

2. 写出一般路段中央分隔带断面设计图中“土工布 A”的作用。

3. 该项目中央分隔带的防水层采用的是什么材料？除此之外还可以采用什么材料做防水层？

4. 计算该项目一般路段中央分隔带用 M7.5 水泥砂浆（清单编号 205—4）的合同总价（保留一位小数）。

5. 写出①、②、③、④四项工作的合理先后顺序。

6. 补充护栏质量检测项目的漏项。

【解题方略】

1. 本题考查的是中央分隔带施工技术要求。本题的内容需要考生对中央分隔带施工技术要求有全面的了解。

2. 本题考查的是土工布的作用。本题考核的较为简单，此处考生应避免丢分。

3. 本题考查的是中央分隔带防水层材料的选用。本题中，考生应结合背景资料所给信息从防水层材料中，择优选择。

4. 本题考查的是水泥砂浆合同总价的计算。

5. 本题考查的是水泥砂浆的合同总价。考生应注意（清单编号 205—4）的单价，避免带入错误单价及备注事项。

6. 本题考查的是波形梁钢护栏的实测项目。波形梁钢护栏的实测项目有：波形梁板基底金属厚度（△）、立柱壁厚（△）、镀（涂）层厚度（△）、拼接螺栓抗拉强度、立柱埋入深度、立柱外边缘距路肩边线距离、立柱中距、立柱竖直度（△）、横梁中心高度（△）、护栏顺直度（△）。

【参考答案】

1. 第（2）条应改为，当路面基层施工完毕后，即可进行中央分隔带施工。

第（3）条应改为，中央分隔带应采用人工施工。

第（5）条应改为，中央分隔带范围内的路基及路面结构层，应铺设防水层。

2. 土工布 A 的作用是隔离回填土。

3. （1）中央分隔带防水层采用的是土工布材料。

（2）还可采用双层防渗沥青、PVC 防水板材料做防水层。

4. M7.5 水泥砂浆的合同总价＝23.86×3246×0.03×950＝2207312.46 元。

5. 四项工作合理的先后顺序：②→③→④→①。

6. 波形梁钢护栏的实测项目有：波形梁板基底金属厚度（△）、立柱壁厚（△）、镀（涂）层厚度（△）、拼接螺栓抗拉强度、立柱埋入深度、立柱外边缘距路肩边线距离、立柱中距、立柱竖直度（△）、横梁中心高度（△）、护栏顺直度（△）。

案例分析题六［2012 年真题］

【背景资料】

某施工单位承接了西部高速公路 M 合同段的施工任务。工程开工前，施工单位对施工图进行了初审、内部会审。在此基础上，建设单位组织设计、施工等单位共同对施工图进行了综合会审。各阶段会审的主要内容包括：施工图是否符合国家有关标准和经济政策的规定；建筑结构与安装工程的设备同管线的结合部位是否符合要求；安装工程各分项专业之间有无重大矛盾；图纸的份数及说明是否齐全、清楚、明确；图纸上标注的尺寸、坐标、标高及地上地下工程和公路交会点等有无遗漏和矛盾。

路线 K51＋350～K51＋680 为路堑段，地表上部覆盖薄层第四系残积木，其下为风化较严重的砂岩。边坡最大高度 45.3m，分五级，每级设置 4m 宽的平台。边坡支护采用预应力锚固技术，下面四级边坡每级设置三排无粘结预应力锚索网格梁，网格梁锚索间距为 4m。

施工单位拟定的预应力锚索施工工艺流程为：

施工准备→测量放样→工作平台搭设→钻孔→清孔→制作锚索→安装锚索→A→网格梁施工→张拉和锁定→B。

为验证锚索锚固力是否符合设计文件要求和指导施工，施工单位进行了锚固性能基本试验。张拉分预张拉和超张拉两阶段进行，并采用“双控法”控制。锚索固定后，余露锚索采用电弧切割，并留5～10cm外露锚索。现场监理及时发现施工中的错误，并进行了纠正。

边坡支护施工完成后，质量检测机构对边坡支护质量进行了监测评估。其中实测项目经加权计算得93分，因网格梁外观缺陷扣1分，因项目工程施工原始记录部分不详扣2分。

【问题】

1. 补充图纸会审的主要内容。

2. 指出预应力锚索施工工艺流程中A、B代表的工序名称。

3. 写出“双控法”的含义。

4. 改正锚索锁定后施工单位的错误做法。

5. 计算边坡支护分项工程评分值，并评定其质量等级。

【解题方略】

1. 本题考查的是图纸会审的主要内容。本题考核的较为简单，考生进行查漏补缺即可。

2. 本题考查的是预应力锚索施工工艺流程。关于本题的解答考生须结合流程中前后工序进行综合判定，缩小答案范围。本题亦可结合考生实际工作经验进行作答。

3. 本题考查的是双控法的含义。本题要求考生对双控法的含义有基本的了解。

4. 本题考查的是预应力锚索施工工艺。关于该类纠错题目，考生应仔细阅读所给资料，进行对比分析。

5. 本题考查的是分项工程得分的计算及其质量等级的评定。分项工程评分值＝分项工程得分－外观缺陷减分－资料不全减分。分项工程评分值不小于75分者为合格；小于75分者为不合格。

【参考答案】

1. 还需会审的内容有：

(1) 施工的技术设备条件能否满足设计要求；当采取特殊的施工技术措施时，现有技术力量及现场条件有无困难，能否保证工程质量和安全施工的要求。

(2) 有关特殊（新）技术或新材料的要求，其品种、规格、数量能否满足需要及工艺规定要求。

2. A代表“注浆”，B代表“封锚”。

3. “双控法”是采用张拉力和伸长值控制张拉，用伸长值校核张拉力。

4. 锚索锁定后，应采用机械切割余露锚索。

5. 分项工程评分值＝93－1－2＝90分，质量等级为“合格”。

典　型　习　题

案例分析题一

【背景资料】

某高速公路上下行分离式隧道，洞口间距40m，左线长3216m，右线长3100m，隧道最大埋深500m。进出口为浅埋段，Ⅳ级围岩，洞身地质条件复杂。地质报告指出，隧道穿越地层为三叠系底层，岩性主要为炭质泥岩、砂岩、泥岩砂岩互层，且有瓦斯设防段、涌水段和岩爆段。Ⅰ、Ⅱ、Ⅲ级围岩大致各占1/3，节理裂隙发育，岩层十分破碎，且穿越一组背斜，在其褶曲轴部地带中的炭质泥岩及薄煤层中存有瓦斯等有害气体，有瓦斯聚集涌出的可能，应对瓦斯重点设防，加强通风、瓦斯监测等工作。

技术员甲认为全断面开挖法的特点是工作空间较小、施工速度快、便于施工组织和管理，且全断面开挖法具有较小的断面进尺比，每次爆破震动强度较小，爆破对围岩的震动次数少，有利于围岩的稳定。考虑该隧道地质情况与进度要求，所以该隧道应采用全断面开挖。同时针对该隧道采用的新奥法施工，提出了"勤测量、紧封闭"的基本原则。

隧道施工过程中为防止发生塌方冒顶事故，项目部加强了施工监控量测，量测项目有地质和支护状况，锚杆或锚索内力及抗拔力、地表下沉、围岩体内位移、支护及衬砌内应力。

项目部还实行安全目标管理，采取了一系列措施，要求进入隧道施工现场的所有人员必须经过专门的安全知识教育，接受安全技术交底；电钻钻眼应检查把手胶套的绝缘是否良好，电钻工应戴棉纱手套，穿绝缘胶鞋；爆破作业人员不能着化纤服装，炸药和雷管分别装在带盖的容器内用汽车一起运送；隧道开挖及衬砌作业地段的照明电器电压为110～220V。同时加强瓦斯等有毒有害气体的防治，通风设施由专职安全员兼管。

隧道施工完成后，进行了供配电、照明系统设施的安装，其中变压器为油浸变压器，由于工期延误，变压器运到现场100d后才进行安装。电缆敷设在沟内时遵循了"低压在上、高压在下"的原则，敷设时还要求金属支架、导管必须接地（PE）或接零（PEN）可靠。

在交通监控方面，隧道由监控分中心统一监控，监控中心设有完善的子系统，包括交通信号监控系统、视频监控系统、供配电监控系统、隧道照明控制系统、调度指令电话系统、有线广播系统等。

【问题】

1. 改正技术员甲对全断面开挖法特点阐述的错误之处。本项目采用新奥法施工还应遵循的两条基本原则是什么？

2. 补充本项目施工监控量测的必测项目，并指出隧道监控量测时出现冒顶塌方的危险信号（征兆）有哪些？

3. 指出并改正项目部安全管理措施中的错误。

4. 根据背景资料，油浸变压器安装前应做何处理？指出并改正电缆敷设的错误之处。

5. 除背景资料中给出的监控子系统外，还应有哪些监控子系统（至少列出3种）？

【参考答案】

1.（1）改正技术员甲对全断面开挖法特点阐述的错误之处如下：全断面开挖法具有较大的工作空间，较大的断面进尺比，每次爆破震动强度较大。

（2）新奥法施工应遵循的基本原则还有：少扰动，早喷锚。

2.（1）本项目施工监控量测的必测项目还有：周边位移、拱顶下沉。

（2）隧道监控量测时出现冒顶塌方的危险信号有：量测数据有不正常变化（或突变）、洞内或地表位移大于允许位移值、洞内或地表出现裂缝，以及喷层出现异常裂缝。

3. 项目部安全管理措施中的错误及改正。

(1) 错误：电钻工应戴棉纱手套。

改正：电钻工应戴绝缘手套。

(2) 错误：炸药和雷管分别装在带盖的容器内用汽车一起运送。

改正：炸药与雷管必须分开运送。

(3) 错误：隧道开挖及衬砌作业地段的照明电器电压为110～220V。

改正：隧道开挖及衬砌地段的照明电压为12～36V。

(4) 错误：通风设施由专职安全员兼管。

改正：通风设施应由专人管理。

4. 油浸变压器安装前应检查油箱密封情况，做油的绝缘测试，并注以合格油。

电缆敷设的错误之处：敷设原则错误。

改正：电缆在沟内敷设应遵循“低压在下、高压在上”的原则。

5. 除背景资料中给出的监控子系统外，还应有：火灾报警子系统、隧道通风控制子系统、紧急电话子系统、专用车辆监视子系统。

案例分析题二

【背景资料】

某施工单位承接了一条二级公路的施工，路线全长 30.85km，路基宽度 8.5m，路面宽度 2×3.5m。该工程内容包括路基、桥梁及路面工程等。为减少桥头不均匀沉降，防止桥头跳车，桥台与路堤交接处按图 2-10 施工，主要施工内容包括：地基清表、挖台阶、A 区域分层填筑、铺设土工格室、设置构造物 K、路面铺筑等。路面结构层如图 2-10 所示，B 区域为已经填筑完成的路堤填筑区域。

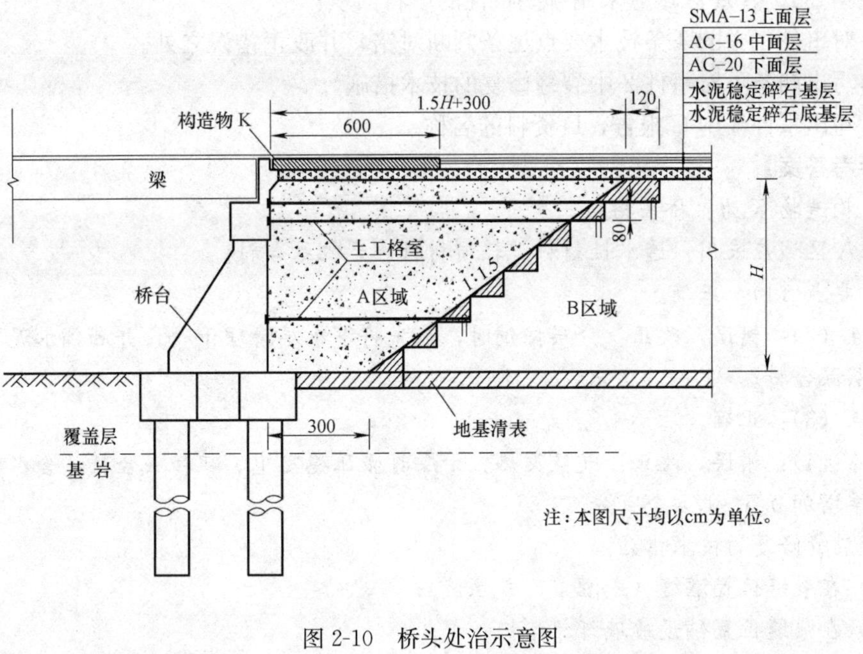

图 2-10　桥头处治示意图

该项目实施过程中发生了如下事件：

事件 1：针对基层与底基层的施工，施工单位在施工组织设计中做了详细要求，现摘录 4 条技术要点如下：

(1) 应在下承层施工质量检测合格后，开始摊铺上层结构层。采用两层连续摊铺时，当下层质量出了问题时，上层应同时处理。

(2) 分层摊铺时，应先将下承层顶面拉毛或采用凸块压路机碾压，再摊铺上层混合料。

(3) 对无法使用机械摊铺的超宽路段，应采用人工同步摊铺、修整，并同时碾压成型。

(4) 气候炎热、干燥时碾压稳定中、粗粒混合料，含水率应比最佳含水率降低 0.5～1.5 个百分点。

事件 2：施工单位对 K5＋500～K5＋800 路段的基层完成碾压并经压实度检查合格后，及时实施养护，但因养护条件欠佳，导致基层出现了裂缝。经过弯沉检测，该段基层的承载力满足设计要求。施工单位对裂缝采取了相应的技术措施处理后，继续铺筑上面的沥青混凝土面层。

事件 3：根据《公路工程竣（交）工验收办法实施细则》，施工单位完成约定的全部工程内容，且经施工自检和监理检验评定均合格后，提出交工验收申请，报监理单位审查。交工验收申请书附自检评定资料和 C 报告。监理单位审查同意后，向项目法人提交了 D 资料、质量评定资料和监理总结报告。项目法人接收资料后，及时按规定组织了交工验收。

【问题】

1. 写出图 2-10 中构造物 K 的名称。

2. 图 2-10 中 A 区域应采用哪些特性的填料回填？

3. 对事件 1 中的 4 条技术要点逐条判断对错，并改正错误之处。

4. 写出两条可对事件 2 中裂缝修复的技术措施。

5. 写出事件 3 中 C 报告、D 资料的名称。

【参考答案】

1. 构造物 K 为：桥头搭板。

2. A 区域应采用：透水性材料、轻质材料、无机结合料。

3. 要点 (1)：正确。

要点 (2)：错误，改正：分层摊铺时，应先将下承层清理干净，并洒铺水泥净浆，再摊铺上层混合料。

要点 (3)：正确。

要点 (4)：错误，改正：气候炎热、干燥时碾压稳定中、粗粒混合料，含水率应比最佳含水率增加 0.5～1.5 个百分点。

4. 裂缝修复的技术措施：

(1) 在裂缝位置灌缝（或灌浆，或注浆）；

(2) 在裂缝位置铺设玻璃纤维格栅；

(3) 洒铺热改性沥青（或洒铺透层油）。

5. C 报告为：施工总结报告；D 资料为：监理单位独立抽检资料。

案例分析题三

【背景资料】

某施工单位承接了一级公路某标段施工任务，标段内有五座多跨简支桥梁。桥梁上部结构均采用20cm先张预应力空心板，五座桥梁共计35跨，每跨空心板数量均为20片。施工单位在路基上设置了如图2-11所示的预制场，所有空心板集中预制。为节省费用，编制的施工组织设计中要求张拉端钢绞线用连接器连接并重复使用。

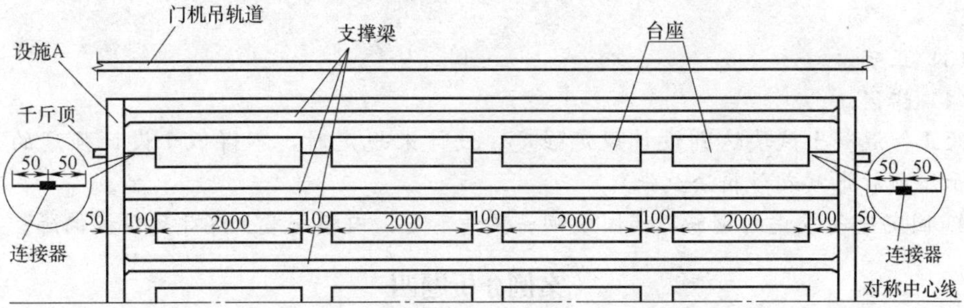

图2-11 空心板预制场布置示意图（尺寸单位：cm）

施工中还有如下事件发生：

事件1：施工单位定制了8套模板（外模8套，充气式胶囊内模8套）循环重复使用，设定每片空心板预制周期为7d，整个预制施工采取平行流水作业。前20片空心板预制施工横道图见表2-5。

前20片空心板预制施工横道图　　表2-5

工期 预制数量	第1天	第2天	第3天	第4天	第5天	第6天	第7天	第8天	第9天
8片									
8片									
4片									

事件2：施工单位制定的空心板预应力施工操作要点如下：

（1）预应力张拉采用两套千斤顶、油泵施工，张拉前只要分别对千斤顶、油泵进行检查，即可用于预应力张拉。

（2）预应力张拉采用双控，以张拉力控制为主，以钢绞线的计算伸长量进行校核。

（3）混凝土浇筑完成后，按要求及时拆除外模和内模胶囊，采用与空心板同条件养护的试块进行强度评定。

（4）混凝土试块达到设计强度的70%时，使用砂轮锯切断钢绞线放张。

事件3：空心板预制中，发现有5片空心板顶板厚度只有7cm（设计厚度为10cm），施工单位立即组织技术人员召开现场会，排除了外模板制作与安装、混凝土施工、台座变形等因素，查找到事故原因后，及时解决了问题。

【问题】

1. 写出图2-11中设施A的名称。

2. 事件1中，计算所有空心板预制完成的工期。

3. 逐条判断事件2中空心板预应力施工操作要点的正误，并改正错误之处。

4. 事件3中，分析空心板顶板厚度不足的原因。

【参考答案】

1. A为横梁。

2. 工期＝34×7＋9＝247d。

3. (1) 错误。

改正：张拉前对千斤顶、油泵进行配套标定，才能使用。

(2) 错误。

改正：预应力张拉采用双控，以张拉力控制为主，应以钢绞线的实际伸长量进行校核。

(3) 正确。

(4) 错误。

改正：混凝土试块达到设计规定强度，设计未规定时，不得低于设计强度的75%；采用千斤顶放张（或砂箱法放张）。

4. 固定充气胶囊的钢筋不牢固或钢筋数量不足，内模气囊上浮导致顶板偏薄。

案例分析题四

【背景资料】

承担某公路工程项目施工任务的某施工单位根据有关文件和资料对该公路工程质量控制设置了关键点，该工程技术总负责人负责对技术文件、报告、报表进行了审核和分析，在具体施工中遇到以下情况：

(1) 由于第三方的原因，该工程被迫停工，停工时项目经理组织有关人员对其质量进行了检查，均合格，停工15d后复工，项目经理在未检查的情况下指示断续施工。

(2) 在某关键工序施工完毕后，为确保工序合格，由施工人员对其质量进行自检后，达到合格标准，紧接着便开始下道工序的施工。

【问题】

1. 公路工程质量控制关键点要根据哪些文件和资料的要求设置？

2. 工程技术总负责人负责对技术文件、报告、报表进行审核和分析是否妥当？如不妥，应由谁负责？

3. 项目经理在未检查的情况下指示继续施工是否正确？并说明理由。

4. 施工人员对关键工序自检合格后，开始下道工序的施工是否妥当？如不妥，应该怎样才可进入下道工序的施工？

5. 公路工程现场质量控制的主要方法有哪些？

6. 公路工程现场质量检查控制的方法有哪些？

【参考答案】

1. 公路工程质量控制关键点要根据设计文件、项目专用技术规范和施工质量控制计划的要求设置。

2. 工程技术总负责人对技术文件、报告、报表进行审核和分析不妥，应该由项目经理负总责。

3. 项目经理在复工前未检查的情况下指示施工不正确。

理由：因处理质量问题或某种原因停工后再复工时，均应检查认可后方可复工。

4. 施工人员对关键工序自检合格后，便开始下道工序的施工不妥当。

正确做法：在自检、互检的基础上，还要组织专职人员进行一组交接检查，以确保工序合格后，方可进入下道工序施工。

5. 公路工程现场质量控制的主要方法有：测量、试验、观察、分析、监督、总结、提高。

6. 公路工程现场质量检查控制的方法有：开工前检查；施工过程中检查；施工后检查；停工后复工前的检查；分项、分部工程完工后的检查；巡视检查。

案例分析题五

【背景资料】

某施工单位承接了 9.82km 的三级公路路基施工，路基宽 8.5m，设计车速 40km/h。其中 K3＋100～K3＋420 为路堤段，K3＋280 处设有 1 个 2.5m×2m 的盖板涵，涵洞长度 17.62m，涵底坡度 1%，K3＋280 的路基设计标高为 206.07m。涵洞构造示意图如图2-12 所示。

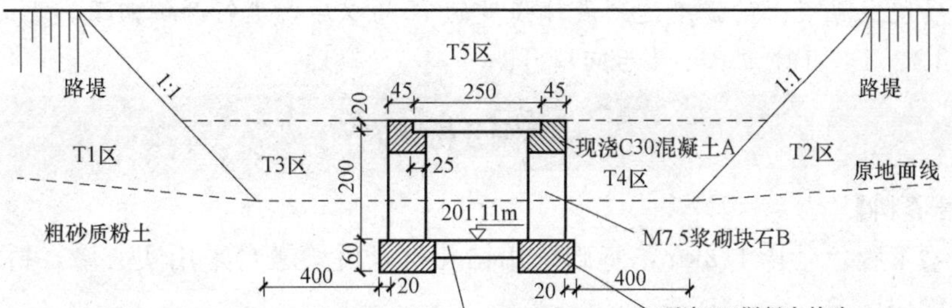

说明：图中单位除高程以m计外，其余均以cm计。

图 2-12　K3＋280 涵洞构造示意图

工程开工前，在业主支持下，由设计单位向施工单位交接了交点桩、水准点桩，设计文件中提供用于中线放样的资料只有“直线、曲线及转角度”。施工单位备有全站仪、自动水准仪等常规测量仪器。

涵洞施工与涵洞前后路堤 T1 区、T2 区的填筑同时进行，T1 区、T2 区按图示坡度分层填筑。涵洞施工中，施工单位首先进行了涵洞中心桩号、涵轴线的放样，涵洞基坑开挖平面尺寸按 17.62m×3.8m 放样，基坑开挖严格按放样尺寸采用人工垂直向下开挖至基底设计标高。在对基底进行处理并通过验收后，开始基础施工。

涵洞完工后，在涵洞砌体砂浆或混凝土强度达到设计强度的 70%时，进行涵洞两侧及顶面填土，填筑顺序为 T3 区→T4 区→T5 区，填筑方法采用人工配合小型机械夯填密实。

【问题】

1. 按洞顶填土厚度划分，指出该涵洞类型，并说明理由。

2. 写出可用于本路曲线段中线放样的两种方法。

3. 写出涵洞构造示意图中 A、B、C 结构的名称。

4. 找出涵洞基坑施工中的错误，并说明理由。

5. 改正填筑施工中的错误。

【参考答案】

1. 按洞顶填土厚度划分，该涵洞的类型为暗涵。

理由：按洞顶填土情况，涵洞可分为洞顶不填土的明涵和洞顶填土厚度大于 50cm 的暗涵两类。该涵洞洞顶填土厚度为 2.76m，超过 0.5m。

2. 可用于本路曲线段中线放样的两种方法有：偏角法、切线支距法。

3. 涵洞构造示意图中 A 的名称为台帽（或板座、台座）、B 的名称为墙身（或涵台）、C 的名称为涵底铺砌（铺底）。

4. 证明基坑施工中的错误及理由：

（1）错误：涵洞基坑开挖平面尺寸按 17.62m×3.8m 施工。

理由：开挖尺寸应考虑工作面，基坑尺寸应大于基础尺寸，以方便基础施工。

（2）错误：涵洞基坑垂直向下开挖。

理由：原土质是粗砂质粉土，基坑开挖时应放坡，以利于土方稳定和安全。

5. 填筑施工的错误应改为：

（1）涵洞前后路段 T1 区、T2 区应按图上坡度分层预留台阶。

（2）砂浆或混凝土的强度达到设计强度的 75%以后，进行两侧回填。

（3）T3、T4 同时回填，然后回填 T5。

案例分析题六

【背景资料】

某桥梁工程，全长 1.2km，基础采用钻孔桩，桥梁墩台采用实心墩，桥梁上部结构采用连续梁桥。

施工单位对钻孔桩施工设置的质量控制点为：

（1）桩位坐标控制。

（2）垂直度的控制。

（3）孔径的控制，防止缩径。

施工单位对实心墩施工中设置的质量控制点为：

（1）墩身锚固钢筋预埋质量控制。

（2）墩身平面位置控制。

（3）墩身垂直度控制。

（4）墩身与承台联结处混凝土裂缝控制。

（5）墩顶实心段混凝土裂缝控制。

施工单位对连续梁桥施工中设置的质量控制点为：

（1）支架施工。

（2）浇筑施工。

（3）挂篮悬臂施工。

（4）预应力梁施工。

【问题】

1. 施工单位对钻孔桩施工的质量控制点是否全面？如不全面，补充全面。

2. 施工单位对实心墩施工设置的质量控制点有何不妥？请指出。

3. 分别说明连续梁桥施工中的质量控制点应如何控制？

【参考答案】

1. (1) 施工单位对钻孔桩施工的质量控制点不全面。

(2) 缺少的质量控制点是：

1) 清孔质量；

2) 钢筋笼及导管接头质量；

3) 水下混凝土的灌注质量。

2. 施工单位对实心墩施工中设置的质量控制点的不妥之处：

(1) 不属于实心墩施工中应设置的质量控制点是墩身与承台联结处混凝土裂缝控制和墩顶实心段混凝土裂缝控制。

(2) 应补充的质量控制点是模板接缝错台控制和墩顶支座预埋件位置、数量控制。

3. 连续梁桥施工中质量控制点的控制内容为：

(1) 支架浇筑时：支架沉降量的控制。

(2) 先简支后连续：后浇段工艺控制、体系转换工艺控制、后浇段收缩控制、临时支座安装与拆除控制。

(3) 预应力梁：张拉吨位及预应力钢筋伸长量控制。

案例分析题七

【背景资料】

某跨度 40m 现浇预应力钢筋混凝土简支梁桥，采用后张法张拉预应力。施工单位采用碗扣式满堂支架施工，如图 2-13 所示，支架由钢管、扣件、型钢等组成，纵横梁采用电弧焊连接。支架为就近租赁，为保证支架安装质量，施工单位认真检查了扣件的外观质量。

为了保证支架的承载力以及消除支架和支架地基引起的塑性变形，对支架进行了堆沙袋预压，压重为梁自重的 1.2 倍（梁自重加施工荷载），并在跨中支架顶部设置了标高观测点。

观测点预压前标高为 185.756m，进行分级预压，100%预压荷载时观测点的标高为 185.701m。预压稳定后进行了分级卸载，卸载后观测点的标高为 185.725m。

经计算，该桥达到了设置预拱度的条件，恒载、活载、混凝土温度、徐变、收缩引起挠度见表 2-6，并按二次抛物线设置预拱度。跨中底板的设计标高为 185.956m。

恒载、活载、混凝土温度、徐变、收缩引起挠度表　　表 2-6

项　次	内　容	挠度(mm)	备　注
1	成桥自重(恒载)引起	9	向下
2	成桥后 1/2 设计汽车荷载引起	5	向下
3	成桥后设计汽车荷载引起	10	向下
4	收缩、徐变、温度引起	6	向下

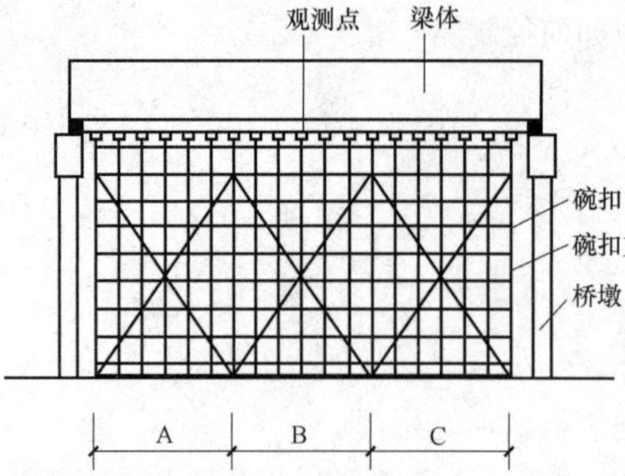

图 2-13　支架布设立面图

梁体浇筑后进行了预应力的张拉，然后拆除支架。为保证施工安全，拟定分 3 部分（A、B、C），如图 2-13 所示，分批分次拆除支架。

【问题】

1. 计算梁自重和施工荷载作用下的弹性变形（保留小数点后 3 位）。

2. 计算该支架跨中需要设置的预拱度以及底板的立模标高（保留小数点后 3 位）。

3. 排列 A、B、C 三部分合理的拆除顺序。

4. 写出旧扣件外观质量可能存在的病害。

5. 写出架设本桥支架所需要的特殊工种。

【参考答案】

1. 梁自重和施工荷载作用下的弹性变形＝185.725－185.701＝0.024m。

2. 跨中底板的设计标高＋预拱度＝立模标高。

该支架跨中需要设置的预拱度＝0.024＋0.009＋0.005＋0.006＝0.044m。

底板的立模标高＝185.956＋0.044＝186m。

3. A、B、C 三部分合理的拆除顺序：先拆除 B，然后同步拆除 A 和 C。

4. 旧扣件外观质量可能存在的病害：裂缝、变形、锈蚀（或生锈）、螺栓出现滑丝。

5. 架设本桥支架所需要的特殊工种：架子工、电焊工、信号指挥工、司索工、起重机司机、电工。

案例分析题八

【背景资料】

甲路桥公司承担一座 9×30m 的 C50 预应力混凝土简支 T 形梁桥的施工。桥位地质为较密实的土层，且无地下水，基础采用挖孔灌注桩。由于工期较紧，甲路桥公司经业主和监理同意将挖孔桩施工分包给某桩基施工单位，双方签订了分包合同，合同中规定了双方在安全生产管理方面的权利和义务。

大桥所用 T 梁采用后张法预制施工，桥位处有一大块空地可作为预制场。在预制施工中，施工单位投入了诸如测量工、试验工、混凝土工、钢筋工、电工等技术工种，制订了如下的主要施工组织要求：

（1）人工清表后，对预制场地整平压实，完善排水系统，预制台座均设置反拱。

（2）模板采用定型钢模板，所有模板均需试拼。

（3）混凝土浇筑时，先浇肋板再浇翼缘。

（4）为保证工期，每片梁在混凝土浇筑 3d 后必须进行张拉作业。

（5）张拉时，按设计提供的应力控制千斤顶张拉油压，按理论伸长量进行校核，张拉到设计应力相应油表刻度时立即锚固。

(6) 拆除张拉设备，将孔道冲洗干净，吹除积水，尽早压注水泥浆。

施工中，先期预制的两片梁出现锚具下混凝土破坏现象。改进工艺要求后，顺利完成了余下梁的预制任务。

【问题】

1. 逐条判断T梁预制施工组织要求的正确性，并改正错误之处。

2. 针对背景资料中出现的预制梁破坏现象，提出补救措施。

3. 补充T梁预制施工中还需的技术工种。

【参考答案】

1. (1) 正确。

(2) 正确。

(3) 正确。

(4) 错误。

改正：混凝土强度达到设计要求后，再进行张拉。

(5) 错误。

改正：应按实际伸长量校核，张拉到设计应力相应油表刻度时，应稳压一段时间后再锚固。

(6) 正确。

2. 锚具下混凝土破坏，应将预应力释放后，用环氧混凝土或高强度混凝土补强后重新张拉。

3. 模板工（木工）、电焊工及张拉工。

案例分析题九

【背景资料】

某桥梁工程，其基础为钻孔桩。该工程的施工任务由甲公司总承包，其中桩基础施工分包给乙公司，建设单位委托丙公司监理，丙公司任命的总监理工程师具有多年桥梁设计工作经验。

施工前甲公司复核了该工程的原始基准点、基准线和测量控制点，并经专业监理工程师审核批准。

该桥1号桥墩桩基础施工完毕后，设计单位发现：整体桩位（桩的中心线）沿桥梁中线偏移，偏移量超出规范允许的偏差范围。经检查发现，造成桩位偏移的原因是桩位施工图尺寸与总平面图尺寸不一致。因此，甲公司向项目监理机构报送了处理方案，要点如下：

(1) 补桩。

(2) 承台的结构钢筋适当调整，外形尺寸做部分改动。

总监理工程师根据自己多年的桥梁设计工作经验，认为甲公司的处理方案可行，因此予以批准。乙公司随即提出索赔意向通知，并在补桩施工完成后第5天向项目监理机构提交了索赔报告：

(1) 要求赔偿整改期间机械、人工的窝工损失。

(2) 增加的补桩应予以计量、支付。

理由如下：

（1）甲公司负责桩位测量放线，乙公司按给定的桩位负责施工，桩体没有质量问题。

（2）桩位施工放线成果已由现场监理工程师签认。

【问题】

1. 总监理工程师批准上述处理方案，在工作程序方面是否妥当？说明理由。并简述监理工程师处理施工过程中工程质量问题工作程序的要点。

2. 专业监理工程师在桩位偏移这一质量问题中是否有责任？说明理由。

3. 写出施工前专业监理工程师对甲公司报送的施工测量成果应检查、复核哪些内容？

4. 乙公司提出的索赔要求，总监理工程师应如何处理？说明理由。

【参考答案】

1.（1）总监理工程师的处理方案，在工作程序方面不妥。

理由：施工现场在出现质量问题和事故时，一般是由原设计单位提交技术处理方案，若由其他单位提交技术处理方案，也应经原设计书签认，不论谁提出变更都必须征得建设单位同意，并且办理书面变更手续，之后，总监理工程师才可批准审批技术处理方案。该工程总监理工程师批准处理方案时，既没有得到建设单位同意，也没有取得设计单位签认。

（2）处理质量问题的工作程序要点：

1）当发生工程质量问题时，监理工程师首先应判断其严重程度。

2）对需要加固补强的质量问题，或质量问题的存在影响下道工序和分项工程的质量时，应签发"工程暂停令"，指令施工单位停止有质量问题部位和与其有关联部位及下道工序的施工。

3）施工单位接到"监理通知"后，在监理工程师的组织参与下，尽快进行质量问题调查并完成报告编写。

4）监理工程师审核、分析质量问题调查报告，判断和确认质量问题产生的原因。

5）在原因分析的基础上，认真审核签认质量问题处理方案。

6）指令施工单位按既定的处理方案实施处理并进行跟踪检查。

7）质量问题处理完毕，监理工程师应组织有关人员对处理的结果进行严格的检查、鉴定和验收，写出质量问题处理报告，报建设单位和监理单位存档。

2. 专业监理工程师在批准偏移这一质量问题中没有责任。

理由：施工图尺寸与总平面图尺寸不一致，是设计的错误，责任在设计单位。

3. 施工前专业监理工程师对甲公司报送的施工测量成果应检查、复核施工过程中测量放线质量控制要点，其要点主要有：

（1）监理工程师应要求施工单位，对建设单位给定的原始基准点、基准线和标高等测量控制点进行复核。

（2）监理工程师审核施工单位复测结果，经批准后施工单位可放线施工。

（3）施工单位依据复测基准、建立施工测量控制网，并对其正确性负责。

（4）监理工程师复测施工测量控制网。

4. 乙公司提出的索赔要求，总监理工程师应不予受理。

理由：索赔的关键要看双方有没有合同关系。分包单位和建设单位没有合同关系，因此在分包合同的履行过程中，当分包商认为自己的合法权益受到损害，不论事件起因于业主或工程师的责任，还是承包商应承担的义务，都只能向承包商提出索赔要求。总监理工程师只受理总承包单位提出的索赔。

案例分析题十

【背景资料】

某施工单位承接了长 45.6km 的二级公路路面施工，路面结构如图 2-14 所示。

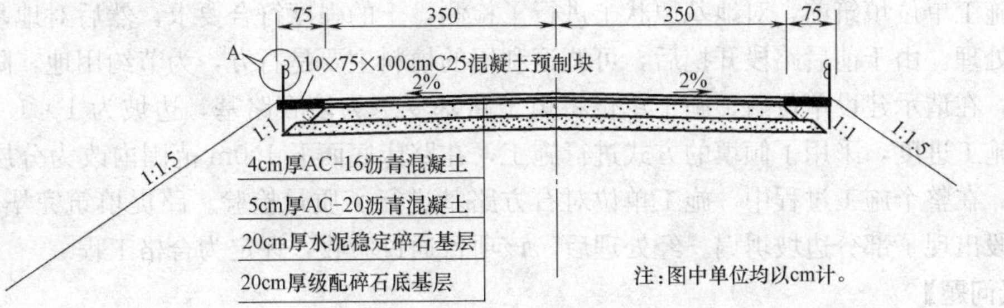

图 2-14 路面结构图

施工单位进场后，在图纸会审的初审阶段，发现 AC-20 沥青混凝土与基层之间没有设计任何过渡层，为加强面层与基层的联结作用，提出在 AC-20 沥青混凝土与基层之间增设 0.5cm 厚稀浆封层的变更申请，并按合同约定组价得到新增项目的单价为 5.8 元/m^2。经正常审批后，设计单位认为该变更属于设计疏漏引起，同意增设，设计单位出具了《变更设计图》。监理单位审核后签发了《工程变更令》，审批后的单价为 5.25 元/m^2。施工单位根据《变更设计图》组织施工。

在进行稀浆封层施工过程中，采用中裂的拌合型乳化沥青，通过试验确定乳化沥青的用量。施工过程中发现乳化沥青的破乳时间太长，制约了 AC-20 沥青混凝土的摊铺进度，施工单位决定在稀浆封层中掺入适量的氧化剂作外加剂。

路面施工完成后，施工单位提出对稀浆封层进行单独计量，并呈送了计量报告，监理单位给予了签认。

【问题】

1. 指出稀浆封层施工中错误的做法，并写出正确的做法。
2. 分析监理单位签发《工程变更令》的理由。
3. 计算施工单位对稀浆封层申请计量的金额。
4. 指出图中交通安全设施 A 的名称，简述其主要作用。
5. 根据《图纸会审制度》，除背景资料中提及的阶段外，图纸会审还有哪两个阶段？

【参考答案】

1. 错误做法：掺入了氧化剂作为外加剂。

正确的做法：应该采用一定数量的水泥（或消石灰）作稀浆封层填料。

2. 因为该变更理由合理（属于设计疏漏引起的变更）；且变更程序符合要求，所以监理单位签发《工程变更令》合理。

3. 计量的金额＝计量单价×工程数量。

45600×7×5.25＝1675800 元。

4. A 为波形梁护栏。其主要作用是吸收能量，防止失控车辆冲出路基，视线诱导。

5. 还有内部会审和综合会审两个阶段。

案例分析题十一

【背景资料】

某施工单位承包了一条 21.7km 的二级公路，路面面层为沥青混凝土，基层为水泥稳定碎石。其中 K22+300～K22+700 路段，地面横坡陡于 1∶5，填方平均高度为 12m 左右。施工单位填筑前，对地基原状土进行了检测，土的强度符合要求，然后对地基进行了压实处理。由于前后路段开挖后，可调运利用的填料主要是石方，为节约用地，降低建设成本，在请示建设单位后，施工单位将填土路基变更为填石路基，边坡为 1∶1.5。为了加快施工进度，采用了倾填的方式进行施工，在路床底面下 1.0m 范围内改为分层填筑并压实。在整个施工过程中，施工单位对石方路基进行了质量检验。路堤填筑完毕后不久，该路段出现了部分边坡坍塌。经处理后，该项目通过验收，评定为合格工程。

【问题】

1. 背景资料中的“设计变更”，是否符合变更设计制度的要求？为什么？较大问题的变更如何处理方为有效？

2. 从提供的背景资料中分析引起部分边坡坍塌的原因可能是什么？

3. 当采用倾填方式进行施工时，填石路堤在倾填前，对路堤边坡坡脚该如何处置？

4. 路堤边坡除了边坡坍塌外，还有哪些常见病害？

5. 施工单位对石方路基的质量检验，应该实测哪些项目？

6. 在工程质量评定等级时，通常采用双指标控制工程质量等级，请问双指标是哪两个指标？

【参考答案】

1. (1) 不符合变更设计制度的要求。

(2) 因为没有同设计单位洽商。

(3) 较大问题的变更必须由建设单位、设计单位和施工单位三方进行洽商，由设计单位修改，向施工单位签发“设计变更通知单”方为有效。

2. 路堤边坡坍塌的原因可能是：

(1) 边坡坡度过陡，没有做好排水工程，因局部冲刷淘空路基边坡坡脚。

(2) 对路基边坡没有采取综合的防护措施。

3. 倾填前，应对路堤边坡挖成宽度不小于 1m 的台阶；路堤边坡坡脚应用粒径大于 30cm 的硬质石料码砌，码砌厚度不小于 2m。

4. 路堤边坡除了坍塌外，其余病害有：边坡冲沟、防护体滑落、防护剥蚀、急流槽悬空等。

5. 压实度、纵断高程、中线偏位、宽度、平整度、横坡、边坡坡度和平顺度。

6. 优良率和工程质量评分值。

案例分析题十二

【背景资料】

某施工单位承接了一座 80m+160m+80m 预应力混凝土连续刚构桥。其中 2 号墩位于水中，河流平均水深达 6m。施工期河流不通航，水面宽度 240m。地质钻探资料揭示，有厚 8～12m 的粉质黏土覆盖层，覆盖层以下为黏土和砂性土，桩基设计采用钻孔灌注桩。

施工单位根据本桥的地质和水文情况，采用了施工栈桥、钻孔平台和钢板桩围堰等临时设施。栈桥基础施工有两个方案比选：①钻孔灌注桩基础；②钢管桩基础。

基桩施工完成后进行承台施工，承台施工工艺拟采用：①打设钢板桩围堰；②吸泥；③清底；④水下混凝土封底；⑤围堰支撑和围堰内抽水；⑥钢护筒切割；⑦立模；⑧钢筋制作安装；⑨浇筑承台混凝土。

【问题】

1. 简述栈桥和钢板桩围堰的作用。
2. 根据本桥水文地质情况，栈桥基础比选方案采用哪一个更合理？简述理由。
3. 补充承台施工所缺少的三个施工工艺。
4. 指出水中墩桩基础质量控制关键点。
5. 本桥施工组织设计中施工总体部署应包含哪三个方面的内容？

【参考答案】

1. 栈桥的作用是施工人员、材料和机械设备的运输通道。

钢板桩围堰的作用是隔水以及辅助水中墩承台施工。

2. 栈桥基础采用钢管桩基础合理。

钢管桩基础比钻孔灌注桩基础更经济、工期更短。

3. 缺少：凿除桩头、铺筑垫层、测量放样、承台混凝土养护。

4. 质量控制关键点有：

(1) 桩位坐标控制；
(2) 垂直度控制；
(3) 孔径的控制，防止缩径；
(4) 清孔质量；
(5) 钢筋笼接头控制；
(6) 水下混凝土灌注质量控制。

5. 三个方面的内容是：

(1) 建立施工管理机构；
(2) 划分施工任务；
(3) 拟定施工顺序（施工进度）。

案例分析题十三

【背景资料】

某施工单位承接了一段长 66.8km，宽 7m 的水泥混凝土路面施工任务，该工程穿越人口密集区。根据现场实际情况，所需混凝土需由现场制备，并采用轨道式摊铺机施工。该工程合同约定工期为 85d，经计算，摊铺机总工作量为 320 个台班。项目部将整个标段划分为两个工作量相等的施工区段，每段安排一台摊铺机，按每天两班组织平行施工。当工程量完成到一半时，由于业主原因，工程中止了 10d，为赶工期，剩余摊铺工作拟安排三班倒施工，并另外备用一台设备。

为实现全面成本管理，项目部将施工成本目标层层分解，定期对相关人员和部门进行考核。

当施工完成 1200m 长的路面时，针对影响路面质量的水泥混凝土面板的弯拉强度、面板厚度、中线平面偏位、路面宽度、纵断高程和路面横坡 6 项指标，检测了已完的 1200m 长的路段，得到这 6 项指标不合格的频数见表 2-7。通过分析，找到了影响质量的主要因素，并在此后的施工中加强了对这些因素的控制。

影响路面质量的各因素统计计算表 **表 2-7**

序号	影响路面质量的因素	频数	频率(%)	累计频率(%)
1	面板的弯拉强度	38	A1	B1
2	面板的厚度	25	A2	B2
3	中线平面偏位	22	A3	B3
4	路面宽度	18	A4	B4
5	纵断高程	6	A5	B5
6	路面横坡	3	A6	B6

【问题】

1. 按背景资料所述情况，在采用三班倒后，施工单位能否按时完成路面摊铺任务？说明理由（列出分析计算过程）。

2. 当采用三班倒施工时，从环境保护角度分析施工单位需进行外部协调工作的原因，并提出外部协调工作的内容。

3. 项目部成本管理的做法体现了成本管理的哪条原则？该原则的核心是什么？

4. 背景资料中对路面质量分析采用的是什么方法？并计算表格中 A1～A6 和 B1～B6 的值。

【参考答案】

1. 根据公式：$t=\dfrac{D}{R\times n}$

当工程量完成到一半时，已完摊铺台班：320/2＝160 个台班，则剩余台班量为：320－160＝160 个台班。

由于分成两个工作量相等的区段进行平行施工，且每天安排两班施工，所以实际已用时间为：

$$t=\frac{160/2}{1\times 2}=40$$

当剩余一半工作采用三班倒施工时，还需的工作时间是：

$$t=\frac{160/2}{1\times 3}=26.7\approx 27\text{d}$$

所以：40＋27＋10＝77＜85

故能按期完工。

2. 原因：(1) 工程位于居民密集区；(2) 混凝土搅拌机、振捣棒属于强噪声作业。

需做工作：(1) 昼夜施工时，应尽量采取降噪措施，并会同建设单位做好周围居民工作；（2）同时报工程所在地的环保部门备案。

3. 体现了成本责任制原则。其关键是划清责任，并要与奖惩制度挂钩，使各部门、各班组和个人都来关心施工项目成本（回答“成本分解，层层控制”，以及有责任表述的均可）。

4. 这种分析方法叫因素分析法（或排列图法），具体数值见表 2-8。

影响路面质量的各因素统计计算表 **表 2-8**

序号	影响路面质量的因素	频数	频率（%）	累计频率（%）
1	面板的弯拉强度	38	33.9	33.9
2	面板的厚度	25	22.3	56.3
3	中线平面偏位	22	19.6	75.8
4	路面宽度	18	16.1	91.9
5	纵断高程	6	5.4	97.3
6	路面横坡	3	2.7	100

（注：频率栏指标 2 分，累计频率栏指标 3 分，每栏只要有一处错误则该栏为 0 分，小数点后的保留位数不作要求）。

案例分析题十四

【背景资料】

某高速公路设计车速 120km/h，路面面层为三层式沥青混凝土结构。施工为大型公路专业施工企业，设施精良，技术力量雄厚。为保证工程施工质量，施工时作了如下控制：

（1）选用合格的石料进行备料，严格对下承层进行清扫，并在开工前进行实验段铺筑。

（2）沥青混合料的拌合站设置试验室，对沥青混合料及原材料及时进行检验，拌合中严格控制集料加热温度和混合料的出厂温度。

（3）根据拌合站的产量、运距合理安排运输车辆，确保运输过程中混合料的质量。

（4）设置两台具有自动调节摊铺厚度及找平装置的高精度沥青混凝土摊铺机梯进式施工，严格控制相邻两机的间距，以保证接缝的相关要求。

（5）主要压路机械采用两台双轮双振压路机及 2 台 16t 胶轮压路机组成，严格控制碾压温度及碾压重叠宽度。

（6）纵缝采用热接缝，梯进式摊铺，后摊铺部分完成，立即骑缝碾压，以除缝迹，并对接缝作了严格控制。

【问题】

1. 若出厂的混合料出现白花料，请问在混合料拌合中可能存在什么问题？

2. 混合料的运输中应注意的主要问题是什么？

3. 沥青混合料摊铺过程中，为什么应对摊铺温度随时检查并作好记录？

4. 沥青混凝土路面的碾压过程中，除了应严格控制碾压温度和碾压重叠宽度外，还应注意哪些问题？

5. 请简述横接缝的处理方法。

【参考答案】

1. 出厂时混合料出现白花料，拌合中可能存在油料偏少，拌合时间偏少，矿粉量过多等问题。

2. 沥青混合料运输应注意的主要问题：运输车的车箱内保持干净，涂防粘薄膜剂。运输车配备覆盖棚布以防雨和热量损失。

3. 沥青混凝土路面施工中压实度是一重要控制指标，温度低是造成压实度不足的原因之一，随时检查并作好记录是保证沥青路面压实度的重要手段之一。

4. 碾压进行中压路机的运行应均匀，不得中途停留、转向或制动；也不能随意改变碾压速度；不允许在新铺筑路面上停机加油、加水。

5. 横接缝的处理方法：选用 3m 直尺检查端部平整度，不符合要求时，垂直于路中线切齐清除。清理干净后在端部涂粘层沥青继续摊铺。横向接缝的碾压先用双轮双振压路机进行横压，碾压时压路机位于已压实的混合料层上伸入新铺层的 15cm，然后每压一遍向新铺混合料方向移动 15～20cm，直至全部在新铺层上为止，再改为纵向碾压。

第三章　公路工程施工安全管理

要　点　归　纳

1. 路面工程施工安全管理的一般要求**【高频考点】**

(1) 施工中，拌合楼、发电站（机）、摊铺机等大型机械设备及其辅助机械（具）运输车、滑模摊铺机、轨道摊铺机、沥青操作手不得擅自离开操作台。

(2) 施工现场出入口、沿线各交叉口等处应设明显警示、警告标志，并应设专人指挥。

(3) 机械设备停放位置应平整，周围应设置明显的警示标志，夜间应设警示灯。

(4) 开挖下承层沟槽或施作伸缩缝应设置明显的安全警示标志。

(5) 夜间施工，现场作业人员应身穿反光服，路口、危险路段和桥头引道应设置警示灯或反光标志，施工设备均应有照明设备和明显的警示标志，照明应满足夜间施工要求。

(6) 隧道内摊铺沥青混凝土路面应符合下列规定：

1) 应采用机械通风排烟，隧道内空气中的有毒气体和可燃气体的浓度不得超过相关规定。

2) 隧道内作业人员应佩戴符合要求的防毒面具。

3) 隧道内应有照明和排风等设施，作业人员应穿反光服。

2. 桥涵工程施工安全控制要点**【重要考点】**

(1) 明挖基础施工安全控制要点。

(2) 筑岛、围堰施工安全控制要点。

(3) 钢板桩及钢筋混凝土板桩围堰施工安全控制要点。

(4) 钻孔灌柱桩基础施工安全控制要点。

(5) 人工挖孔桩安全控制要点。

(6) 墩台施工安全控制要点。

(7) 滑模施工安全控制要点。

(8) 预制构件安装作业安全控制要点。

(9) 上部混凝土结构施工安全控制要点。

(10) 悬臂浇筑法施工安全控制要点。

(11) 顶推及滑移模架法施工安全控制要点。

(12) 预应力张拉施工安全控制要点。

3. 隧道工程施工安全管理的一般要求**【重要考点】**

(1) 施工现场布设应符合下列规定：

1) 临时设施的设置除应符合驻地和场站建设的有关规定外，尚应避开高边坡、陡峭山体下方、深沟、河流、池塘边缘等区域。

2）弃渣场地应设置在不易溃塌、不产生滑坡的安全地段，不得堵塞河流、泄洪通道。

3）隧道内供风、供水、供气管线与供电线路应分别架设，照明和动力线路应分层架设。

4）供电线路架设应遵循“高压在上、低压在下，干线在上、支线在下，动力线在上、照明线在下”的原则。110V以下线路距地面不得小于2m，380V线路距地面不得小于2.5m，6～10kV线路距地面不得小于3.5m。

（2）隧道洞口与桥梁、路基等同一个工点有多个单位同时施工或洞内不同专业交叉作业时，应共同制定现场安全措施。

（3）隧道内施工不得使用以汽油为动力的机械设备。

（4）高压富水隧道钻孔作业应采取防突水、突泥冲出的反推或拴锚等措施。

（5）不良地质隧道地段应遵循“早预报、预加固、弱爆破、短进尺、强支护、早封闭、勤量测、快衬砌”的原则施工。

（6）施工隧道内不得明火取暖。

（7）隧道内严禁存放汽油、柴油、煤油、变压器油、雷管、炸药等易燃易爆物品。

4. 应急救援预案编制的主要内容**【一般考点】**

应急救援预案编制的主要内容：总则；生产经营单位危险性分析；应急组织机构及职责；预防与预警措施；应急响应；信息发布；后期处置；保障措施；培训与演练及奖励与处罚。

5. 高处作业安全技术要求**【重要考点】**

（1）高处作业不得同时上下交叉进行。

（2）高处作业人员不得沿立杆或栏杆攀登。高处作业人员应定期进行体检。

（3）高处作业场所临边应设置安全防护栏杆，并应符合下列规定：

1）防护栏杆应能承受1000N的可变荷载。

2）防护栏杆下方有人员及车辆通行或作业的，应挂密目安全网封闭，防护栏杆下部应设置高度不小于0.18m的挡脚板。

3）防护栏杆应由上、下两道横杆组成，上杆离地高度应为1.2m，下杆离地高度应为0.6m。

4）横杆长度大于2m时，应加设栏杆柱。

（4）高处作业场所的孔、洞应设置防护设施及警示标志。

（5）安全网质量应符合现行《安全网》GB 5725的规定，并应符合下列规定：

1）安全网安装应系挂安全网的受力主绳验收。安装和使用安全网不得系挂网格绳。安装完毕应进行检查、验收。

2）安全网安装或拆除应根据现场条件采取防坠落安全措施。

3）作业面与坠落高度基准面高差超过2m且无临边防护装置时，临边应挂设水平安全网。作业面与水平安全网之间的高差不得超过3.0m，水平安全网与坠落高度基准面的距离不得小于0.2m。

（6）安全带使用除应符合现行《安全带》GB 6095的规定外，还应符合下列规定：

1）安全带除应定期检验外，使用前还应进行检查。织带磨损、灼伤、酸碱腐蚀或出现明显变硬、发脆以及金属部件磨损出现明显缺陷或受到冲击后发生明显变形的，应及时报废。

2）安全带应高挂低用，并应扣牢在牢固的物体上。

3）安全带的安全绳不得打结使用，安全绳上不得挂钩。

4）缺少或不易设置安全带吊点的工作场所宜设置安全带母索。

5）安全带的各部件不得随意更换或拆除。

6）安全绳有效长度不应大于2m，有两根安全绳的安全带，单根绳的有效长度不应大于1.2m。

7）严禁安全绳用作悬吊绳。严禁安全绳与悬吊绳共用连接器。新更换安全绳的规格及力学性能必须符合规定，并加设绳套。

(7) 高处作业上下通道应根据现场情况选用钢斜梯、钢直梯、人行塔梯，各类梯子安装应牢固可靠。

(8) 高处作业现场所有可能坠落的物件均应预先撤除或固定。

6. 路基工程土方施工安全要点**【重要考点】**

(1) 取土场（坑）的边坡、深度等应满足设计要求，且不得危及周边建（构）筑物等既有设施的安全。

(2) 取土场（坑）底部应平顺并设有排水设施，取土场（坑）边周围应设置警示标志和安全防护设施，宜设置夜间警示和反光标识。

(3) 地面横向坡度陡于1∶1.0的区域，取土坑应设在路堤上侧。

(4) 取土坑与路基间的距离应满足路基边坡稳定的要求，取土坑与路基坡脚间的护坡道应平整密实，表面应设1%～2%向外倾斜的横坡。

(5) 路堑开挖应采取保证边坡稳定的措施，边坡有防护要求的应开挖一级防护，且应自上而下开挖，不得掏底开挖、上下同时开挖、乱挖超挖。开挖应按施工方案执行，并应符合下列规定：

1）宜按规定监测土体稳定性。

2）应采取临时排水措施。

3）应及时排除地表水、清除不稳定孤石。

(6) 深挖路堑施工应及时施做临时排水设施。边坡应严格按设计坡度开挖，并应监测边坡的稳定性。

(7) 填方作业区边缘应设置明显的警示标志，并应做好临时排水。

7. 路基工程石方施工安全要点**【重要考点】**

(1) 爆破作业前应设置警戒区。

(2) 石方开挖严禁采用硐室爆破。

(3) 近边坡部分宜采用光面爆破或预裂爆破。

(4) 高填方路基施工应符合相关规范的规定。

(5) 深挖路堑施工过程中，应及时施做临时排水设施。边坡应严格按设计坡度开挖，并应监测边坡的稳定性。

8. 沥青路面工程施工安全要点**【重要考点】**

(1) 封层、透层、粘层施工应符合下列规定：

1）喷洒前应做好检查井、闸井、雨水口的安全防护。

2）洒布车行驶中不得使用加热系统。洒布地段不得使用明火。

3）小型机具洒布沥青时，喷头不得朝外，喷头10m范围内不得站人，不得逆风作业。

4）大风天气，不得喷洒沥青。

（2）沥青储存地点应配备灭火器、消防砂等消防设施，并应设置警示标志。

（3）沥青脱桶、导热油加热沥青作业应采取防火、防烫伤措施。

（4）沥青混合料拌合作业应符合下列规定：

1）拌合作业开机前应警示，拌合机前不得站人，拌合过程中人员不得跨越皮带或调整皮带运输机。

2）拌合机点火失效时，应关闭喷燃器油门，并应通风清吹后再行点火。

3）拌合过程中人员不得在石料溢流管、升起的料斗下方站立或通行。

4）沥青罐内检查不得使用明火照明。

5）沥青拌合站应配备灭火器、消防砂等消防设施。

（5）整平和摊铺作业应临时封闭交通、设明显警示标志，下承层内的各类检查井口应稳固封盖，辅助作业人员应面向压路机方向作业，设备之间应保持安全距离。

9. 隧道施工爆破作业安全技术要点**【高频考点】**

（1）洞内爆破必须统一指挥，并且经过专业培训且持有爆破操作合格证的专业人员进行作业。

（2）爆破加工房应设在洞口50m以外的安全地点。

（3）进行爆破时，所有人员应撤离现场。

（4）装炮时，应使用木质炮棍装药，严禁火种。

（5）点炮前，无关人员与机具均应撤至安全地点。爆破员实行“一爆三检”制度，放炮员最后离场，班组长清点人数，发出警告5s后方可引爆。

（6）爆破后必须经过15min通风排烟后，检查人员方可进入工作面，检查有关“盲炮”及可疑现象；有无残余炸药和雷管；顶板两帮有无松动石块、危岩，支护有无损坏与变形。在妥善处理并确认无误后，其他施工人员方可进入工作面。

（7）当发现有“盲炮”时，必须由原爆破人员按规定处理，确保安全。

（8）采用电雷管爆破时，应加强洞内电源的管理，防止漏电引爆。装药等可用投光灯，矿灯或风灯照明，起爆主导线应悬空架设，距各种导电体的间距大于1m。

（9）在任何情况下，炸药和雷管必须放置在带盖的容器内分别运送。

（10）严禁用翻斗车、自卸车、拖车、拖拉机、机动三轮车、人力三轮车、自行车、摩托车和皮带运输机运送爆破器材；在上下班或人员集中的时间内，禁止运输爆破器材。

10. 隧道施工支护的安全技术要点**【重要考点】**

（1）围岩自稳程度差的地段应先进行超前支护、预加固处理，并应符合设计要求。

（2）应随时观察支护各部位，支护变形或损坏时，作业人员应及时撤离现场。

（3）喷射混凝土、锚杆、钢筋网、超前小导管、管棚支护施工应符合现行《公路隧道施工技术规范》JTG F60的有关规定。焊接作业区域内不得有易燃易爆物品，下方不得有人员站立或通行。

（4）钢架施工除应符合现行《公路隧道施工技术规范》JTG F60的有关规定外，尚应符合下列规定：

1）钢架底脚基础应坚实、牢固。

2）相邻的钢架应连接成整体。

3）已安装的钢架发生扭曲变形时，应及时逐榀更换，不得同时更换相邻的钢架。

4）下部开挖后，钢架应及时接长、落底，钢架底脚不得左右同时开挖。

5）拱脚开挖后应立即安装拱架、施作锁脚锚杆，锁脚锚杆数量、长度、角度应符合设计要求。

6）拱脚不得脱空，不得有积水浸泡。

7）临时钢架支护应在隧道钢架支撑封闭成环并满足设计要求后拆除。

历 年 真 题

案例分析题一［2017年真题］

【背景资料】

某高速公路隧道右洞，起讫桩号为 YK52＋626～YK52＋875，工程所在地常年多雨，地质情况为：粉质黏土，中-强风化板岩为主，节理裂隙发育，围岩级别为Ⅴ级。该隧道 YK52＋626～YK52＋740 段原设计为暗洞，长 114m，其余为明洞，长 135m，明洞开挖采用的临时边坡坡率为 1∶0.3，开挖深度为 12～15m，YK52＋740～YK52＋845 明洞段左侧山坡高且较陡，为顺层边坡，岩层产状为 N130°W∠45°。隧道顶地表附近有少量民房。

隧道施工发生如下事件：

事件1：隧道施工开工前，施工单位向监理单位提供了施工安全风险评估报告，在 YK52＋875～YK52＋845 段明洞开挖施工过程中，临时边坡发生了滑塌。经有关单位现场研究，决定将后续 YK52＋845～YK52＋740 段设计方案调整为盖挖法，YK52＋785 的盖挖法横断面设计示意图如图 3-1 所示，盖挖法施工流程图如图 3-2 所示。

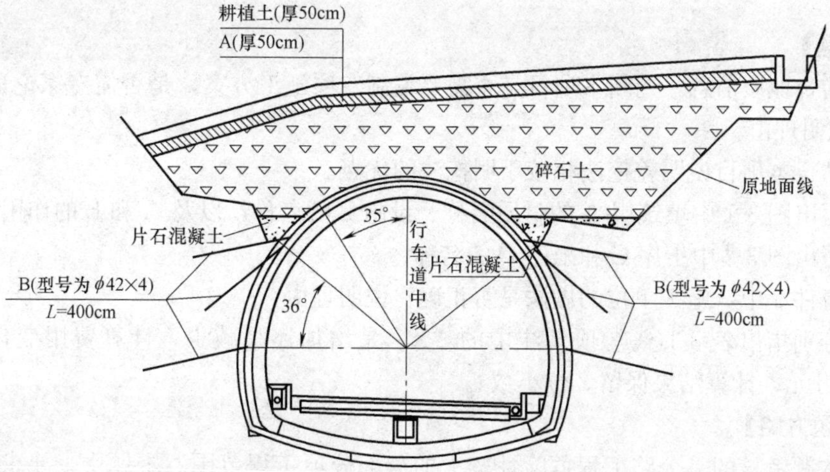

图 3-1　盖挖法横断面设计示意图（YK52＋785）

事件 2：在采用盖挖法施工前，监理单位要求再次提供隧道施工安全风险评估报告，施工单位已提供过为由，予以拒绝。

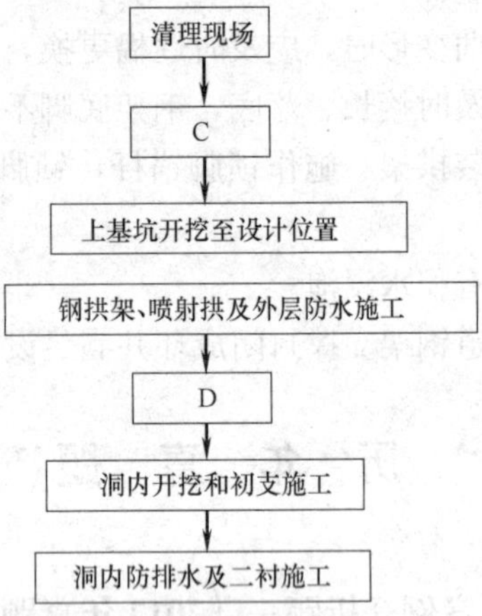

图 3-2 盖挖法施工流程图

事件 3：施工单位对盖挖法方案相对于明挖法方案的部分施工费用进行了核算和对比，如表 3-1 所示。其中，挖石方费用增加了 55.17 万元，砂浆锚杆费用减少了 42.53 万元，ϕ42 锁脚锚杆费用增加了 25.11 万元。

挖盖法相对于明挖法的费用变化值表 **表 3-1**

序号	细目名称	费用(万元)	备注
①	挖石方	55.17	增加
②	砂浆锚杆	42.53	减少
③	锁脚锚杆	25.11	增加
④	16Mn 热轧型钢(I20a)	92.86	X
⑤	C20 喷射混凝土	42.00	X
⑥	ϕ6.5 钢筋网	10.57	X
⑦	C30 混凝土拱墙	25.14	X

【问题】

1. 结合地质信息，判断本项目是否需要编制专项施工方案，是否需专家论证、审查，并分别说明理由。

2. 结合本项目说明盖挖法相较于明挖法的优点。

3. 写出图 3-1 中填筑层 A 的材质名称、设施 B 的名称，以及 A 和 B 的作用。

4. 写出图 3-2 中工序 C 和工序 D 的名称。

5. 事件 2 中，施工单位的做法是否正确？说明理由。

6. 分别指出表 3-1④-⑦项备注中的“X”是增加还是减少，计算费用变化合计值。(单位：万元，计算结果保留 2 位小数)。

【解题方略】

1. 本题考核的是公路工程危险性较大的分部分项工程范围。本题中，要求考生对隧道工程的需编制专项施工方案的范围以及需专家论证、审查的范围进行扎实的掌握。即使考生对该部分知识未进行掌握，也应在背景资料中摘抄相关地址条件信息稍作加工进行作答。决不可轻言放弃。

2. 本题考核的是盖挖法与明挖法的优缺点。关于盖挖法优点的知识，教材中并没有详细具体的介绍。这种情况就要求考生应结合实际工作经验进行作答。即使工作经验不够丰富也可以从背景资料中找出答题的切入点。首先看选择盖挖法之前的明挖法产生了哪些问题，即可猜出盖挖法的部分优点。

3. 本题考核的是盖挖横断面设计示意图的相关知识。关于 A 的名称。应从盖挖横断面设计示意图中得知碎石土之上有种植土，那么涉及种植土就要考虑 A 的是隔离防水的作用。关于设施 B 的名称应充分考虑到其型号和长度的因素。考生还应该看到事件 3 中"ϕ42 锁脚锚杆费用增加了 25.11 万元"，就是要考生发现锁脚锚杆的型号。

4. 本题考核的是盖挖法的施工流程。盖挖法的施工流程图中，C 的下一程序为"上基坑开挖至设计位置"，根据工作经验我们可以较容易的推论出，基坑开挖前的工作少了测量放线的环节。关于 D 的名称，应结合盖挖法的施工流程图与盖挖横断面设计示意图进行分析判断，可得出回填的工序。

5. 本题考核的是风险评估。考生应当知道风险评估为动态评估，这是回答本题的切入点，即本题表述不正确。

6. 本题考核的是明挖法与盖挖法施工费用的对比。本题主要应考虑明挖法与盖挖法的施工工序的对比导致的费用变化。

【参考答案】

1. 需要编制专项施工方案，理由：该地质是以粉质黏土、中-强风化板为主，节理裂隙发育，围岩级别为Ⅴ级属于不良地质隧道。需要进行专家论证、审查，理由：该隧道围岩级别为Ⅴ级，其连续长度占总隧道长度 10%以上且连续长度超过 100m（该隧道长度为 249m）。

2. (1) 盖挖法对边坡生态、稳定性影响较小（规避滑坡危险）。

(2) 盖挖法受地面条件限制小。

(3) 施工受气候影响小。

(4) 可以缩短工期。

(5) 开挖工程量小。

3. 填筑层 A 为黏土，作用：隔水。

设施 B 为锁脚锚杆，作用：控制护拱变形，加固围岩。

4. 工序 C 为周边截、排水设施施工，工序 D 为护拱顶部回填（碎石土）施工。

5. 施工单位做法错误，因为将明挖改成盖挖，属于工程设计方案和施工方案发生重大变化，根据《公路工程施工安全技术规程》JTG F90—2015，应重新进行评估。

6. 费用变化项：④—增加；⑤—增加；⑥—增加；⑦—减少。

费用变化合计值=55.17－42.53＋25.11＋92.86＋42.00＋10.57－25.14=158.04 万元。

案例分析题二［2016 年真题］

【背景资料】

某施工单位承建了一段路基工程，其中 K18＋220～K18＋430 设置了一段挡土墙，路基填方高度最高为 11m。挡土墙横断面示意图如图 3-3 所示。

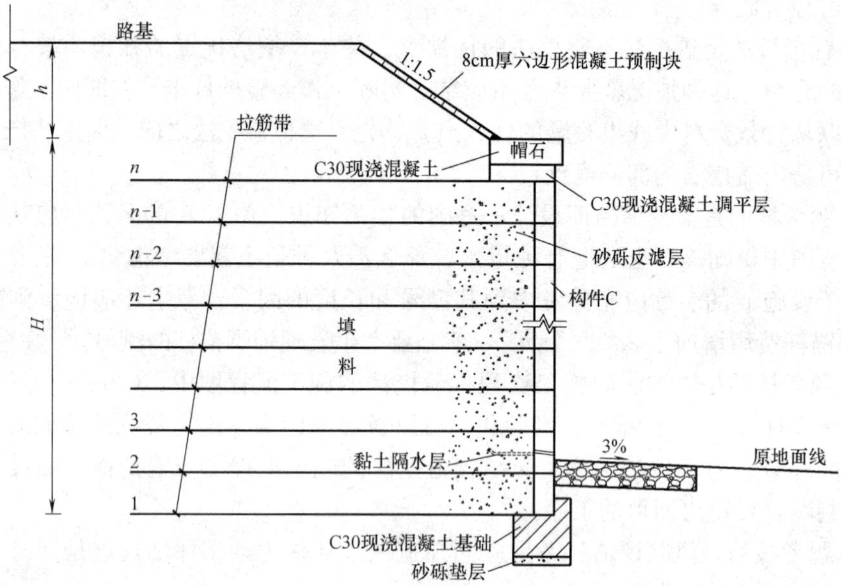

图 3-3 挡土墙横断面示意图

挡土墙施工流程为：施工准备（含构件 C 预制）→测量放线→工序 A→地基处理→排水沟施工→基础浇筑→构件 C 安装→工序 B→填料填筑与压实→墙顶封闭。

路基工程施工前项目部进行了技术交底，技术交底工作由项目经理组织，项目总工程师主持实施，向项目部、分包单位的全体施工技术人员和班组进行交底，交底人员和参会人员双方签字确认。技术交底记录部分内容如下：

（1）筋带采用聚丙烯土工带，进场时检查出厂质量证明书后即可用于施工。

（2）聚丙烯土工带的下料长度取设计长度。聚丙烯土工带与面板的连接，可将土工带的一端从面板预埋拉环或预留孔中穿过，折回与另一端对齐，并采用筋带扣在前端将筋带扎成一束。

（3）填土分层厚度及碾压遍数，应根据拉筋间距、碾压机具和密实度要求，通过试验确定。为保证压实效果，所有填筑区域均使用重型压实机械压实，严禁使用羊足碾碾压。

（4）填料摊铺、碾压应从拉筋尾部开始，平行于墙面碾压，然后向拉筋中部逐步进行，再向墙面方向进行。严禁平行于拉筋方向碾压，碾压机具不得在挡土墙范围内调头。

【问题】

1. 按照挡土墙设置的位置和结构型式划分，分别写出该挡土墙的名称。

2. 写出挡土墙施工流程中工序 A、工序 B 与图中构件 C 的名称。写出挡土墙施工流程中必须交叉进行的工序。

3. 项目部组织技术交底的方式是否正确？说明理由。

4. 逐条判断技术交底记录内容是否正确？并改正错误。

【解题方略】

1. 本题考查的是挡土墙的种类及其划分。本题考核的方式较为简单，考生应能够对挡土墙的划分进行明确区分。

2. 本题考查的是挡土墙的施工流程。本题要求考生对挡土墙的施工流程中的前后工序关系进行分析判断。

3. 本题考查的是技术交底的方式。正确的交底方式应当考虑不同的要求、层次和方式。

4. 本题考查的是技术交底记录内容。技术交底记录的正确内容需要考生进行实记，本题中只是增加了对比分析的过程。

【参考答案】

1. 按照挡土墙设置的位置划分，本题中挡土墙为路堤墙。按照挡土墙的结构型式划分，本题中挡土墙为加筋土挡土墙。

2. 工序A是基槽（坑）开挖；工序B是筋带铺设；构件C是墙面板。

必须交叉进行的工序有：墙面板安装（或构件C安装）、筋带铺设（或工序B）、填料填筑与压实。

3. 技术交底的方式不正确。

技术交底未按不同要求、不同层次、不同方式进行技术交底。即技术交底应分级进行，分级管理。

4. （1）错误。进场时除了查看出厂质量证明书外，还应查看出厂试验报告，并且还应取样进行技术指标测定。

（2）错误。聚丙烯土工带的下料长度一般为2倍设计长度加上穿孔所需长度（30～50cm）。

（3）错误。在采用靠近墙面板1m范围内，应使用小型机具夯实或人工夯实，不得使用重型压实机械压实。

（4）错误。填料摊铺、碾压应从拉筋中部开始平行于墙面碾压，先向拉筋尾部逐步进行，然后再向墙面方向进行。

案例分析题三［2016年真题］

【背景资料】

某施工单位承建了某双线五跨变截面预应力混凝土连续刚构梁桥，桥长612m，跨径布置为81m＋3×150m＋81m。主桥基础均采用钻孔灌注桩，主墩墩身为薄壁单室空心墩，墩身最大高度60m。主桥0号、1号块采用单箱单室结构，顶板宽12m，翼板宽3m。主桥桥位处河道宽550m，水深0.8～4m，河床主要为砂土和砂砾。

施工中发生如下事件：

事件1：根据本桥的地质、地形和水文情况，施工单位主桥上部结构采用悬臂浇筑施工法。其中0号、1号块采用托架法施工，悬臂端托架布置示意图如图3-4所示。

事件2：项目部编制了该桥悬臂浇筑专项施工方案，主要内容为：工程概况、编制依据、施工计划、施工工艺技术、施工安全保证措施、劳动力计划、C和D。专项方案编制完成后，由项目部组织审核，项目总工签字后报监理单位。

事件3：0号、1号块混凝土施工拟采用两次浇筑的方案：

第一次浇筑高度5.27m，主要工艺流程为：托架及平台拼装→安装底模及外侧模→

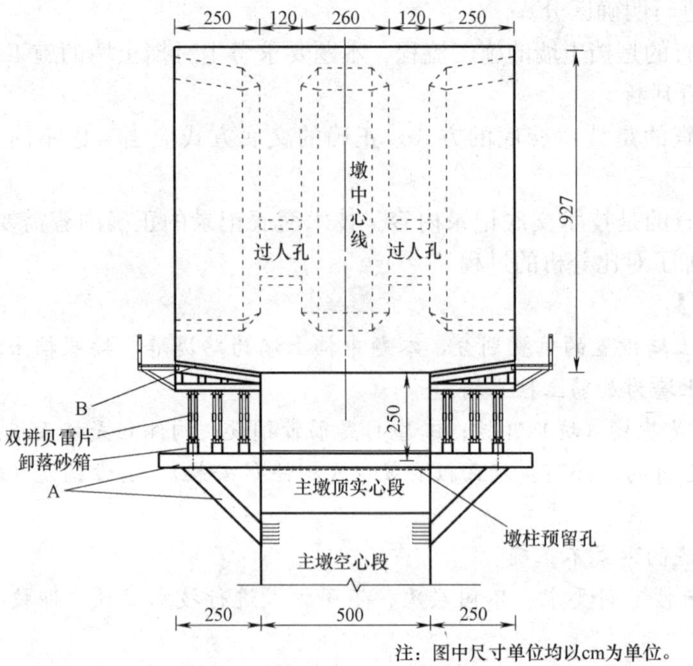

图 3-4 悬臂端托架布置示意图

E→安装底板、腹板、模隔板钢筋→安装竖向预应力管道及预应力筋、埋设预埋件→F→浇筑混凝土→养护。

第二次浇筑高度 4m，主要工艺流程为：G→内侧模加高→安装内支架及顶板、翼板模板→H→安装纵向预应力管道→安装横向预应力管道及预应力筋、埋设各种预埋件→浇筑混凝土→养护。

事件 4：施工单位采用墩侧塔吊运输小型机具和钢筋等材料；采用专用电梯运送施工人员；采用拌合站拌合、混凝土罐车运输、输送泵泵送混凝土入模浇筑。

【问题】

1. 写出图中 A 和 B 的名称。

2. 根据本桥结构，施工单位在悬臂施工过程中是否需要采取临时固结措施？说明理由。

3. 事件 2 中 C、D 的内容是什么？专项施工方案审批流程是否正确？如有错误则改正。

4. 指出事件 3 中工艺流程 E、F、G、H 的名称。

5. 事件 4 中施工单位采用的施工机械设备哪些属于特种设备？特种设备持证要求有哪些？

【解题方略】

1. 本题考查的是悬臂端托架布置示意图。本题要求考生对悬臂端托架布置进行熟练的掌握，亦可结合实际工作中总结的经验进行作答。

2. 本题考查的是临时固结措施的采取。对于连续箱梁，梁与墩未固结在一起，施工时，两侧悬浇施工难以保持绝对平衡，必须在施工中采取临时固结措施，使梁具有抗弯能力。本题中并非必须设置的情形。

3. 本题考查的是专项施工方案审批流程。本题考核方式较为简单，亦是考生必须掌握的要点。

4. 本题考查的是悬臂浇筑施工工艺。考生可结合背景资料及教材中悬臂浇筑施工工艺流程图进行作答。

5. 本题考查的是特种设备的种类及安全管理。特种设备持证要求为特种设备安全管理的重要内容，需要考生熟练掌握。本题的问答方式较为简单。

【参考答案】

1. 悬臂端托架布置示意图中，A是悬臂端托架。悬臂端托架布置示意图中，B是悬臂端底模板。

2. 不需要采取临时固结措施。

理由：本桥结构为连续刚构，结构本身具有一定的抗弯能力。

3. 事件2中，C是方案设计图，D是方案计算书。

专项施工方案审批流程错误。

改正如下：专项方案编制完成后，应由施工单位技术部门组织本单位施工技术、安全、质量等部门的专业技术人员进行审核，由施工单位技术负责人签字。

4. 事件3中，E是预压，F是安装内侧模，G是处理施工缝，H是绑扎顶板、翼板钢筋。

5. (1) 塔吊和施工电梯属于特种设备。

(2) 特种设备持证有以下要求：设备的出厂合格证、检验合格证、使用地报检合格证、操作人员特殊工种证。

案例分析题四［2015年真题］

【背景资料】

某施工单位承建了某高速公路路面工程，其主线一般路段及收费广场路面结构设计方案见表3-2。

路面结构设计方案表　　　　表3-2

路面类型	钢筋混凝土路面	沥青混凝土路面
适用范围	收费广场	主线一般路段
面层设计指标	5.0(A)	20.9(B)
结构图式	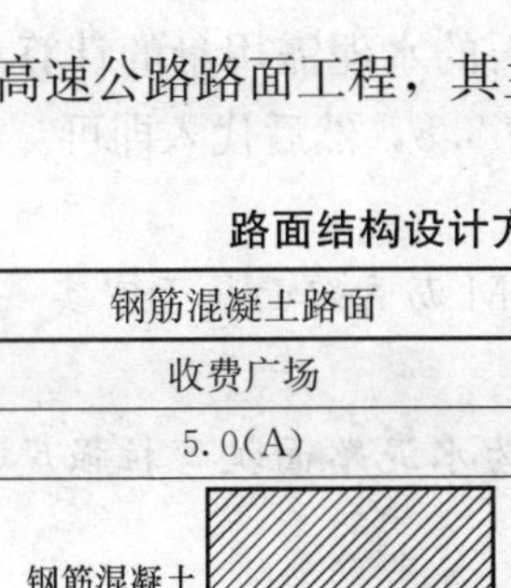	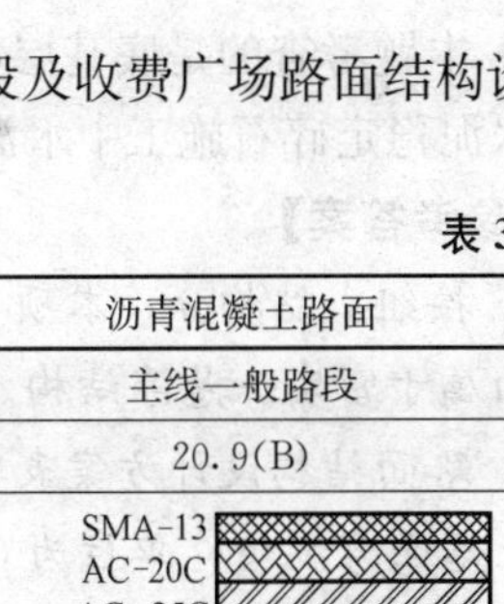

备注：①沥青路面的上、中面层均采用改性沥青；②沥青路面面层之间应洒布乳化沥青作为C，在水泥稳定碎石基层上应喷洒液体石油沥青作为D，之后应设置封层。

本项目底基层厚度为 20cm，工程数量为 50 万 m^3。施工单位在底基层施工前完成了底基层水泥稳定碎石的配合比等标准试验工作，并将试验报告及试验材料提交监理工程师中心试验室审批。监理工程师中心试验室对该试验报告的计算过程复核无误后，批复同意施工单位按标准实验的参数进行底基层的施工。

本项目最终经监理工程师批复并实施的底基层水泥稳定碎石施工配合比为：水：水泥：碎石（10～30mm）：碎石（5～10mm）：石屑（0～5mm）＝5.8：3.8：48：10：42，最大干密度为 2.4g/cm^3，底基层材料的施工损耗率为 1%。

【问题】

1. 按组成结构分，本项目上面层、中面层分别属于哪一类沥青路面结构？

2. 写出路面结构设计方案表中括号内 A、B 对应的面层设计指标的单位。

3. 写出路面结构设计方案表中括号内②所指功能层 C、D 的名称，并说明设置封层的作用。

4. 监理工程师中心试验室对底基层水泥稳定碎石配合比审批的做法是否正确？说明理由。

5. 计算本项目底基层水泥稳定碎石的水泥需用量为多少吨（计算结果保留一位小数）？

【解题方略】

1. 本题考查的是沥青路面结构的种类。本题要求考生从沥青路面结构组成下手。

2. 本题考查的是水泥路面抗弯拉强度与沥青混凝土路面弯沉值的理解。单位较容易进行判断。

3. 本题考查的是封层的作用。本题为需要考生实记的内容，作答较为容易。

4. 本题考查的是材料、构（配）件试验管理的标准试验。回答本题要注意与原材料的验证试验要求进行区分。避免混淆。

5. 本题考查的是底基层水泥稳定碎石的水泥需用量的计算。本题中的要点是确定底基层水泥稳定碎石施工中水泥的配合比为 3.8，然后代入即可。

【参考答案】

1. 按组成结构分，本项目上面层 SAM 沥青路面属于密实—骨架结构；中面层 AC 沥青路面属于密实—悬浮结构。

2. 路面结构设计方案表中括号内 A 为水泥路面抗弯拉强度，单位为 MPa；B 为沥青混凝土路面弯沉值，单位为 0.01mm。

3.（1）路面结构设计方案表中备注②所指功能层 C 为粘层，D 为透层。

（2）设置封层的作用包括：①封闭某一层起着保水防水作用；②起基层与沥青表面层之间的过渡和有效联结作用；③路的某一层表面破坏离析松散处的加固补强；④基层在沥青面层铺筑前，要临时开放交通，防止基层因天气或车辆作用出现水毁。

4.（1）监理工程师中心试验室对底基层水泥稳定碎石配合比审批的做法不正确。

（2）监理工程师中心试验室应在承包人进行标准试验的同时或以后，平行进行复核（对比）试验，以肯定、否定或调整承包人标准试验的参数或指标。

5. 根据底基层水泥稳定碎石施工中水泥的配合比为 3.8，则本项目底基层水泥稳定碎石的水泥需用量＝0.2×500000×(1＋1%)×2.4×3.8÷103.8≈8874.0t。

案例分析题五［2015 年真题］

【背景资料】

某高速公路隧道为双向四车道分离式隧道，隧道右线长 1618m，左线长 1616m。设计净空宽度 10.8m，净空高度 6.6m，设计车速 80km/h。该隧道围岩主要为Ⅳ级。采用复合式衬砌。衬砌断面设计如图 3-5 所示。

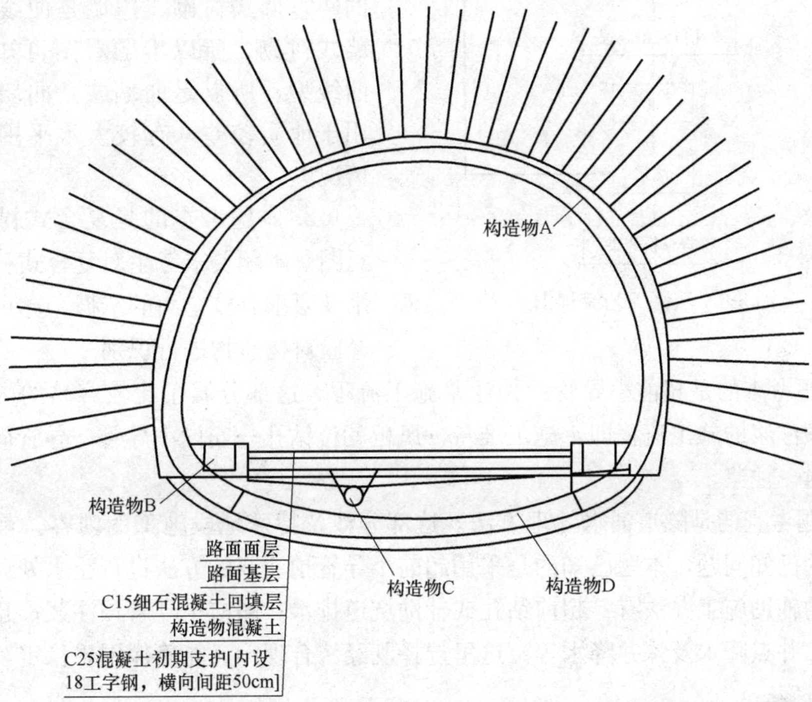

图 3-5　复合式衬砌断面示意图

隧道穿越岩溶区，地表水、地下水丰富。开挖过程中发现不同程度的渗水和涌水。为保证隧道施工安全，施工单位对隧道渗水和涌水采用超前小导管预注浆进行止水处理，注浆工艺流程如图 3-6 所示。

隧道采用台阶法开挖。施工单位做法如下：

(1) 上台阶开挖，掌子面距初期支护距离为 3m；

(2) 下台阶开挖，掌子面距初期支护距离为 4m；

(3) 仰拱每循环开挖长度为 3m；

(4) 仰拱与掌子面的距离为 120m；

(5) 下台阶在上台阶喷射混凝土强度达到设计强度的 70%后开挖。

【问题】

1. 按隧道断面形状，该隧道的洞身属于哪一类型？该类型适用条件是什么？

2. 写出图 3-5 中构造物 A、B、C、D 的名称。

3. 写出图 3-6 中工序 E、F 的名称。

4. 除背景资料中所采用的隧道涌水处理方法外，还可能需要选择哪些辅助施工方法？

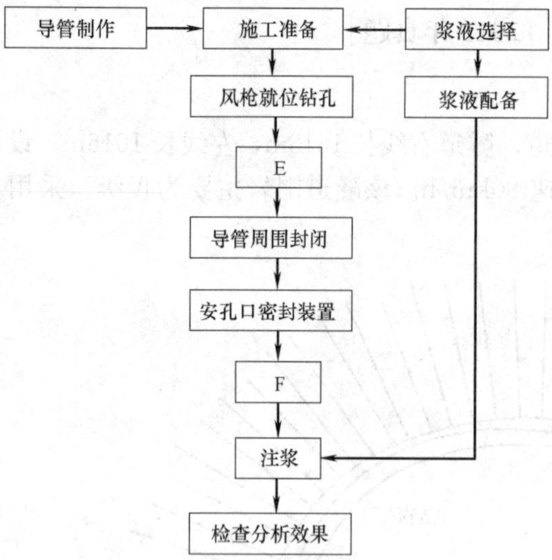

图 3-6 注浆工艺流程图

5. 逐条判断施工单位台阶法开挖做法是否正确?

【解题方略】

1. 本题考查的是隧道的洞身类型及其适用条件。对于隧道断面而言，它包括两边的边墙，顶上的拱圈。边墙是直的叫直墙式衬砌，边墙是曲线型的叫曲墙式衬砌。所以本题看图可知，边墙是曲线型，所以是曲墙式。曲墙式衬砌适用于地质较差，有较大水平围岩压力的情况。

2. 本题考查的是复合式衬砌断面示意图。本题要求考生对复合式衬砌施工技术及要求有较全面的掌握。亦可结合工作经验对构造物进行识别。

3. 本题考查的是超前小导管的预注浆施工流程。这部分属于比较容易的内容，超前小导管的预注浆的施工流程即：施工准备→风枪就位钻孔→安设小导管→导管周围封闭→安孔口密封→注浆。

4. 本题考查的是隧道涌水处理方法。这部分涉及特殊地段施工的内容。首先考生要了解考查的已知问题，本题已知的是采用超前小导管预注浆的方法进行止水处理，而处理涌水可用的辅助施工办法有：超前钻孔或辅助坑道排水；超前小导管预注浆；超前围岩预注浆堵水；井点降水及深井降水等。这里选择既经济合理，又能确保围岩稳定，并保护环境的治水方案。

5. 本题考查的是台阶法开挖。本题需要考生从台阶法的安全施工要求着手，与背景资料所给的信息进行逐一对比分析。

【参考答案】

1. 按隧道断面形状，该隧道的洞身属于曲墙式。该类型洞身适用于地质条件较差，有较大水平围岩压力的情况。

2. 构造物 A 为混凝土衬砌（二次衬砌）；B 为纵向排水沟（管）；C 为中心排水沟；D 为仰拱。

3. 工序 E 为插入小导管；工序 F 为连接与调试注浆管路。

4. 还需要的辅助施工方法：超前钻孔或辅助坑道排水；超前围岩预注浆堵水；井点降水及深井降水。

5. (1) 错误。

(2) 错误。

(3) 正确。

(4) 错误。

(5) 正确。

案例分析题六［2014年真题］

【背景资料】

某大桥主桥为四跨一联的预应力混凝土连续箱梁桥，最大跨径120m，主桥墩柱高度为16～25m，各梁段高度为2.7～5.6m。主桥0号、1号梁段采用搭设托架浇筑施工，其余梁段采用菱形桁架式挂篮按"T"形对称悬臂浇筑。

事件1：施工单位在另一同类桥梁（最大梁段重量与截面尺寸与本桥均相同）施工中已设计制作了满足使用要求的菱形桁架式挂篮，单侧挂篮结构及各组成部件如图3-7所示，经技术人员验算校核，该挂篮满足本桥施工所要求的强度和刚度性能，且行走方便，便于安装拆卸，按程序检查验收合格后用于本桥施工。

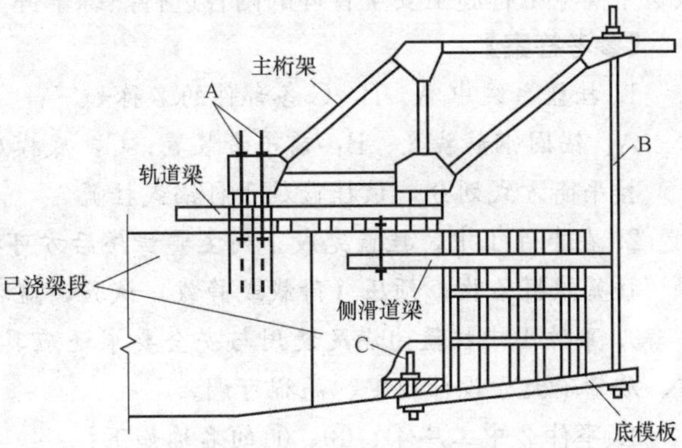

图3-7　挂篮系统示意图

事件2：施工单位在施工组织设计中，制订的主桥挂篮悬臂浇筑施工工序为：①挂篮组拼就位→②安装箱梁底模及外侧模板→③安装顶板、腹板钢筋及底板预应力管道→④→⑤安装内侧模、顶模及腹板内预应力管道→⑥安装顶板钢筋及顶板预应力管道→⑦浇筑腹板及顶板混凝土→⑧→⑨穿预应力钢丝束→⑩→⑪封锚及预应力管道压浆→⑫挂篮前移就位。

事件3：施工单位编写了挂篮悬臂浇筑安全专项施工方案，制定了详细的安全技术措施，设置了合格的登高梯道、高处作业平台及护栏，做好个人安全防护，施工前组织有关人员进行安全技术交底。

【问题】

1. 写出挂篮系统示意图中A、B、C各部件的名称。按平衡方式划分，该挂篮属于哪一种类型？

2. 在事件1中，挂篮还应完成哪些主要程序后方可投入施工？

3. 写出事件1中挂篮为满足使用与安全要求还应具备的主要性能。

4. 写出事件2中工序④、⑧、⑩的名称。

5. 在事件3中应设置何种形式的人行登高梯道？从事挂篮悬臂浇筑的施工作业人员应采取哪些主要的高处作业个人安全防护措施？

【解题方略】

1. 本题考查的是挂篮的组成及其结构形式。挂篮组成部分包括：主桁架、锚固、平衡系统及吊杆、纵横梁等。挂篮按结构形式划分，包括桁架式、三角斜拉带式、预应力束斜拉式、斜拉自锚式；按行走方式划分，包括滑移式和滚动式；按平衡方式，包括压重式和自锚式。

2. 本题考查的是挂篮投入施工应完成的工序。挂篮投入施工应完成的工序。包括：

挂篮组拼验收，预压（荷载或静载）试验，监理审批，报主管部门登记备案。

3. 本题考查的是挂篮应满足的使用与安全要求。除必须满足强度、刚度、稳定性要求外，还要使其行走、锚固方便可靠，重量不大于设计规定。

4. 本题考查的是悬臂浇筑施工工艺。考生可结合背景资料及教材中悬臂浇筑施工工艺流程图进行作答。

5. 本题考查的是高空工程施工安全管理的一般要求。本题考核较为简单，考生应对教材中高空工程施工安全管理的内容进行熟练掌握。

【参考答案】

1. 挂篮系统中A、B、C各部件的名称如下：

A：锚固钢筋装置；B：前吊带装置；C：底模后吊带装置。

接平衡方式划分，该挂篮属于自锚式挂篮。

2. 在事件1中，挂篮完成下列主要程序后方可投入施工：

挂篮组拼验收，预压（荷载或静载）试验，监理审批，报主管部门登记备案。

3. 事件1中挂篮为满足使用与安全要求还应具备的主要性能：稳定性、锚固方便可靠、质量不大于设计规定、高程可调。

4. 事件2中工序④、⑧、⑩的名称如下：

工序④：浇筑底板混凝土及养护；工序⑧：检查并清洁预应力管道及混凝土养护；工序⑩：张拉预应力钢束。

5. 在事件3中应设置“之”字形（或“人”字形）的人行登高梯道。

从事挂篮悬臂浇筑的施工作业人员应采取的高处作业个人安全防护措施包括：头戴安全帽，身穿紧口工作服，脚穿防滑鞋，腰系安全带。

案例分析题七［2014年真题］

【背景资料】

某隧道为上、下行双线四车道隧道，其中左线长858m，右线长862m，隧道最大埋深98m，净空宽度9.64m，净空高度6.88m，设计车速为100km/h，其中YK9＋928～YK10＋004段为Ⅴ级围岩，采用环形开挖面核心土法施工，开挖进尺为3m。该段隧道复合式衬砌横断面示意图如图3-8所示，采用喷锚网联合支护形式，结合超前小导管作为超前支护措施，二次衬砌采用灌注混凝土，初期支护与二次衬砌之间铺设防水层。

在一个模筑段长度内灌注边墙混凝土时，施工单位为施工方便，先灌注完左侧边墙混凝土，再灌注右侧边墙混凝土。

施工单位根据《公路桥梁和隧道工程施工安全风险评估指南（试行）》，在总体风险评估基础上，对YK9＋928～YK10＋004段开展了专项风险评估，确定风险等级为Ⅳ级，撰写了风险评估报告，报告内容包括：评估依据、工程概况……

【问题】

1. 指出环形开挖面核心土施工中的错误之处，并改正。

2. 图3-8所示，写出结构层⑥的名称，并写出初期支护、防水层、二次衬砌分别由哪几部分组成（只需写出相应的编号）？

3. 为充分发挥喷锚网联合支护效应，资料中系统锚杆应与哪些支护彼此牢固连接

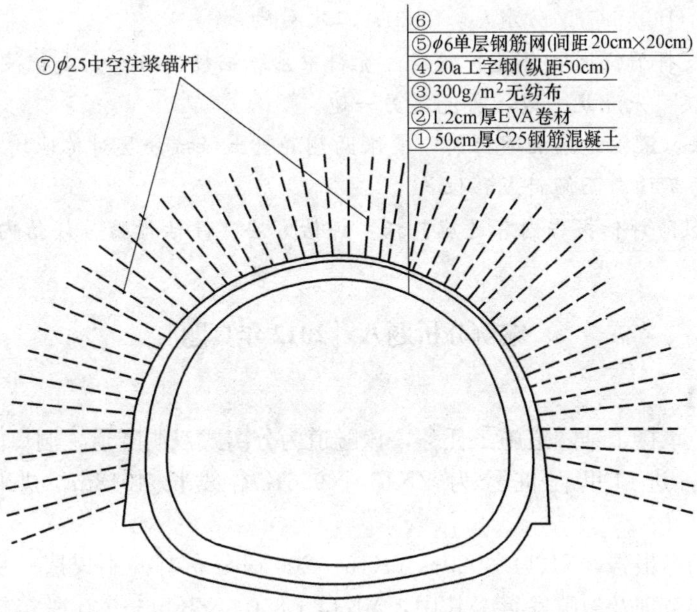

图 3-8　复合式衬砌横断面示意图

(只需写出相应的编号)?

4. 资料中边墙灌注施工错误，写出正确的做法。

5. 补全资料中风险评估报告内容的缺项。

【解题方略】

1. 本题考查的是隧道工程施工安全管理的一般要求。本题较为简单，考生应牢记隧道软弱围岩施工应遵循的原则。

2. 本题考查的是隧道复合式衬砌施工的安全管理。考生应结合复合式衬砌横断面示意图所示信息进行归类。

3. 本题考查的是预防塌方的施工措施。当开挖出工作面后，应及时有效地完成喷锚支护或喷锚网联合支护，并应考虑采用早强喷射混凝土、早强锚杆和钢支撑支护措施等。

4. 本题考查的是混凝土的灌注的施工要点。本题考核的较为简单属于实记内容。考生亦可结合工作经验进行作答。

5. 本题考查的是风险评估报告内容。本题属于查漏补缺型的题目。考生应对风险评估报告的内容进行熟练的掌握。

【参考答案】

1. 错误之处：采用环形开挖面核心土法施工，开挖进尺为 3m。

改正：隧道软弱围岩施工应遵循“短进尺、弱爆破、早喷锚、勤量测、紧封闭”的原则稳步前进，若遇有不良地质情况，必须进行超前地质预报，提前采取预防措施。开挖进尺应为 0.5～1.0m，确保施工安全。

2. 根据图 3-8，结构层⑥的名称：喷射混凝土。

初期支护、防水层、二次衬砌的组成部分如下：

初期支护：④⑤⑥⑦；防水层：②③；二次衬砌：①。

3. 为充分发挥喷锚网联合支护效应，资料中系统锚杆应与④⑤支护彼此牢固连接。

4. 施工错误：先浇筑一边，再浇筑另一边。

正确的做法：灌注边墙混凝土时，要求两侧混凝土保持分层对称地均匀上升，以免两侧边墙模板受力不均匀而倾斜或移位。

5. 资料中风险评估报告内容还应包括：评估方法、评估步骤、评估内容、评估结论、对策建议等。

案例分析题八［2012年真题］

【背景资料】

某施工单位承接了某隧道施工任务，该隧道为分离式双洞隧道，洞口间距50m。其中左线长 3996m，进口里程桩号为 ZK13＋956；右线长 4013m，进口里程桩号为 YK13＋952。

根据地质勘察报告，YK14＋020～YK16＋200 段分布有冲刷煤屑、瓦斯包体和含水瓦斯包体，岩层节理及裂隙发育。其中，YK14＋850～YK14＋900 段穿越背斜组成的复式褶皱带，为挤压强烈、地应力相对集中地段。

开工当年 10 月 5 日，该隧道右洞采用全断面开挖至 YK14＋872 处，二衬距掌子面 68m。

10 月 6 日，监理单位发现 YK14＋859～YK14＋866 段初期支护变形超限，立即书面通知施工单位停止掘进。10 月 13 日，施工单位根据设计变更的要求对变形超限段进行了处理。10 月 20 日，YK14＋859～YK14＋863 段发生塌方，至 10 月 23 日，塌方段在拱顶部位形成高 2～3m，宽 2～3m，长 3～4m 的塌腔。施工单位立即会同监理、设计和业主单位对塌方段进行了现场确认及变更立项，由设计单位出具了变更设计图。为防止类似的塌方事故，施工单位进一步加强了对未塌方段的塌方预测。

10 月 27 日 8 时。在未对瓦斯浓度进行检测的情况下，34 名工人进入洞内开展塌方段及未塌方段的处理作业，作业采用的台车上配备了普通配电箱和普通电源插座。10 时起，由于风机出现故障，洞内停止通风。11 时 20 分左右，右洞发生瓦斯爆炸，34 名工人全部罹难。

【问题】

1. 根据地质条件，指出该隧道潜在的安全事故类型。

2. 列举施工单位可采用的隧道塌方常用预测方法。

3. 根据背景资料，简述对塌方段的处理措施。

4. 指出施工单位的哪些错误做法可能导致了本次瓦斯爆炸事件？

5. 根据现行的《生产安全事故报告和调查处理条例》，判断该事故等级。

【解题方略】

1. 本题考查的是潜在的安全事故类型。回答本题需要根据背景资料归纳分析，从塌方、瓦斯等隐患入手。

2. 本题考查的是预测塌方常用的方法。本题考核的较为简单，考生应避免丢分。

3. 本题考查的是隧道塌方的处理措施。处理塌方应先加固未塌地段，防止继续发展，并要按相关要求进行处理。

4. 本题考查的是瓦斯地段施工特点。施工过程中应严格执行防止瓦斯事故的措施。本案中，考生应从瓦斯检查制度、明火、进洞人员安全教育、瓦斯浓度等方面入手。

5. 本题考查的是生产安全事故等级的划分。特别重大事故，是指造成 30 人以上死亡，或者 100 人以上重伤（包括急性工业中毒，下同），或者 1 亿元以上直接经济损失的事故。

【参考答案】

1. 潜在的安全事故类型有：

(1) 塌方；(2) 瓦斯爆炸；(3) 瓦斯突出；(4) 瓦斯燃烧；(5) 涌水、突泥；(6) 岩爆。

2. 可采用：(1) 观察法；(2) 一般测量法；(3) 声学测量法；(4) 微地震学测量法。

3. (1) 加固塌体两端洞身。

(2) 封闭塌腔顶部和侧部。

(3) 塌腔顶部加固。

(4) 清渣。

(5) 灌注衬砌混凝土。

4. 错误做法有：

(1) 采用的配电箱及插座为非隔爆型（或普通配电箱及普通插座），可能产生火花。

(2) 洞内停止通风，可能导致瓦斯浓度增加。

(3) 未进行瓦斯浓度检测，瓦斯浓度可能达到爆炸界限而未通知人员撤离。

5. 特别重大事故。

案例分析题九［2011 年真题］

【背景资料】

某高速公路特大桥主桥全长 820m（2×50m＋9×80m），为变截面预应力连续箱梁桥，分上下游两幅，每幅单箱单室，顶板宽 13m，底板宽 6.5m，箱梁采用长线法台座预制，缆索吊装，悬臂拼装。

为加强安全管理，项目部在全桥施工过程中建立了安全生产相关制度，实行了安全生产责任制，并对危险性较大工程编制了安全施工专项方案。

为保证工程质量，项目部加强进场材料管理，对钢筋、钢绞线、水泥等重要材料严格检测其质量证明书、包装、标志和规格。在工地试验室，对砂卵石等地材严格按规范要求进行试验检测。某次卵石试验中，由于出现记录错误，试验人员立即当场用涂改液涂改更正，并将试验记录按要求保存。

缆索吊装系统主要由塔架、主索（承重索）、起吊索、牵引索、扣索、工作索、天车（滑轮索）、索鞍、锚碇等组成。塔架高度 85m，采用钢制万能杆件连接组拼，塔架示意图如图 3-9 所示。

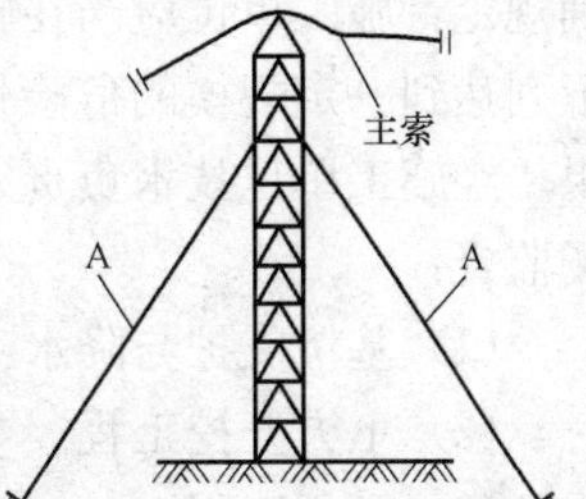

图 3-9　塔架

主索锚基坑地层及断面示意图如图 3-10 所示。基坑开挖完成后，混凝土浇筑前突降大雨，基坑出现大面积垮塌，并导致 2 人受伤。主桥墩柱、盖梁施工完成后，安放支座、现浇主梁 0 号块混凝土，然后吊拼 1 块箱梁，同时进行墩顶箱梁的临时固结，再依次拼接各梁段。

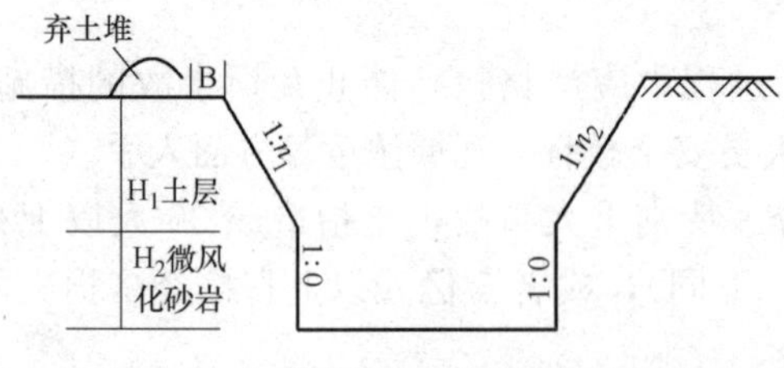

图 3-10　主索锚基坑地层及断面示意图

【问题】

1. 图 3-9 中 A 是何种设施？说明设置 A 的主要要求。

2. 结合背景资料，说明图 3-10 中 B 的大小的要求，图 3-10 中将微风化砂岩开挖坡度设为 1∶0 是否正确？说明理由。确定上层土层开挖坡度时，应主要考虑哪些因素？

3. 结合图 3-10 和背景资料，为防止同类垮塌事故，该基坑开挖时可采取哪些处理措施？

4. 补充钢绞线还需进行的检查项目，改正对砂卵石地材试验检测记录的错误做法。

5. 简要说明墩顶箱梁临时固结的施工步骤。

6. 结合背景资料描述的施工内容，根据交通运输部《公路水运工程安全生产监督管理办法》，项目部应编制哪几个主桥施工安全专项方案？

【解题方略】

1. 本题考查的是风缆的设置及其要点。风缆应成对称布置，且上、下游风缆的长度相差不宜过大。风缆与拱肋轴线夹角宜大于 45°；与地平面夹角宜为 30°，距离宜小于 100m。

2. 本题考查的是基坑开挖的施工安全要点。确定上层土层开挖坡度时，应考虑开挖深度、地质条件、现场的具体情况等因素。

3. 本题考查的是基坑施工应采取的安全防护措施。本题中，施工方应充分考虑到地质条件、天气等不安全因素。

4. 本题考查的是钢绞线的检测项目及试验、检测记录管理。本题检测项目同样是对考生进行查漏补缺能力的考核。原始记录如果需要更改，作废数据应划两条水平线，并将正确数据填在上方，同时加盖更改人印章。

5. 本题考查的是悬臂浇筑施工中应注意要点。该部分内容需要考生对教材中临时固结内容进行实记。

6. 本题考查的是安全专项方案的编制。《建设工程安全生产管理条例》第二十六条明确规定：施工单位应当在施工组织设计中编制安全技术措施和施工现场临时用电方案，对下列达到一定规模的危险性较大的分部分项工程编制专项施工方案，并附具安全验算结果，经施工单位技术负责人、总监理工程师签字后实施，由专职安全生产管理人员进行现场监督：

（1）基坑支护与降水工程。

（2）土方开挖工程。

（3）模板工程。

（4）起重吊装工程。

（5）脚手架工程。

（6）拆除、爆破工程。

【参考答案】

1. 图 3-9 中 A 是风缆。设置要求：对称布置，与地面成 30°，与塔架角度大于 45°。

2. 图 3-10 中 B 的大小要求是大于 1m。

图 3-10 中将微风化砂岩开挖坡度设为 1∶0 不正确。

理由：上缓下陡易形成滑坡和塌方。

确定上层土层开挖坡度时，应考虑开挖深度、地质条件、现场的具体情况等因素。

3. 基坑顶面设置截水沟，坡面可采取混凝土护壁、锚杆支护、锚桩支护等措施加固，排水沟和集水井降水，必要时可采用井点降水法。

4. 补充钢绞线检查项目：抗拉强度、弯曲和伸长率。

改正：在作废数据处划两条水平线，正确数据填在上方，加盖更改人印章。

5. 临时固结的施工步骤：将 0 号块梁段与桥墩钢筋或预应力筋临时固结，待解除固结时再将其切断；在桥墩一侧或两侧设置临时支撑或支墩；顺桥向用扇形或门式托架将 0 号块梁段临时支撑，待悬浇到至少一端合拢后恢复原状。临时支承可采用硫磺水泥砂浆、砂筒或混凝土块等卸落设备，能较方便地拆除临时支承。

6. 滑坡和高边坡处理、土方开挖工程、模板工程、起重吊装工程、脚手架工程等均需编制安全专项方案。

典 型 习 题

案例分析题一

【背景资料】

某施工单位承接了某高速公路路基 H 合同段工程施工，该区段设计车速 100km/h，平均挖深 19m，路基宽度 26m，其中 K20＋300～K20＋520 为石质路堑。该区段岩石为石炭系硅质灰岩，岩石较坚硬，多为厚层构造，局部呈薄层状构造，裂隙发育。要求路堑采用钻爆开挖，爆破石渣最大允许直径为 30cm，对开挖石渣尽可能提高利用率。

施工单位编制的爆破设计方案摘要如下：

（1）边坡采用预裂爆破，路基主体尽量采用深孔爆破，局部采用钢钎炮、烘膛炮等方法。

（2）采用直径 8cm 的钻头钻孔，利用自行式凿岩机或潜孔钻一次钻到每阶平台设计标高位置。

（3）爆破顺序采用从上至下的分台阶，顺路线方向纵向推进爆破，控制最大爆破深度不超过 10m，纵向每 40～50m 为一个单元，边坡和主体采用微差爆破一次性完成。

（4）边坡预裂爆破孔间距为 1m，采用“方格型”布置，按水平方向控制炮杆位置，路基主体内炮孔间距 4m，采用“梅花型”均匀布置。

爆破设计方案报主管部门审批时未通过，退回后由施工单位重新修改。

在确定爆破安全距离时，施工单位按《爆破安全规程》中“安全距离不小于 200m”

的规定，将安全距离设为200m，并布置警戒线。爆破结束后，未出现安全事故。

K20＋300～K20＋520段需开挖石方140000m³，采用2台装载机（每台作业率720m³/台班）和6台自卸汽车（每台作业率300m³/台班）配合装运石方，其他机械均配套，将石方调运到两端的填方路段。

施工完成后，对路基工程进行了质量检验，其中针对K20＋300～K20＋520路段，实测了纵断高程、中线偏位、宽度、横坡。

【问题】

1. 指出并改正爆破设计方案中的错误之处。

2. 施工单位确定爆破安全距离的做法是否恰当？说明理由。

3. 在不考虑加班的情况下，K20＋300～K20＋520路段石方调运工作需要多少天(列式计算)？

4. K20＋300～K20＋520段路基施工的质量检验，还应实测哪些项目？

【参考答案】

1. (1) 错误之处：采用“方格型”布置。

改正：采用“一字型”布置。

(2) 错误之处：按水平方向控制炮杆位置错误。

改正：按边坡坡度控制炮杆位置。

2. 施工单位确定爆破安全距离的做法不恰当。

理由：除考虑《爆破安全规程》中露天爆破安全距离不得小于200m外，还应考虑个别飞散物影响，地震波、空气冲击波的影响，经计算后再确定安全距离。

3. 在不考虑加班的情况下，K20＋300～K20＋520路段石方调运工作天数＝140000/(2×720)＝97.2d≈98d。

4. K20＋300～K20＋520段路基施工的质量检验还应实测的项目：压实度、平整度、边坡坡度、边坡平顺度。

案例分析题二

【背景资料】

某施工单位承接了一段路基工程施工，其中K8＋780～K8＋810为C20片石混凝土重力式挡土墙，墙高最高为12m，设计要求地基容许承载力不小于0.5MPa。片石混凝土挡土墙立面示意图如图3-11所示。挡土墙施工流程为：施工准备→测量放线→基槽开挖→验基→地基承载力检测→测量放线→搭脚手架→立模加固→浇筑混凝土并人工摆放片石→拆除模板交验→养护。

施工中，采用挖掘机开挖基槽，分段开挖长度根据现场地质情况确定。机械开挖至基底设计标高以上0.3m时，重新进行测量放线，确定开挖正确且不偏位的情况下改用人工清理基底，开挖至设计标高后，用蛙式电动夯将基底夯实，使压实度达到90％以上，检测基底承载力，发现部分基底承载力为0.45MPa。地下水对该基槽无影响。

模板采用钢模板分片拼装后，再按设计位置分段拼装，模板在安装前进行了打磨、并刷脱模剂。每段拼完后，四边挂线调整模板直顺度，符合质量要求后固定。

施工单位采用拌合站集中拌制混凝土，搅拌运输车运输混凝土，混凝土到达现场后，

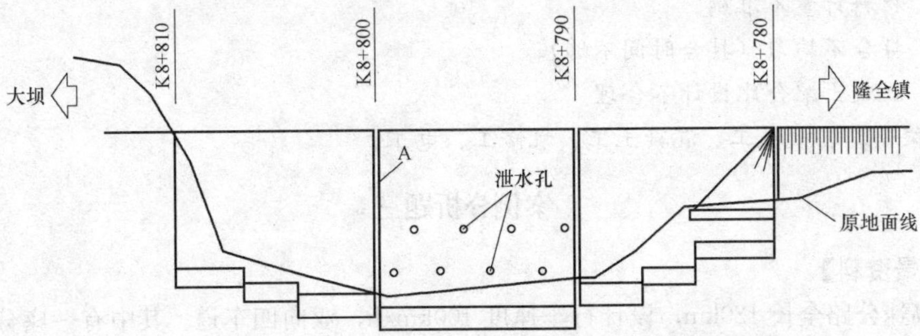

图 3-11　片石混凝土挡土墙立面示意图

通过溜槽灌注，混凝土自由落体高度不大于 2m。采用插入式振动棒振捣密实。混凝土分层浇筑，每层混凝土浇筑完成后，加填一层片石。片石在填放前用水冲洗干净，片石的强度不小于 30MPa，片石的最大尺寸不大于结构最小尺寸的 1/4，最小尺寸不小于 15cm。

施工单位在施工中注重控制片石投放质量，保证了净间距不小于 15cm，片石与模板间的净间距不小于 25cm，片石体积不超过片石混凝土总体积的 30%。

拆模在混凝土强度达到 2.5MPa 进行，同时考虑拆模时混凝土的温度（由水泥水化热引起）不能过高。模板的拆除顺序遵循先支先拆、后支后拆的原则进行。拆模后，混凝土表面局部出现蜂窝缺陷，但确认施工过程中未出现漏浆及模板变形、跑模现象。

【问题】

1. 判断挡土墙位于路基左侧还是右侧，并说明理由。写出图中构造 A 的名称。
2. 提出该项目基底承载力不能满足设计要求时的工程处理措施。
3. 指出片石混凝土浇筑与拆模中的错误并改正。
4. 分析混凝土表面局部出现有蜂窝缺陷的可能原因。
5. 除测量工与实验工外，写出该挡土墙施工还需要配置的技术工种。

【参考答案】

1. 挡土墙位于路基左侧，因为立面图中从左到右里程是由大到小（或：当人站在挡土墙起点桩号 K8＋780 向挡土墙终点桩号 K8＋810 看时，挡墙位于人的左侧）。构造 A 为沉降缝与伸缩缝。

2. （1）超挖换填水稳性好、强度高的材料。

（2）掺加水泥、石灰等进行土壤改良。

（3）增大压实功率，提高压实度。

（4）设置片石混凝土等扩大基础。

3. “片石体积不超过片石混凝土总体积的 30%”错误，应为“片石体积不超过片石混凝土总体积的 20%”。

“模板的拆除顺序遵循先支先拆、后支后拆的原则进行”错误，应为“模板的拆除顺序遵循先支后拆、后支先拆的顺序进行”。

4. 混凝土表面局部出现有蜂窝缺陷的可能原因有：

（1）振捣设备选择不合理。

（2）过振。

（3）漏振（欠振）。

(4) 材料计量不准确。

(5) 拌合不均匀（拌合时间不够）。

(6) 混凝土配合比设计不合理。

5. 架子工、模板工、混凝土工、机修工、电工。

案例分析题三

【背景资料】

某高速公路全长 120km，设计行车速度 100km/h，双向四车道。其中有一座分离式隧道，隧道左线起讫桩号为 ZK2＋815～ZK3＋880，全长 1065m；右线起讫桩号为 YK2＋840～YK3＋750，全长 910m。隧道最大埋深 400m，隧道沿纵向方向设人字坡，坡度为 1%。隧道进门段为浅埋段，设 40m 长的明洞。洞身围岩为Ⅱ～Ⅳ级，岩层含少量地下水。

洞身掘进采用光面爆破，在爆破方案中有如下描述：在开挖面上适当部位掏出小型槽口（炮眼），并沿隧道设计轮廓线布置另一种炮眼。

隧道施工实行安全责任目标管理，项目部决定由专职安全员对隧道的安全生产全面负责。爆破施工前，项目部招聘了 6 名员工，并立即由专职安全员进行培训，考核合格后安排从事爆破作业。同时严格实行安全技术交底制度和上下班交接制度，严防安全事故的发生。

隧道明洞施工工序为：①明洞路堑土石方开挖；②边、仰坡开挖及加固；③修筑坡顶排水系统；④修筑明洞；⑤回填。

【问题】

1. 按地质条件和按地形划分，背景资料中所述的隧道分别属于哪种隧道？按长度划分，左右隧道分别属于哪种隧道？

2. 说明爆破方案中所述两种炮眼的名称。应先起爆哪种炮眼？说明理由。

3. 指出项目部在爆破施工安全管理方面的不当之处，并提出正确做法。

4. 该隧道宜采用何种排水方式？说明理由。

5. 指出明洞施工工序中应放在首位的工序，并说明理由。

【参考答案】

1. 按地质条件划分，背景资料中所述的隧道属于岩石隧道。

按地形划分，背景资料中所述的隧道属于山岭隧道。

按长度划分，左隧道属于长隧道。

按长度划分，右隧道属于中隧道。

2. 开挖面上适当部位掏出小型槽口（炮眼）是掏槽眼；沿着设计轮廓线布置的另一种炮眼是周边眼。

应先起爆掏槽眼。理由：光面爆破的分区起爆顺序：掏槽眼→辅助眼→周边眼。

3. 在爆破施工安全管理方面的不当之处与正确做法。

(1) 不当之处：由专职安全员对隧道的安全生产全面负责。

正确做法：由项目经理对隧道的安全生产全面负责。

(2) 不当之处：招聘了 6 名员工，并立即由专职安全员进行培训，考核合格后安排从事爆破作业。

正确做法：应由经过专业培训且持有爆破操作合格证的专业人员从事爆破作业。

4. 该隧道宜采用的排水方式：设置排水暗沟、盲沟和引水管，并应视具体情况加深侧沟或中心水沟的沟底，或增设横向盲沟，铺设渗水滤层及仰拱等。

理由：岩层含少量地下水。

5. 明洞施工工序中应放在首位的工序：修筑坡顶排水系统。

理由：修筑坡顶排水系统是隧洞进洞前常规的洞口处理，包括劈坡、安全处理及洞口施工的场地平整，附属设施修建等。

案例分析题四

【背景资料】

某高速公路M合同段（K17＋300～K27＋300），主要为路基土石方工程，本地区岩层构成为泥岩、砂岩互层，抗压强度20MPa左右，地表土覆盖层较薄。在招标文件中，工程量清单列有挖方2400000m^3（土石比例为6∶4），填方249000m^3，填方路段填料由挖方路段调运，考虑到部分工程量无法准确确定，因此采用单价合同，由监理工程师与承包人共同计量，土石开挖综合单价为16元/m^3，施工过程部分事件摘要如下：

事件1：施工单位开挖路基后，发现挖方土石比例与设计文件出入较大，施工单位以书面形式提出设计变更，后经业主、监理、设计与施工单位现场勘察、洽商，设计单位将土石比例调整为3.4∶6.6，变更后的土石方开挖综合单价调整为19元/m^3，经测算，变更后的项目总价未超过初步设计批准的概算。

事件2：在填筑路堤时，施工单位采用土石混合分层铺筑，局部路段因地形复杂而采用竖向填筑法施工，并用平地机整平每一层，最大层厚40cm，填至接近路床底面标高时，改用土方填筑。

事件3：该路堤施工中，严格质量检验，实测了压实度、弯沉值、纵断高程、中线偏位、宽度、横坡、边坡。

【问题】

1. 《公路工程设计变更管理办法》将设计变更分为哪几种？事件1中的设计变更属于哪一种？说明理由。

2. 指出事件2中施工方法存在的问题，并提出正确的施工方法。

3. 指出事件3中路堤质量检验实测项目哪个不正确？还需补充哪个实测项目？

4. 针对该路段选择的填料，在填筑时，对石块的最大粒径应有何要求？

【参考答案】

1. （1）公路工程设计变更分为重大设计变更、较大设计变更和一般设计变更。

（2）事件1中的设计变更属于较大设计变更。

理由：因为单项变更金额达到720万元（2400000×(19－16)＝7200000元），超过500万元的规定。

2. （1）不应采用平地机整平。

因含石量为66%，整平应采用大型推土机辅以人工进行。

（2）不应采用竖向填筑法。

土石路堤只能采用分层填筑，分层压实。

3. 不应该实测弯沉值。还需补充平整度项目。

4. 土石混合料中石料强度大于 20MPa 时，石块的最大粒径不得超过压实层厚的 2/3，超过的石料应清除或打碎。

案例分析题五

【背景资料】

某二级公路，全长 9.32km，全路段的石方爆破主要集中在 K2＋300～K2＋420，K3＋240～K3＋480，K6＋450～K6＋490，K8＋590～K8＋810，爆破路段附近无重要建筑物，施工单位编制了“公路路堑石方爆破工程专项施工方案”，专项施工方案编制的主要内容包括工程概况、编制依据、施工计划、施工工艺技术、劳动力计划等。施工单位编制的爆破施工流程为：施爆区现场勘测→爆破设计及设计审批→配备专业施爆人员→施爆区施工放样→用机械清除施爆区强风化岩石→A→爆破器材检查与试验炮→炮孔检查与废渣清除→装药并安装引爆器材→布置安全岗和施爆区安全员→炮孔堵塞→撤离施爆区内人员→起爆→B→解除警戒→测定爆破效果（包括飞石、震动波对施爆区内、外构造物造成的破坏和损失）。

施工单位编制的爆破施工方案为：根据爆破工程量要求，综合考虑爆破区地形、地质、环境条件、设备和技术条件等，石方爆破自上而下分台阶逐层进行，采用电力起爆，爆破高度小于 5m 时，用浅眼爆破法分层爆破，分层高度 2～3m；爆破高度 5～10m 时，用深孔爆破法一次爆破到设计标高；爆破高度超过 10m 时，分台阶进行深孔爆破，工作台阶分层高度定为 5～10m，永久边坡采用光面爆破的方法进行处理。

台阶爆破参数示意如图 3-12 所示。

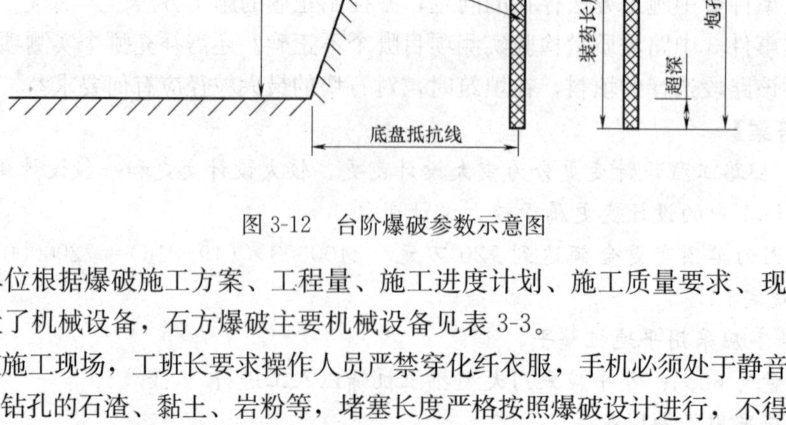

图 3-12　台阶爆破参数示意图

施工单位根据爆破施工方案、工程量、施工进度计划、施工质量要求、现有机械技术状况等配置了机械设备，石方爆破主要机械设备见表 3-3。

在爆破施工现场，工班长要求操作人员严禁穿化纤衣服，手机必须处于静音状态，堵塞材料应采用钻孔的石渣、黏土、岩粉等，堵塞长度严格按照爆破设计进行，不得自行增加药量或改变堵塞长度，如需调整，应征得现场技术人员和监理工程师的同意并做好变更记录。

石方爆破主要机械设备表　　表 3-3

序号	名称	型号	单位	数量
1	潜孔钻机	KQD100	台	4
2	浅孔凿岩机	7655	台	3
3	C	EP200	台	1
4		VY-12/7	台	1
5		DY-9/7	台	1
6		V-6/8	台	1

【问题】

1. 补充专项施工方案编制的主要内容。

2. 写出爆破施工流程中工序 A、B 以及石方爆破主要机械设备表中机械设备 C 的名称。

3. 爆破施工方案中采用的光面爆破是否合理？说明理由。

4. 写出台阶爆破参数示意图中爆破参数 H 和 W 的名称。

5. 指出工班长对操作人员所提要求中的错误并改正。

【参考答案】

1. 还有施工安全保证措施、计算书及附图。

2. A 为钻孔，B 为清除盲炮，C 为空气压缩机。

3. 合理。因为光面爆破采用控制抵抗线和药量的方法进行爆破，使之形成光滑平整的边坡，可减小永久性边坡修整的工作量。

4. H 为台阶高度，W 为最小抵抗线。

5. 错误：(1) 手机必须处于静音状态；(2) 堵塞材料应采用钻孔的石渣、黏土、岩石等；(3) 征得现场技术人员和监理工程师的同意做好变更记录。

改正：(1) 手机关机；(2) 堵塞材料应采用黏土；(3) 应征得设计人员的同意并出具变更通知单。

案例分析题六

【背景资料】

某施工单位承接了一座公路隧道的土建及交通工程施工项目，该隧道为单洞双向行驶的两车道浅埋隧道，设计净高 5m，净宽 12m，总长 1600m，穿越的岩层主要由页岩和砂岩组成，裂隙发育，设计采用新奥法施工、分部开挖和复合式衬砌。进场后，项目部与所有施工人员签订了安全生产责任书，在安全生产检查中发现一名电工无证上岗，一名装载机驾驶员证书过期，项目部对电工予以辞退，并要求装载机驾驶员必须经过培训并经考核合格后方可重新上岗。

隧道喷锚支护时，为保证喷射混凝土强度，按相关规范要求取样进行抗压强度试验。取样按每组三个试块，共抽取 36 组，试验时发现其中有 2 组试块抗压强度平均值为设计强度为 90%、87%，其他各项指标符合要求。检查中还发现喷射混凝土局部有裂缝、脱落、露筋等情况。隧道路面面层为厚度 5cm、宽度 9m 的改性沥青 AC-13，采用中型轮胎式摊铺机施工，该摊铺机施工生产率为 80m³/台班，机械利用率为 0.75，若每台摊铺机每天工作 2 个台班，计划 5d 完成隧道路面沥青混凝土面层的摊铺。

路面施工完成后，项目部按要求进行了照明、供配电设施与交通标志、防撞设施、里程标、百米标的施工。

【问题】

1. 指出项目部的安全管理中体现了哪些与岗位管理有关的安全生产制度？补充其他与岗位管理有关的安全生产制度。

2. 喷射混凝土的抗压强度是否合格？说明理由。针对喷射混凝土出现的局部裂缝、脱落、露筋等缺陷，提出处理意见。

3. 按计划要求完成隧道沥青混凝土面层施工，计算每天所需要的摊铺机数量。

4. 补充项目部还应完成的其他隧道附属设施与交通安全设施。

【参考答案】

1. 项目部的安全管理中体现了与岗位管理有关的安全生产制度包括：安全生产责任制度、安全教育培训制度、特种作业人员管理制度。

其他与岗位管理有关的安全生产制度包括：安全生产组织制度；安全生产奖惩制度；安全生产值班制度；外协单位和外协人员安全管理制度；专、兼职安全管理人员管理制度。

2. 喷射混凝土的抗压强度合格。

理由：任意一组试块抗压强度平均值，不得低于设计强度的 80%为合格。

针对喷射混凝土出现的局部裂缝、脱落、露筋等缺陷，其处理意见：应予修补，凿除喷层重喷或进行整治。

3. 按计划要求完成隧道沥青混凝土面层施工，每天所需要的摊铺机数量 $N=\dfrac{P}{W_1QK_B}=(1600\times9\times0.05)\div(80\times2\times5\times0.75)=1.2\approx2$ 台。

4. 项目部还应完成的其他隧道附属设施包括：通风设施、安全设施、应急设施等。项目部还应完成的交通安全设施包括：交通标线、隔离栅、视线诱导设施、防眩设施、桥梁防抛网、公路界碑等。

案例分析题七

【背景资料】

某山区二级公路有一座分离式隧道，左线起止桩号为 ZK3＋640～ZK4＋560，右线起止桩号为 YK3＋615～YK4＋670，进出口段为浅埋段，Ⅳ级围岩，洞身穿越地层岩性主要为砂岩、泥岩砂岩互层，Ⅱ、Ⅲ级围岩。

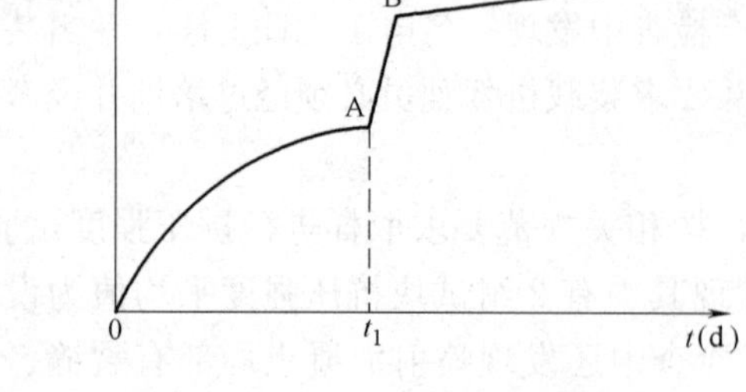

图 3-13　位移—时间曲线示意图

该隧道采用新奥法施工，施工单位要求开挖时尽量减少对围岩的扰动，开挖后及时施作初期喷锚支护，严格按规范要求进行量测，并适时对围岩施作封闭支护。施工监控量测得出的位移—时间曲线如图 3-13 所示。

施工单位项目部实行安全责任目标管理，决定由专职安全员对隧道的安全生产全面负责。爆破施工前，招聘了8名员工，并立即由专职安全员进行培训，经项目部考核合格后安排从事爆破作业。施工过程中要求电钻工戴棉纱手套，穿绝缘胶鞋；隧道开挖及衬砌作业地段的照明电压为110～220V。

【问题】

1. 按长度划分，左右线隧道分别属于哪种隧道？按地质条件划分，该隧道属于哪种隧道？

2. 施工单位对隧道的施工要求体现了新奥法的哪些基本原则？

3. 图中的时间点 t_1 表明当时围岩和支护已呈什么状态？此时在现场应采取哪些措施？

4. 指出施工单位在施工安全管理方面的错误做法并改正。

【参考答案】

1. 按长度划分，左线隧道属于中隧道；右隧道属于长隧道。

按地质条件划分该隧道属于岩石隧道。

2. 施工单位对隧道的施工要求体现的新奥法的基本原则：少扰动、早喷锚、勤量测、紧封闭。

3. 图中的时间点 t_1 表明当时围岩和支护已呈不稳定状态。此时在现场应采取的措施：密切监视围岩动态，并加强支护，必要时暂停开挖。

4. (1) 错误做法：由专职安全员对隧道的安全生产全面负责。

正确做法：应由项目经理对隧道的安全生产全面负责。

(2) 错误做法：由专职安全员对新员工进行培训，经项目部考核合格后安排从事爆破作业。

正确做法：所有新员工要经过三级安全教育，还要经过专业培训，并取得爆破作业资格。

(3) 错误做法：施工过程中要求电钻工戴棉纱手套。

正确做法：施工过程中应要求电钻工戴绝缘手套。

(4) 错误做法：隧道开挖及衬砌作业地段的照明电压为110～220V。

正确做法：隧道开挖及衬砌作业地段的照明电压应为12～36V。

案例分析题八

【背景资料】

某施工单位承包了南方某二级公路D合同段路基施工，其中K8＋200～K8＋320为沿河路基，设计为浆砌块石路肩挡土墙，如图3-14所示，挡土墙最大高度为11.2m，设计高程211.33m，设计洪水位202.10m，常水位198.90m。施工单位选择在枯水季节施工，挡土墙施工前全面做好排水系统，施工工艺如图3-15所示。

在基坑挖到设计高程后，经检验基底承载力等各项指标满足要求，开始进行基础砌筑。基础施工完后，立即进行基坑回填。基础圬工强度达到要求后，进行墙身砌筑。

挡土墙砌筑与路基回填交替施工，对挡土墙按高度分阶段验收。墙背填料采用与前后路段路堤填料相同的黏土，做到逐层填筑，逐层压实。

【问题】

1. 按照施工技术管理制度要求，施工单位在基坑回填前必须履行哪道程序？

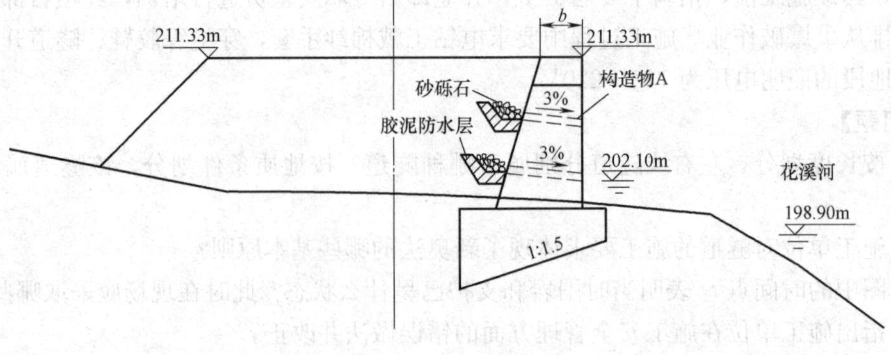

图 3-14　K8＋260 断面

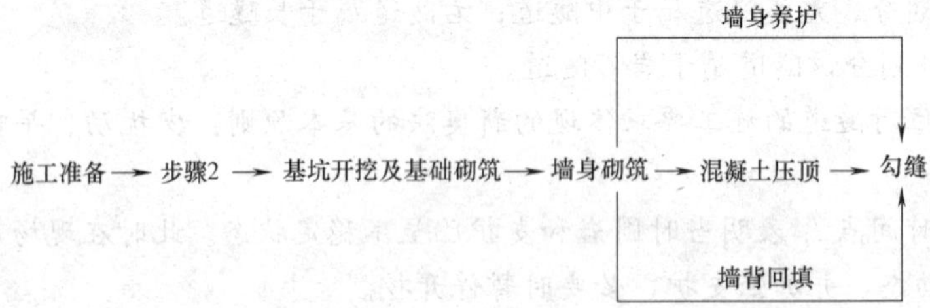

图 3-15　施工工艺

2. 墙背填料采用黏土是否合适？说明理由。

3. 写出步骤 2 所对应的工艺名称以及墙身中的构筑物 A 的名称。

4. 根据国家标准《高处作业分级》GB/T 3608—2008，该挡土墙的墙身砌筑属于几级高处作业？

【参考答案】

1. 还需办理基础隐蔽工程质量检验手续。

2. 不合适。因为该挡土墙浸水，应选择强度高、透水性好的材料（或：因为黏土透水性不好，遇水强度差）。

3. 步骤 2 对应的施工工艺是测量放样。墙身中的构筑物 A 是泄水孔。

4. 国家标准《高处作业分级》GB/T 3608—2008 规定，高处作业分级：

(1) 作业高度在 2m 至 5m 时，称为 1 级高处作业。

(2) 作业高度在 5m 以上至 15m 时，称为 2 级高处作业。

(3) 作业高度在 15m 以上至 30m 时，称为 3 级高处作业。

(4) 作业高度在 30m 以上时，称为特级高处作业。

故，该挡土墙的砌筑属于 2 级高处作业。

案例分析题九

【背景资料】

某高速公路特大桥为变截面预应力混凝土连续刚构桥，其桥跨布置为 70m＋4×120m＋70m。主梁采用箱形截面，墩身为空心墩，墩高 50～75m。桥墩采用群桩基础，平均桩长约 60m，如图 3-16 所示。

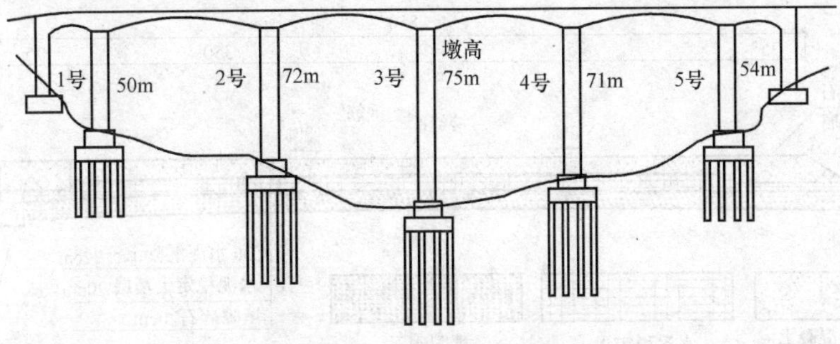

图 3-16　变截面预应力混凝土连续刚构桥示意图

施工单位为本桥配置了以下主要施工机械和设备：反循环钻机、混凝土高压泵、混凝土搅拌站、塔吊、载人电梯、悬臂式掘进机、架桥机、预应力张拉成套设备、爬模设备、钢模板、钢护筒、挂篮设备。

3 号桥墩在施工到 40m 高度时，作业人员为了方便施工，自己拆除了部分安全防护设施。另有作业人员携带加工好的部分箍筋乘电梯到墩顶施工。

【问题】

1. 按高处作业的分级要求，该桥 2 号桥墩施工属于哪一级？患有哪些疾病的人员不适合在本桥墩作业？该桥墩的作业人员应配备哪些个人安全防护设施？

2. 指出 3 号墩作业人员的错误做法。

3. 根据示意图，说明施工单位配备的施工机械和设备分别用于本桥哪些部位的施工？哪些设备不适用于本桥施工？

4. 本桥变截面箱梁宜采用什么方法施工？本桥承台属于高桩承台还是低桩承台？

【参考答案】

1.（1）属于高处作业特级。

（2）高血压、心脏病、精神病、恐高症、癫痫病、严重贫血病、严重关节炎等。

（3）系安全带、戴安全帽、穿软底鞋。

2. 高处作业时，如因工作需要对安全防护设施部分移位、部分进行拆除时必须征得项目负责人的同意。不允许载人电梯搭载货物。

3. 桩基础：反循环钻机、钢护筒。

承台、低墩：钢模板。

高墩：塔吊、电梯、爬模设备。

上部构造：挂篮设备、预应力张拉设备。

全桥：混凝土输送泵、混凝土搅拌站。

不适用于本桥的：悬臂式掘进机、架桥机。

4. 宜用悬臂浇筑法（挂篮法）施工。属于低桩承台。

案例分析题十

【背景资料】

某施工单位承接了一段二级公路水泥混凝土路面工程施工，路面结构示意图如图 3-17所示。

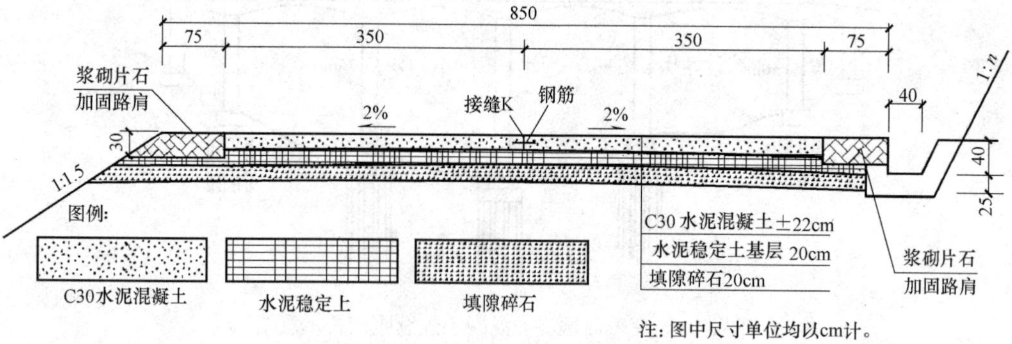

图 3-17　路面结构示意图

施工单位进场后设立了水泥混凝土搅拌站和工地试验室，搅拌站的配电系统实行分级配电：设置总配电箱（代码 A），以下依次设置分配电箱（代号 B）和开关箱（代码 C），开关箱以下是用电设备（代号 D）。动力配电箱与照明配电箱分别设置。配电箱与开关箱装设在通风、干燥及常温场所，每台用电设备实行"一机一闸"制。施工单位对配电箱与开关箱设置提出一系列安全技术要点，部分摘录如下：

要点一：配电箱的导线进线口和出线口应设在箱体的上顶面。

要点二：移动式开关箱的进口线、出口线必须采用绝缘铝导线。

要点三：总配电箱应装设总隔离开关、分路隔离开关、总熔断器、分路熔断器、电压表、总电流表。

基层采用路拌法施工，施工工艺流程如图 3-18 所示。为顺利完成基层的施工，施工单位配备了稳定土拌合机、装载机、运输车、多铧犁。

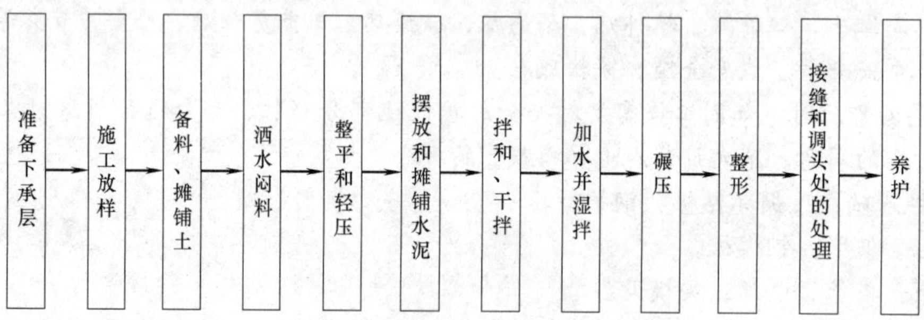

图 3-18　基层施工工艺流程图

施工单位对路面面层分左右两幅铺筑，先铺筑左幅，后铺筑右幅，在公路中心处设置接缝 K，接缝的 1/2 板厚处安装光圆钢筋，钢筋的全长范围涂防粘涂层。

【问题】

1. 写出图 3-17 中接缝 K 的名称，并改正接缝钢筋施工中的错误做法。

2. 改正图 3-18 中工艺顺序的错误之处，并补充背景资料中基层施工还需配置的机械设备。

3. 改正要点一、要点二中的错误。

4. 补充要点三中总配电箱还应装设的电器装置。

5. 用代号写出配电系统与用电设备在使用过程中的送电、断电顺序。

【参考答案】

1. 图 3-17 接缝 K 的名称为纵向施工缝（或纵缝）。

改正一：接缝处应安装螺纹钢筋。

改正二：应对钢筋中部 100mm 进行防锈处理。

2. 错误之处：整形和辗压顺序颠倒；整形应在碾压之前。

基层施工还需配备的机械设备：压路机、平地机、推土机、洒水车。

3. 改正要点一的错误：进线口和出线口应设在箱体的下底面。

改正要点二的错误：移动式开关箱的进口线、出口线必须采用橡胶绝缘电缆。

4. 要点三中总配电箱还应装设的电器装置为漏电保护器和总电度表。

5. 配电系统与用电设备在使用过程中的送电顺序：A→B→C→D。

配电系统与用电设备在使用过程中的断电顺序：D→C→B→A。

案例分析题十一

【背景资料】

某施工单位承接了一条二级公路的隧道施工项目，该隧道主要穿越砂层泥岩和砂岩，岩层节理、裂隙发育，富含裂隙水。隧道全长 800m，设计净高 5m，净宽 12m，为单洞双向行驶的两车道隧道。

施工单位针对该项目编制了专项施工方案，其中包括工程概况、编制依据、劳动力计划等内容。拟采取二台阶开挖方法施工，施工顺序如图 3-19 所示，并按表 3-4①→⑨的顺序作业。针对该隧道施工过程中有可能出现突水安全事故的特点，编制了应急预案。

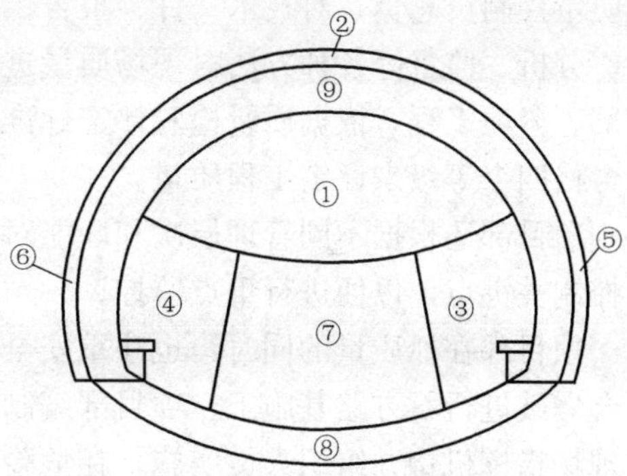

图 3-19 施工顺序

施工工作内容 表 3-4

序号	工作内容
①	上台阶开挖
②	上台阶支护
③	下台阶右马口开挖
④	下台阶左马口开挖(围岩较弱处)
⑤	下台阶右马口初支
⑥	下台阶左马口初支
⑦	
⑧	
⑨	

【问题】

1. 专项施工方案中的劳动力计划包括哪些类别的人员？

2. 改正③→⑥的施工工序，说明修改原因。

3. 补充表 3-4 中⑦～⑨项工作的内容。

4. 施工单位编制的应急预案属于哪一类？除此之外，应急预案还有哪些种类？

【参考答案】

1. 专项施工方案中的劳动力计划包括专职安全生产管理人员、特种作业人员等。

2. 改正③→⑥的施工工序为④→⑥→③→⑤。修改原因：下台阶应先开挖围岩较弱处，各部分初期支护应在开挖后立即进行（或边开挖边支护）。

3. 表列⑦～⑨项工作的内容分别为下部核心土开挖、施作仰拱、施作二次衬砌。

4. 施工单位编制的应急预案属于专项应急预案。除此之外，应急预案还有综合应急预案和现场处置方案。

案例分析题十二

【背景资料】

某施工单位承接了某二级公路 E3 标段（K15＋000～K25＋000）路基工程施工。由于该标段工程量集中，工期紧张，项目部对工程质量管理与控制尤其重视，要求项目总工对质量控制负总责，对技术文件、报告、报表进行全面深入审核与分析，并采取测量、试验、分析、监督等各种方法对现场质量进行检查控制。该标段作为一个单位工程，划分了分部、分项工程，依据质量检验评定标准对分项工程进行评分，项目部按优、良、合格、不合格四个等级来评定工程质量。

项目部还根据不同管理层次和职能对采用新技术、新材料、新工艺的各环节设置了质量控制关键点，以便进行重点监控。

项目部在抓质量的同时，也注重安全生产。在 K23＋200～K24＋100 路段拟采用大型综合爆破进行石方路基施工。项目部编制了爆破设计书，并提交监理工程师审批后，成立了现场指挥机构并组织人员实施，在危险边界设置了明显标志，撤离了警戒区内人员、牲畜，并在警戒区四周安排警戒人员，最后成功完成了大型综合爆破。石方路基施工完成后，项目部实测了压实度、纵断高程、中线偏位、宽度、横坡、边坡平顺度，各项指标均满足相应标准和要求。

【问题】

1. 指出背景资料中项目部的两处错误做法，给出正确做法。

2. 根据质量控制关键点的设置原则，除背景资料提及的在“新技术、新材料、新工艺各环节”设置质量控制关键点处，还应在哪些情况下设置？

3. 项目部在 K23＋200～K24＋100 段施工时，是否符合爆破安全规程的相关要求？说明理由。

4. 补充石方路基实测项目。

【参考答案】

1. “要求项目总工对质量控制负总责”错误。

改正为：项目经理本人对质量控制负总责。

“工程质量等级评定分为优、良、合格、不合格四个等级错误”。

改正为：工程质量等级评定为合格、不合格两个等级。

注：因第3题对爆破单独设问，所以若爆破问题在本题回答则不给分。

2.（1）施工过程中的重要项目、薄弱环节和关键部位。

（2）影响工期、质量、成本、安全、材料消耗等重要因素的环节。

（3）质量信息反馈中缺陷频数较多的项目。

3. 不符合。大型爆破应征得当地县（市）以上公安部门同意。

4. 平整度、边坡坡度。

案例分析题十三

【背景资料】

某施工单位承接了一条长21km的二级公路的路基、路面工程，路基宽12m，水泥混凝土路面。为保证测量工作质量和提高测量工作效率，项目部制订了详细的测量管理制度，要求如下：

（1）测量队对有关设计文件和监理签认的控制网点测量资料，由两人共同进行核对，核对结果应作记录，并进行签认，成果经项目技术主管复核签认，总工程师审核签认后方可使用。

（2）测量外业工作必须有多余观测，并构成闭合检测条件。

（3）对各工点、工序范围内的测量工作，测量组应自检、复核并签认，分工衔接的测量工作，由测量队或测量组进行互检、复核和签认。

（4）项目经理部总工程师和技术部门负责人要对测量队（组）执行测量复核签认制的情况进行检查，测量队对测量组执行测量复核签认制的情况进行检查，所有检查均应做好检查记录。

（5）测量记录与资料必须分类整理、妥善保管，并作为竣工文件的组成部分归档保存，具体归档资料包括：

1）交接桩资料、监理工程师提供的有关测量控制网点、放样数据变更文件。

2）各工点、各工序测量原始记录，观测方案布置图，放样数据计算书。

K6+280～K6+910为土质路堑，平均挖方深度约13m，最大挖深21.2m，路段土质为细粒土。施工单位在进行路堑开挖时，先沿路线纵向挖出一条通道，再横向进行挖掘。由于该路段地下水位较高，设置了渗沟排除地下水，但路床碾压时出现了“弹簧”现象。经检查分析，出现“弹簧”的原因是渗沟的排水效果不理想，路床下局部路段地下水排不了，导致毛细水上升，使土的含水量偏高。

【问题】

1. 逐条判断测量管理制度中第（1）～（4）条是否正确？并改正错误之处。

2. 补充第（5）条中作为竣工文件的其他测量归档资料。

3. 指出施工单位进行路堑开挖所采用方法的名称。采用该方法是否恰当？说明理由。

4. 为解决K6+280～K6+910路段出现的“弹簧”现象，施工单位可采取的技术措施是什么？

【参考答案】

1. 第（1）条不正确。

改正：测量队应核对有关设计文件和监理签认的控制网点测量资料，应由两人独立进行。

第（2）条的正确。

第（3）条的正确。

第（4）条的正确。

2. 第（5）条中作为竣工文件的其他测量归档资料：

（1）测量内业计算书、测量成果数据图表。

（2）测量器具周期检定文件。

3. 施工单位进行路堑开挖所采用方法是混合式挖掘法。采用该方法恰当。

理由：混合式挖掘法适用于纵向长度和挖深都很大的路堑开挖，本工程中路堑的挖深就很大。

4. 为解决K6＋280～K6＋910路段出现的“弹簧”现象，施工单位可采取的技术措施是：对产生“弹簧土”的部位，可将其过湿土翻晒，或掺生石灰粉翻拌，待其含水量适宜后重新碾压；或挖除换填含水量适宜的良性土壤后重新碾压。

案例分析题十四

【背景资料】

某主跨为4×100m预应力混凝土简支T梁桥，主墩基础采用直径2.2m的钻孔灌注桩，设计深度为25m，采用回转钻进施工法钻孔。施工单位严格按照设计文件和相关施工技术规范的要求进行施工，为了保证工程质量、工程进度、工程安全和控制工程成本，项目经理部分别组成了工程质量控制小组、工程进度控制小组、工程安全控制小组和工程成本控制小组。

工程施工过程中，各控制小组的部分工作如下：

工程质量控制小组设置了桥梁上部结构施工中的质量控制点是：

（1）预拱度的控制。

（2）拱肋拱轴线的控制。

（3）主缆架设线型控制。

（4）支座预埋件的位置控制。

（5）伸缩缝安装质量控制。

工程质量进度控制小组根据现场实际情况，编制了本工程施工组织设计。

工程安全控制小组提出了如下安全技术要求：

（1）高处作业操作平台的临边要设置高度为0.8m的防护栏杆。

（2）遇有7级以上大风、大浪应停止水上作业。

（3）拆除工程应自上而下进行，先拆除非承重部分，后拆除承重部分。工程成本控制小组为了确保降低施工项目成本，达到成本最低化目的，运用了科学管理方法，将施工成本目标层层落实，定期考核评定，使各部门、各小组和个人都来关心施工项目成本。

【问题】

1. 该工程质量控制小组设置的桥梁上部结构施工中的质量控制点是否妥当？请指正。

如有需补完的质量控制点，请补充。

2. 该工程进度控制小组应按怎样的程序编制施工组织设计?

3. 逐条判断工程安全控制小组提出的安全技术要求是否妥当? 如不妥，请改正。

4. 你认为降低桥梁工程项目施工成本的方法和途径有哪些?

【参考答案】

1. 该工程质量控制小组设置的桥梁上部结构施工中的质量控制点不妥当。

不妥之处：不应设置拱肋拱轴线的控制和主缆架设线型控制这两个控制点。

需补充的质量控制点是：

(1) 简支梁混凝土的强度控制。

(2) 大梁安装时梁与梁之间高差控制。

(3) 支座安装型号、方向的控制。

(4) 梁板之间现浇带混凝土质量控制。

2. 该工程进度控制小组编制施工组织设计的程序是：

(1) 计算工程量。

(2) 确定施工方案。

(3) 组织流水作业，排定施工进度。

(4) 计算各种资源的需要量和确定供应计划。

(5) 平衡劳动力、材料物资和施工机械的需要量并修正进度计划。

(6) 设计施工平面图。

3. 对该工程安全控制小组提出的安全技术要求的判断：

(1) 不妥。

正确做法：高处作业操作平台的临边要设置高度大于等于 1.2m 的防护栏杆。

(2) 不妥。

正确做法：遇有 6 级以上大风、大浪就应停止水上作业。

(3) 妥当。

4. 降低桥梁工程项目施工成本的方法和途径是：

(1) 进行合同交底，全面了解合同内容。

(2) 结合现场实际情况掌握项目成本趋势。

(3) 编制实施性的项目成本计划，并层层分析，落实责任。

(4) 制订先进的、经济合理的施工方案。

(5) 项目在开工之前根据工程情况制订并落实技术组织措施。

(6) 组织均衡施工，加快施工进度。

(7) 降低工程材料成本。

(8) 提高施工机械利用率。

案例分析题十五

【背景资料】

某施工单位承接两座单洞分离式隧道施工任务，左线讫桩号为 ZK10+308、ZK10+788，右线起讫桩号为 YK10+264、YK10+776。两隧道均为瓦斯隧道，且围岩富含有害矿物质。根据设计要求，隧道洞内路面采用水泥混凝土刚性路面，路面结构自上而下分别为：24cm 厚 C25 水泥混凝土上面层、20cm 厚 C20 水泥混凝土基层、10cm 厚 C15 水泥混凝土调平层，水泥混凝土路面施工工艺流程如图 3-20 所示。

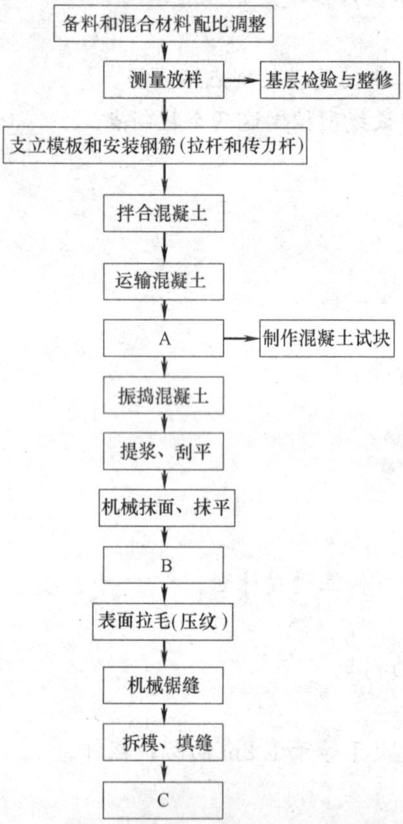

图 3-20　水泥混凝土路面施工工艺流程图

施工单位在隧道施工时配备的部分劳动力和相应工伤保险费缴纳的情况见表 3-5。

劳动力配备表（部分）　　表 3-5

序号	劳动力名称及数量	工伤保险费缴纳情况
①	拌合设备操作人员 6 人	未缴纳
②	运输车辆司机 5 人	未缴纳
③	压路机操作人员 3 人	未缴纳
④	摊铺机操作人员 4 人	未缴纳
⑤	挖掘机操作人员 4 人	未缴纳
⑥	爆破工 3 人	已缴纳
⑦	混凝土工 4 人	未缴纳

明洞段混凝土面层摊铺后，因表面没有及时覆盖，且天气炎热，表面游离水分蒸发过快，体积急剧收缩，导致出现不规则网状裂缝。

隧道施工中施工单位按照国家的劳动保护法规，积极改善隧道施工条件，制订了切实可行的防噪声、通风等措施，以保证作业人员身体健康。

【问题】

1. 按长度划分，左、右线隧道属于什么隧道？说明理由。

2. 如果针对路面面层施工，指出表中劳动力配置哪些是不需要的（以编号标示即可）？按相关法规要求，表中只为危险性较大的爆破工缴纳工伤保险费的做法是否正确？说明理由。

3. 写出工艺流程图中工序 A、B、C 的名称。

4. 明洞段路面面层摊铺后出现的裂缝通常称为哪种裂缝？

5. 除背景资料中所列措施外，施工单位还应制订哪些劳动保护措施？

【参考答案】

1. 左线：788－308＝480m，小于 500m，为短隧道。

右线：776－264＝512m，为中隧道。

理由：隧道按照长度分为特长隧道：$L>3000$m；长隧道：$3000\geqslant L\geqslant 1000$m；中隧道：$1000>L>500$m；短隧道：$L\leqslant 500$m。

2. ③⑤⑥，不正确，工伤保险属于规费，是施工企业必须为所有工人缴纳的费用。

3. A 为摊铺混凝土，B 为人工收面，C 为养护。

4. 龟裂。

5. 本题中还应制订的措施包括：照明、防尘、防有害气体、防辐射的措施。

案例分析题十六

【背景资料】

某双车道公路隧道。全长 620m，地层岩性为石灰岩，地下水较丰富。有一条 F 断层破裂带，隧道最大埋深 490m，纵坡为－3%。其围岩级别及长度如图 3-21 所示。合同总工期为 20 个月。

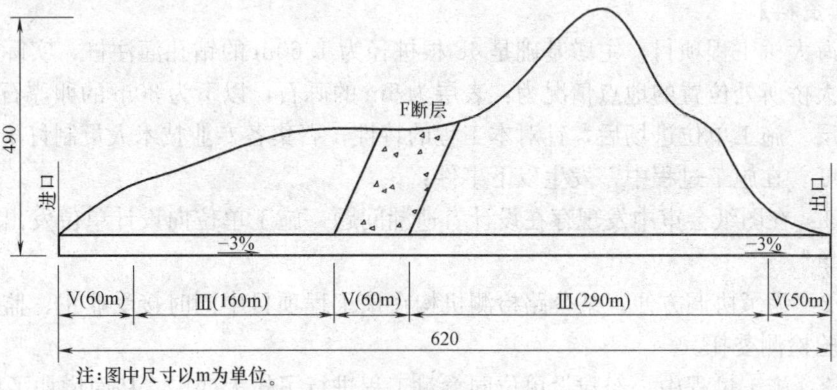

图 3-21　隧道纵断面示意图

为保证施工安全，施工单位结合项目地质和设备条件，拟在全断面法、台阶法、单侧壁导坑法、CD 法、CRD 法 5 种工法中选择组织施工。

根据以往施工经验及该项目实际情况，施工前，相关人员经讨论分析确定隧道主要施工内容的进度计划指标为：Ⅲ级围岩 70～90m/月，Ⅳ围岩 50～70m/月，Ⅴ级围岩 30～50m/月，施工准备 3 个月，隧道内沟槽、路面及附属设施施工 3 个月。

【问题】

1. 从满足进度要求及经济性考虑，给隧道应布置几个工作面？工作面掘进方向如何设置较为合理？分别说明理由。

2. 按照《公路桥梁和隧道工程施工安全风险评估指南（试行）》，该隧道是否需要进行安全风险评估？说明理由。

3. 根据背景资料给出的地质条件，写出该隧道在地质方面存在的主要安全危险源以及可能造成的安全事故类别。

4. 根据背景资料，针对不同级别的围岩分别采用哪些施工工法较合理？

【参考答案】

1. Ⅴ级围岩地段施工工期＝(60＋60＋50)/30＝5.7≈6 个月

Ⅲ级围岩地段施工工期 (160＋290)/70＝6.42≈6.5 个月

总工期＝3＋6＋6.5＋3＝18.5 个月。隧道施工工期按照最慢的施工速度总工期为 18.5 个月，为了节约施工成本，可以采用一个工作面进行施工。

自出口向进口方向掘进。由于地下水丰富，反坡施工更有利于地下水的自然排出，节省排水费。

2. 该隧道工程应当进行安全风险评估。理由：在该隧道工程中，Ⅴ级围岩连续长度均超过 50m，根据规范应当进行安全风险评估。

3. 地质方面存在的主要危险源有溶洞、地下水、断层破裂带、洞口浅埋段。

可能造成的安全事故类别有：隧道坍塌、突泥、突水。

4. Ⅲ级围岩隧道段应当采用台阶法或全断面法；Ⅴ级围岩采用台阶法或CD法、单侧壁导坑法。

案例分析题十七

【背景资料】

某沿海大桥工程项目，主墩基础是48根桩径为1.60m的钻孔灌注桩，实际成孔深度为55m。大桥所处位置的地点情况为：表层为5m的砾石，以下为30m的卵漂石层，再下层为软岩层。施工单位进场后，针对本工程的特性，召集各专业技术人员制订了详细的施工管理制度。在施工过程中，发生以下事件：

事件1：在图纸会审中发现存在设计有遗漏问题，施工单位向设计单位发出了“设计变更通知单”。

事件2：为了协调方便，某公路检测机构在该工程项目中同时接受业主、监理和施工三方的试验检测委托。

事件3：施工过程中，经建设单位同意对工程进行了较大变更，从而增加了投资。

事件4：施工单位项目负责人组织质检人员对桥面伸缩缝的埋件规格和数量确定后，报监理工程师批准后进行埋置。

【问题】

1. 公路工程项目所涉及的施工技术管理制度包括哪些？

2. 对施工中发生的事件逐一进行判断是否合理或正确？不正确或不合理的，请改正。

3. 图纸会审包括哪几个阶段？

4. 根据《公路水运工程试验检测管理办法》的规定，公路工程检测机构的等级是依据什么来划分的？

5. 公路工程设计变更的主要原因有哪些？

【参考答案】

1. 公路工程项目所涉及的施工技术管理制度包括图纸会审制度、技术交底制度、测量管理制度、材料与构（配）件试验管理制度、隐蔽工程验收制度、变更设计制度、工程质量检验评定制度、技术总结制度和技术档案制度。

2. 对施工过程中发生的事件的判断：

（1）事件1不正确。

正确做法：应由设计单位发出“设计变更通知单”。

（2）事件2不正确。

正确做法：检测机构在同一公路工程项目标段中不得同时接受业主、监理、施工等多方的试验检测委托。

（3）事件3不正确。

正确做法：如果设计工程做较大变更而影响了建设规模和投资标准时，需报请原批准设计的主管单位同意后方可修改。

（4）事件4不正确。

正确做法：桥面伸缩缝是隐蔽工程，隐蔽前必须进行质量检查和验收，应由施工项目负责人组织施工人员、质检人员，并请监理单位、建设单位代表参加，必要时请设计人参加。检查意见应具体明确，检查手续应及时处理，不得后补。须复验的要办理复验手续，填写复检日期并由复验人作出结论。

3. 图纸会审包括初审、内部会审和综合会审三个阶段。

4.《公路水运工程试验检测管理办法》规定，检测机构等级是依据检测机构的公路工程试验检测水平、主要试验检测仪器设备及检测人员的配备情况、试验检测环境等基本条件对检测机构进行的能力划分的。

5. 公路工程设计变更的主要原因：

(1) 经过会审后的施工图，在施工过程中，发现施工图仍有差错，与实际情况不符者。

(2) 因施工条件发生变化与施工图的规定不符者。

(3) 材料、半成品、设备等与原设计要求不符者。

案例分析题十八

【背景资料】

某南方高速公路A特大桥桥跨布置及结构型式为（3×30＋60＋3×110＋60＋3×10）m，连续箱梁刚构桥。该桥地处山区，主桥采用桩基础，钢筋混凝土桥墩，墩高30～40m，主跨采用悬臂浇筑施工。施工单位进场后，经实地考察和核对设计文件，编制了本桥的施工组织设计。在安全技术方面强调按高处作业要求挂设安全网，并设置安全通道、扶梯、防护栏杆和安全警示标示牌等。作业平台要求均载，不得超载偏载，挂篮设计采用三角斜拉带式。经项目经理部工程科负责人同意签认后报监理工程师审批，监理工程师认为施工组织设计的报审程序不符合要求，内容存在不足，退回施工单位要求修改，并提出修改意见。

该桥所用的砂、碎石等地材由施工单位通过媒体以公告的方式邀请材料供应商参加竞标，并且按招标和定标两步骤确定供应商。为确保材料质量，工地试验室对供应商送至项目部的砂、碎石进行了取样试验，质量满足要求后确定了地材供应商。

为了进行挠度观测，在箱梁的顶底板布置了测点，测量了立模时的标高。悬臂浇筑施工期间昼夜温差大，梁段混凝土强度满足要求后，作业班组进行预应力张拉。施工监测人员发现梁底高程误差超出了允许范围，经分析排除了以下原因：混凝土的重力密度的变化与截面尺寸的变化；混凝土弹性模量随时间的变化；结构体系转换以及桥墩变位对挠度产生的影响；施工临时荷载对挠度的影响。

【问题】

1. 改正本桥施工组织设计报审程序的不当之处。除背景资料中提到的安全防护措施外，桥墩顶作业还要采取哪些安全防护措施？说明理由。

2. 砂、碎石等地材的招标方式、招标程序是否符合规定？若不符合规定，请给出正确的做法。工地试验室的砂、碎石取样试验方式有何不妥？

3. 分析说明造成本桥施工挠度控制不当的可能原因。

4. 施工挠度观测时，还应选择在哪些工序作业前后作标高测量？

【参考答案】

1. 改正本桥施工组织设计报审程序的不当之处：施工组织设计的初稿完成后，要组织参加编制的人员及单位进行评价和优化，最终形成正式文件，经过单位技术负责人的审核签认后报监理工程师审批。

除背景资料中提到的安全防护措施外，桥墩顶作业还要采取的安全防护措施：顶端装设防撞信号灯。

理由：桥梁主塔（墩）塔身高于30m时，应在其顶端装设防撞信号灯，主塔还应采取防雷措施，设置可靠的防雷电装置。遇雷雨时，作业人员应立即撤离危险区域，任何人员不得接触防雷装置，本题中墩高为30～40m。

2. 砂、碎石等地材的招标方式、招标程序不符合规定。

正确的做法：招标方通过媒体以公告的方式邀请材料供应商参加竞标，招标方按照法律规定的程序进行招标、开标、评标、定标及活动。成立评标小组，严格按照评标要求进行评审，评标工作按商务、材质技术、价格三大部分进行。对投标书的有效性、投标人法人授权书、投标资格文件、商务文本、投标文本和报价进行综合分析，必要时对样品进行检验比较。招标单位以会议和会签的形式组织有关人员对材料供货商进行集体评价，在评价的基础上选择合格的材料供应商，经主管领导批准后，方可确定为材料供应商。

工地试验室的砂、碎石取样试验方式的不妥之处：对供应商送至项目部的砂、碎石进行了取样试验。

3. 造成本桥施工挠度控制不当的可能原因：混凝土的收缩徐变规律与环境的影响；日照及温度变化也会引起挠度的变化；张拉有效预应力的大小。

4. 施工挠度观测时，还应选择在测立模时、混凝土浇筑前、混凝土浇筑后、预应力束张拉前、预应力束张拉后等作业作标高测量。

案例分析题十九

【背景资料】

某施工单位承接了一座多跨变截面预应力混凝土连续箱梁桥，大桥分为上下游两幅，每幅单箱顶板宽10.5m，底板宽6m。大桥采用钻孔灌注桩基础，双柱式桥墩（墩柱高15～26m不等），普通钢筋混凝土盖梁。

上部结构0号块采用墩顶混凝土现浇施工，临时固结构造示意图如图3-22所示。

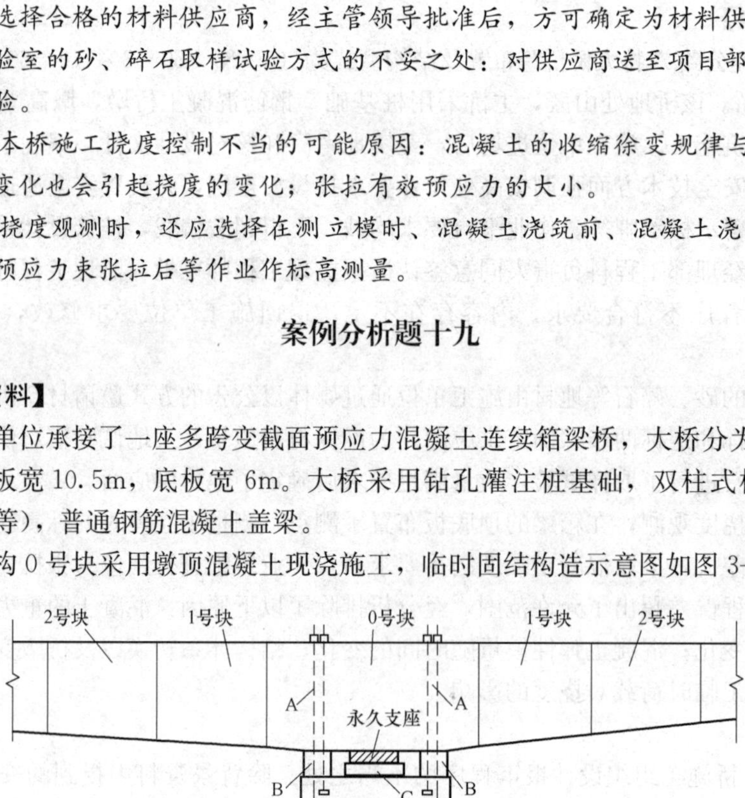

图3-22　临时固结构造示意图

其他梁段（1～19号）采用预制场长线法台座预制，缆索吊装系统悬臂拼装。各梁段之间腹板采用剪力齿衔接，环氧树脂粘合，顶板与底板均设 20cm 湿接缝。施工中加强测量管理，各梁段施工按照设计标高安装定位，控制好全桥线形。

1～19 号梁段长线法预制及悬拼安装施工工序为：预制场及存梁区布置→梁段浇筑台座准备→梁段浇筑及养护→D→梁段外运→梁段吊拼就位→临时预应力张拉及腹板剪力齿粘合→E→预应力穿索及张拉、封锚→下一梁段施工。

按照交通运输部颁布的《公路桥梁和隧道工程施工安全风险评估指南（试行）》的要求，施工单位对全桥进行了总体风险评估，评估结果为Ⅲ级。

【问题】

1. 写出图中 A、B、C 结构的名称。

2. 长线法预制及悬拼安装施工中工序 D、E 各是何种工序？

3. 各梁段悬拼安装线形控制测量的关键项目是哪几项？

4. 该大桥是否需要进行专项风险评估？说明理由。若需要进行专项风险评估，说明还需要进行哪几个步骤？

【参考答案】

1. A 结构的名称为锚固钢筋；B 结构的名称为临时支座（混凝土垫块）；C 结构的名称为支座垫石。

2. 长线法预制及悬拼安装施工中，工序 D 是深段吊运存放、修整工序。

长线法预制及悬拼安装施工中，工序 E 是湿接缝混凝土浇筑与养护。

3. 各梁段悬拼安装线形控制测量的关键项目是中轴线（或纵轴线）及深段顶面高程。

4. 该大桥需要进行专项风险评估。

理由：总体风险评估等级达到Ⅲ级及以上的桥梁或隧道工程，应进行专项风险评估。

还需要进行的步骤：确定专项风险评估范围、开展专项风险评估、确定风险控制措施。

案例分析题二十

【背景资料】

某施工单位承接了 K0＋000～K48＋000 段二级公路路面施工，路面结构示意图如图 3-23 所示，该公路靠近三峡某风景旅游区，沿线居民较多。

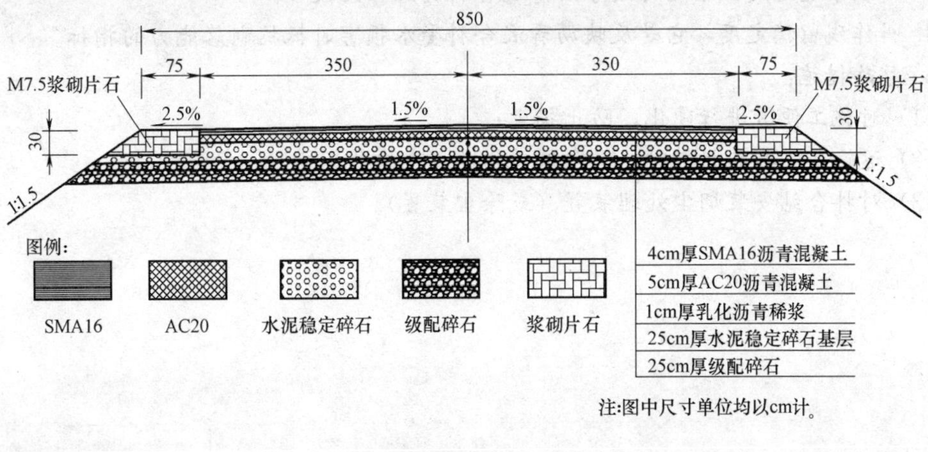

图 3-23　路面结构示意图

施工中发生了如下事件：

事件1：施工单位组建了工地试验室，采购了马歇尔试验仪、恒温水槽、真空保水容器、烘箱、天平、温度计、卡尺等设备。试验室人员通过马歇尔稳定度试验，测试得到了标准试件在标准马歇尔稳定度试验条件下的稳定度为 X。另外，将标准试件在 60±1℃恒温水槽中保温 48h，然后测试得到了其稳定度为 Y，计算得到 $Z=\frac{Y}{X}\times 100\%$。

事件2：施工单位在 K25+100 右侧设置了沥青混凝土集中拌合站。在沥青混凝土面层施工过程中，环保部门接到当地居民举报，称施工单位造成了较严重的大气污染。环保部门工作人员到施工现场实测了 PM2.5 和 SO_2 等大气质量指标，多项指标严重超标。环保部门工作人员指出施工单位存在的主要问题有：

（1）施工便道为简易土路，雨天泥泞、晴天扬尘；

（2）运输砂石、矿粉的车辆未加盖，沿途遗洒、粉尘飞扬；

（3）沥青混凝土集中拌合站的烟尘敞口排放、严重超标。

环保部门工作人员根据《中华人民共和国环境保护法》相关规定，责令施工单位进行整改并处以罚款。

【问题】

1. 本工程中基层混合料的拌合方法有哪两种？从环保的角度考虑，本工程宜采用哪一种？

2. 本工程路面结构的上面层和底基层在粒料级配方面分别有何要求？

3. 事件1中试验方法除了用于沥青路面施工质量检验外，还有什么用途？

4. 写出事件1中 Z 的名称，它是反映沥青混合料什么性能的指标？

5. 针对事件2中环保部门工作人员指出的三个问题，分别写出整改措施。

【参考答案】

1. 两种施工方法：路拌法和中心站集中拌合法（或厂拌法）。本工程宜采用中心站集中拌合法（或厂拌法）。

2. 上面层（SMA）的矿料级配组成中应缺少1个或几个档次，形成间断级配。底基层（级配碎石）级配应接近圆滑曲线（或应形成连续级配）。

3. 马歇尔稳定度试验还可用于沥青混合料的配合比设计。

4. 叫作残留稳定度，它是反映沥青混合料受水损害时抵抗剥落能力的指标。

5. 整改措施：

（1）对施工便道进行硬化，防止扬尘；

（2）运输易飞扬的材料时，采取遮盖措施（或罐装运输）；

（3）对拌合站安装烟尘处理装置（或除尘装置）。

第四章　公路工程施工成本管理

要 点 归 纳

1. 公路工程项目施工成本控制方法**【重要考点】**

(1) 以目标成本控制成本支出

在公路工程施工项目的成本控制中，可根据项目经理部制定的目标成本控制成本支出，这是最有效的方法之一，该方法主要从以下几个方面加以控制：

1) 人工费的控制；

2) 材料费的控制；

3) 周转工具使用费的控制；

4) 施工机械使用费的控制；

5) 现场管理费的控制。

(2) 以施工方案控制资源消耗

采用施工方案控制资源消耗的方法和步骤是：

1) 在工程项目开工以前，根据施工图纸和工程现场的实际情况，同时制订施工方案，包括人力物资需用计划、机具设备等，以此作为指导和管理施工的依据。

2) 组织实施。

3) 采用价值工程，优化施工方案。

(3) 用净值法进行工期成本的同步控制。

(4) 运用目标管理控制工程成本。

2. 降低公路工程项目施工成本的方法和途径**【一般考点】**

(1) 进行合同交底。同时，投标单位应将合同协议书、投标书、合同专用条款、通用条款、技术规范、标价的工程量清单移交给项目经理部。

(2) 项目经理部应认真研读合同文件，对设计图纸进行会审，对合同协议、合同条款、技术规范进行精读，结合现场的实际情况，对可能变更的项目、可能上涨的材料单价等进行预测。

(3) 企业根据项目编制的实施性施工组织设计、材料的市场单价以及项目的资源配置编制并下达标后预算；项目经理部根据标后预算核定的成本控制指标，预测项目的阶段性目标，编制项目的成本计划，并将成本控制指标和成本控制责任分解到部门班组和个人。

(4) 制订先进、经济合理的施工方案。

(5) 落实技术组织措施。

(6) 组织均衡施工，加快施工进度。

(7) 降低材料成本。

(8) 提高机械利用率。

3. 施工成本核算的内容【重要考点】

施工成本核算的内容：人工费的核算；材料费核算；机械使用费的核算；其他直接费的核算；间接费用的核算。

4. 施工项目成本分析的内容【重要考点】

(1) 按项目施工的进展进行的成本分析

1) 分部分项工程成本分析。

2) 月（季）度成本分析。

3) 年度成本分析。

4) 竣工成本分析。

(2) 按成本项目进行分析

1) 人工费分析。

2) 材料费分析。

3) 机械使用费分析。

4) 其他直接费分析。

5) 间接成本分析。

(3) 针对特定问题和与成本有关事项的分析

1) 施工索赔分析。

2) 成本盈亏异常分析。

3) 工期成本分析。

4) 资金成本分析。

5) 技术组织措施节约效果分析。

6) 其他有利因素和不利因素对成本影响的分析。

历 年 真 题

案例分析题一［2017年真题］

【背景资料】

某施工单位承建了西北某二级公路，总工期2年，起讫桩号为K0＋000～K4＋213，该地区全年平均气温16.2℃，每年1～2月份昼夜平均温度在－5℃以下的连续天数约55d。施工单位编制了实施性施工组织设计，路基计划施工工期1年，桥梁计划施工工期1.5年，路面及其他工程计划施工工期0.5年。

施工单位进行了路基土石方计算与调配，路基土石方数量计算与调配见表4-1。

路基土石方计算与调配表 **表4-1**

起讫桩号	普通土挖方（天然密实方）m^3	填方（压实方）m^3	本桩利用（压实方）m^3	填缺（压实方）m^3	挖余（天然密实方）m^3	纵向调配
K0＋000～K0＋600	4000	8000				
K0＋600～K1＋000	3000	6700				
K1＋000～K1＋120	0	2880				

续表

起讫桩号	普通土挖方（天然密实方）m^3	填方（压实方）m^3	本桩利用（压实方）m^3	填缺（压实方）m^3	挖余（天然密实方）m^3	纵向调配
K1+120～K1+420	0	0				
K1+420～K2+000	14384	2100				
K2+000～K3+000	5800	10000				
K3+000～K3+410	6032	1000				
K3+410～K4+000	18328	900				
K4+000～K4+213	4524	400				

注：① 该路段挖方土满足路基填料相关要求，土方的天然密实方与压实方的换算系数取 1.16，土方调运采用自卸汽车运输，土方运输损耗系数为 0.03。

② 弃土采用自卸汽车运输，土方的天然密实方与压实方的换算系数取 1.05，弃方不计土方运输损耗。

施工单位拟定了 A、B、C、D 四个弃土场，弃土场平面示意图如图 4-1 所示，施工单位会同有关单位到现场查看后决定放弃 B、C 弃土场，采用 A、D 两个弃土场。弃土按设计要求碾压密实，压实度要求达到 90%。经测算，A 弃土场可弃土方 15000m^3（压实方），D 弃土场可弃土方 20000m^3（压实方）。

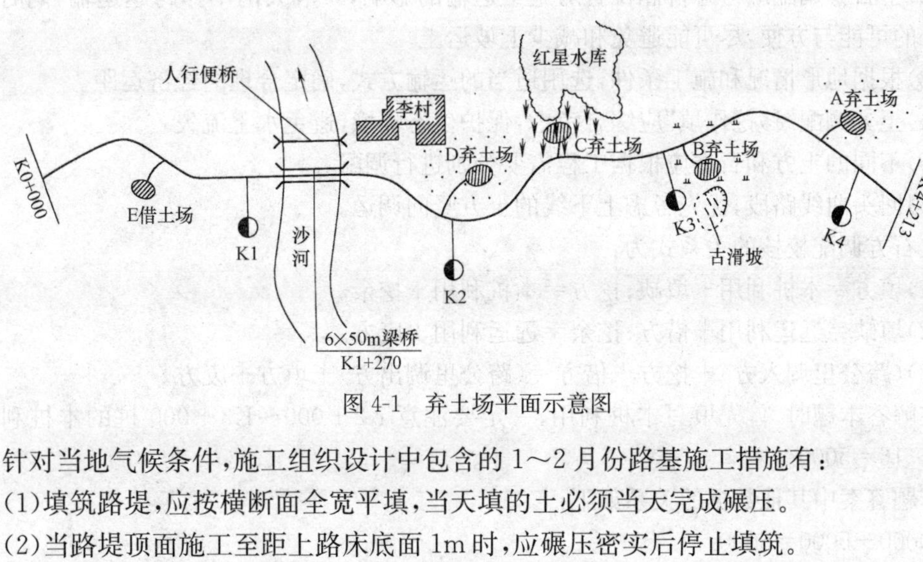

图 4-1　弃土场平面示意图

针对当地气候条件，施工组织设计中包含的 1～2 月份路基施工措施有：

(1)填筑路堤，应按横断面全宽平填，当天填的土必须当天完成碾压。

(2)当路堤顶面施工至距上路床底面 1m 时，应碾压密实后停止填筑。

(3)填挖方交界处，不应在 1～2 月份施工。

(4)弃土堆的高度一般不应大于 3m，弃土堆坡脚到路堑边坡顶的距离一般不得小于 3m。

【问题】

1. 说明放弃 B、C 弃土场的理由。

2. 填写出表 4-1 中虚框中的数据。

(复制表中虚框内的表格作答，计算结果保留整数)

3. 按费用经济原则，计算 A、D 两个弃土场的弃土数量。

(弃方数量按天然密实方计，单位：m^3，计算结果保留整数)

4. 逐条判断1～2月份施工措施是否正确，并改正错误。

【解题方略】

1. 本题考核的是弃土场的选择。弃土场选择的原则：

(1)避免选择在雨水汇集量大，冲刷严重的地方。

(2)不占或少占耕地，选择在荒山或荒地。

(3)在可能的情况下，应利用弃土造田，增加耕地。

(4)弃渣堆置应不使河床水流产生不良的变化，不妨碍航运，不对永久建筑物与河床过流产生不利影响。

(5)取土场的排水设计应符合有关技术规范对水土保持、生态环境保护的总体要求，按照"因地制宜，安全可靠，切实可行，经济合理"的原则，紧密与当地生产规划、土地利用以及土地合理利用相结合，以恢复原土地利用类型为主，为恢复原土地利用类型创造条件。

(6)取土场尽可能选在沿线附近，减少运输和工程费用等。

2. 本题考核的是路基土石方计算与调配。

路基土石方的调配原则：

(1)先横向后纵向，填方优先考虑本桩利用，以减少借方和调运方数量。

(2)土石方调配应考虑桥涵位置对施工运输的影响，一般大沟不作跨越运输，同时应注意施工的可能与方便，尽可能避免和减少上坡运土。

(3)根据地形情况和施工条件，选用适当的运输方式，确定合理的经济运距。

(4)土方调配"移挖作填"应综合考虑，保护生态环境，避免水土流失。

(5)不同的土方和石方应根据工程需要分别进行调配。

(6)回头曲线路段，优先考虑上下线的土方竖向调运。

土石方调配校核的关系式为：

(1)填方＝本桩利用＋填缺；挖方＝本桩利用＋挖余。

(2)填缺＝远运利用＋借方；挖余＝远运利用＋废方。

(3)(跨公里调入方)＋挖方＋借方＝(跨公里调出方)＋填方＋废方。

在解答本题时，首先填写本桩利用，一定要注意K2＋000～K3＋000桩的本桩利用＝5800/1.16＝5000。

本题答案中其他数据的关系如下：

10000－5000＝5000。

14384－2100×1.16＝11948。

6032－1000×1.16＝4872。

18328－900×1.16＝17284。

4524－400×1.16＝4060。

3. 本题考核的是弃土场的弃土数量。在计算过程中一定要注意背景资料中的表格下面的备注内容。应充分利用好这几个系数。

4. 本题考核的是施工措施正确与否的判断。主要根据规范规定来确定是否正确。

【参考答案】

1. (1)B弃土场靠近古滑坡，易扰动古滑坡。

(2)C 弃土场位于水库尾端，易对水库造成污染。

(3)弃方量大的路段分别靠近 A、D 弃土场，B、C 弃土场运距较远。

(4)B、C 弃土场地处水田段或旱地段，占用耕地。

2.

2100	0	11948
5000	5000	0
1000	0	4872
900	0	17284
400	0	4060

3. 大桥前后的土石分开调配，大桥前的土石方应在桥前处理。桥后的土石方在桥后处理，在横向调配后进行纵向调配，解决填缺，K3＋410～K4＋213 挖余量大($21344m^3$)，且离 A 弃土场近，可将 A 弃土场弃满，剩余土方弃至 D 弃土场。

纵向调运数量＝5000×(1.16＋0.03)＝$5950m^3$。

挖余总数量＝11948＋4872＋17284＋4060＝$38164m^3$。

A 弃土场的弃土数量＝15000×1.05＝$15750m^3$。

D 弃土场的弃土数量＝38164－15750－5950＝$16464m^3$。

4.(1)正确

(2)错误。“当路堤顶面施工至距上路床底面 1m 时”改为“当路堤顶面施工至距路床底面 1m 时”。

(3)正确。

(4)正确。

案例分析题二［2015 年真题］

【背景资料】

某公路工程于 2013 年 6 月签订合同并开始施工，合同工期为 30 个月。2014 年 1 月开始桥梁上部结构施工，承包人按合同工期要求编制了桥梁上部结构混凝土工程施工进度时标网络计划(如图 4-2 所示)，该部分各项工作均按最早开始时间安排，且等速施工，监理工程师批准了该计划。

C 工作预应力筋加工所用锚具、夹具和连接器进场时，按出厂合格证和质量证明书检查了其锚固性能类别、型号、规格及数量。预应力筋张拉程序按照：0→初应力→σ_{con}(锚固)进行。C 工作完成后，驻地监理工程师对计量结果进行了审查，签字确认后，承包人报业主申请支付工程款。

施工期间，工作 D、E、F 的实际工程量与计划工程量相比有所减少，但实际工作持续时间与计划持续时间相同。由于业主修改匝道设计，致使 H 工作推迟开工 1 个月，另外由于工程量增加，致使该工作的持续时间延长了 1 个月。各工作的计划工程量与实际工程量见表 4-2。

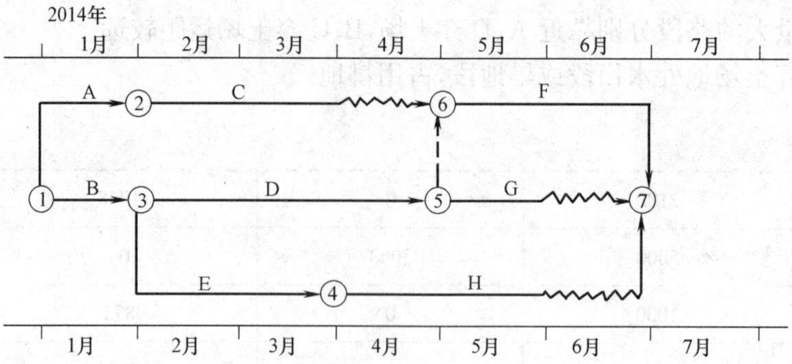

图 4-2　施工进度时标网路计划图

计划工程量和实际工程量　　表 4-2

工作	A	B	C	D	E	F	G	H
计划工程量(m^3)	3000	2800	5400	9600	5200	4200	2800	4000
实际工程量(m^3)	3000	2800	5400	9000	4800	3800	2800	5400

合同约定，桥梁上部结构混凝土工程综合单价为 1000 元/m^3，按月结算。结算价按项目所在地结构混凝土工程价格指数进行调整，项目实施期间各月结构混凝土工程基期价格指数见表 4-3（2013 年 6 月为基期）。项目所在地每年 7 月份进入雨季。

结构混凝土工程基期价格指数表　　表 4-3

时间	2013 年 6 月	2014 年 1 月	2014 年 2 月	2014 年 3 月	2014 年 4 月	2014 年 5 月	2014 年 6 月	2014 年 7 月
基期指数(%)	100	105	110	110	115	120	120	110

承包人在申请 H 工作工期延期提出了费用索赔，包括：不可辞退工人窝工费、施工机具窝工费、雨期施工增加费、现场管理费、利润、增加的利息支出等，同时也提出了工期索赔。

【问题】

1. 网络计划中，E 工作的自由时差和总时差各为多少个月？

2. 预应力筋加工所用锚具、夹具和连接器进场时，除背景资料的检查外，还应进行那些检验及试验？预应力筋张拉程序是否正确？说明理由。

3. C 工作的计量程序是否正确？说明理由。驻地监理工程师对计量结果审查的主要内容有哪些？

4. 承包人针对 H 工作提出的费用索赔，哪些无法获得监理支持？说明理由。针对本网络计划，承包人可以索赔的工期有多少个月？

5. 计算工作 F 各月的已完工作预算费用和已完工作实际费用。

6. 计算 2014 年 6 月末的费用偏差（*CV*）和进度偏差（*SV*）。

【解题方略】

1. 本题考查的是双代号网络计划图中时间参数的计算。首先考生要了解总时差等于其紧后工作的总时差加本工作与该紧后工作之间的时间间隔所得之和的最小值，即：

1+0=1。其次自由时差是指在不影响其紧后工作最早开始的情况下，该工作可以利用的机动时间。

2. 本题考查的是预应力筋加工所用的锚具、夹具等的检查和实验以及其张拉程序。考生应掌握其还应进行的检验，包括外观检查、硬度检查以及静载锚固性能实验等。同时也要掌握其检验的方法，张拉的基本程序这部分内容比较简单，考生掌握即可。

3. 本题考查的是工程计量的程序以及计量结果审查的主要内容。考生主要需要掌握工程计量的流程，计量结果审查的主要内容还是属于比较简单的内容。

4. 本题考查的是工程变更索赔的内容。首先考生要了解工程变更索赔的意义和内容。然后做这些题的时候要灵活运用即可。

5. 本题考查的是已完工作预算费用和已完工作实际费用的计算。本题中，已完工作预算费用的计算是基础。已完工作实际费用（*ACWP*）=已完成工作量×实际单价。

6. 本题考查的是费用偏差（*CV*）和进度偏差（*SV*）的计算。*SV*=*BCWP*−*BCWS*，*CV*=*BCWP*−*ACWP*。这两个公式为必须掌握的内容，记住公式带入数值即可。

【参考答案】

1. 依据背景资料中的时标网络计划图可知，E工作的自由时差为0个月，总时差为1个月。

2.（1）除背景资料的检查外，还应进行外观检查、硬度检验、静载锚固性能试验。

（2）背景资料中的预应力筋张拉程序不正确。

理由：预应力筋张拉程序应为0→初应力→1.05σ_{con}（持荷2min）→σ_{con}（锚固）。

3.（1）C工作的计量程序不正确。

理由：应由驻地监理工程师报业主申请支付工程款。

（2）驻地监理工程师对计量结果的审查主要有：计量的工程质量是否达到合同标准；计量的过程是否符合合同条件。

4.（1）承包人针对H工作提出的费用索赔，无法获得监理单位支持的有：工人窝工费、施工机具窝工费。

理由：根据背景资料中的网络计划图可知，H工作有1个月的自由时差，虽然业主修改匝道设计，致使H工作推迟开工1个月，但是该时间在自由时差内，所以承包方不能提出索赔工人窝工费、施工机具窝工费。

（2）针对本网络计划，承包人可以索赔的工期为1个月。

5. 工作H的已完工作预算费用和已完工作实际费用计算如下：

（1）5、6、7月：已完工作每月预算费用=5400÷3×1000÷10000=180万元。

（2）5月：已完工作实际费用=1800×(1000×120%)÷10000=216万元。

（3）6月：已完工作实际费用=1800×(1000×120%)÷10000=216万元。

（4）7月：已完工作实际费用=1800×(1000×110%)÷10000=198万元。

6. 2014年6月末的费用偏差（*CV*）和进度偏差（*SV*）计算如下：

（1）*SV*=*BCWP*−*BCWS*=[(3000+2800+5400+9000+4800+3800+2800+3600)−(3000+2800+5400+9600+5200+4200+2800+4000)]×1000÷10000=−180万元。

（2）*CV*=*BCWP*−*ACWP*=[(3000+2800+5400+9000+4800+3800+2800+

3600)×1000－(3000＋2800)×(1000×105％)－(5400÷2＋9000÷3＋4800÷2)×(1000×110％)－(5400÷2＋9000÷3＋4800÷2)×(1000×110％)－9000÷3×(1000×115％)－(3800÷2＋2800＋5400÷3)×(1000×120％)－(3800÷2＋5400÷3)×(1000×120％)]÷10000＝－440万元。

注：6月末工作完成实际工程量为1800＋1800＝3600m^3。

典 型 习 题

案例分析题一

【背景资料】

某高速公路跨江特大桥项目，中标价2.49亿元，主桥为（105＋180＋105）m预应力混凝土连续箱梁刚构桥，两岸引桥均为40m预制T梁，南岸16孔，北岸20孔，均为4孔一联先简支后连续结构。设计通航水位＋12.30m，该标高对应的河面宽460m，主墩处水深6.2～8.6m。由于有通航要求和受流凌影响，所以不准搭设施工便桥。主桥主墩采用ϕ2.0m钻孔桩基础，低桩承台，矩形空心墩，墩高34～38m。每个承台20根桩，承台长30m，宽20m，厚4.5m，所需混凝土由现场制备。引桥采用钻孔桩基础，圆柱墩，设系梁和盖梁，墩高8～28m，平均高度25m。地势起伏较大。施工单位进场后，经实地考察和校对设计文件，编制了施工组织设计。

项目经理部设立了安全机构，配备了3名持有交通部颁发的安全生产考核合格证书的专职安全生产管理人员。机务部检查确认施工船只证照齐全，船机性能良好，船员满员且持证上岗，能满足施工要求，报项目经理批准后，随即开始水上钻孔桩平台打桩作业。项目经理部为保证钻孔桩质量，设置了钻孔桩质量控制关键点：①桩位坐标控制；②护筒埋深控制；③泥浆浓度控制；④桩底贯入度控制；⑤护筒内水头高度控制；⑥导管接头质量检查与水下混凝土浇筑质量。

施工单位进场后，业主另外又委托其施工进场道路，并约定只按实际发生的工程费支付进场道路直接费，其他工程费的综合费率为10％，其中安全文明施工措施费1％，雨期施工增加费1万元（费率1％）。进场道路完工后，经监理工程师核实确认，施工机械使用费20万元，材料费70万元。

在1号主墩钻孔桩开钻前夕，承包人接到监理工程师指令：石油部门要在墩位处补充调查地下石油管线，要求1号主墩停止钻孔桩施工3d。监理工程师根据机械设备进退场申请单和现场核实，确认有两台钻机停工，其中一台为租赁，其分摊进退场费用后的实际租赁费2000元/d；另一台为自有，投标报价为台班费1600元，停置费1000元/d，利润率7％。

【问题】

1. 本项目配备的专职安全生产管理人员数量是否符合《公路水运工程安全生产监督管理办法》的规定？说明配备标准，项目经理部还有哪些人员需持有安全生产考核合格证书？

2. 本工程主桥施工需在水上搭设的临时工程有哪些？

3. 对项目经理部设置的钻孔桩质量控制关键点存在的错误之处进行修正、补充。

4. 根据背景资料，针对引桥 40m 预制 T 梁的架设，采用双导梁架桥机、起重机、跨墩龙门吊三种架设方法，哪种最合理？说明理由。

5. 列式计算施工单位施工进场道路可获得的直接费。

6. 列式计算 1 号主墩钻孔桩停工 3d 可索赔的钻机停工费用。

【参考答案】

1. 本项目配备的专职安全生产管理人员数量不符合《公路水运工程安全生产监督管理办法》的规定。

配备标准：施工单位应当根据工程施工作业特点、安全风险以及施工组织难度，按照年度施工产值配备专职安全生产管理人员，不足 5000 万元的至少配备 1 名；5000 万元以上不足 2 亿元的按每 5000 万元不少于 1 名的比例配备；2 亿元以上的不少于 5 名，且按专业配备。

项目经理部还有项目经理、项目副经理、项目总工程师需持有安全生产考核合格证书。

2. 本工程主桥施工需在水上搭设的临时工程：临时码头、围堰及施工平台。

3. 更正的质量控制点两项："泥浆浓度控制"应更改为"泥浆指标控制"；"桩底贯入度控制"应更改为"桩顶、桩底标高控制"。

遗漏的四个质量控制点为：清孔质量、垂直度控制、孔径控制、钢筋笼接头质量控制。

4. 双导梁架桥机架设法最合理。

理由：(1) 地质起伏较大，不宜用跨墩龙门吊架设；

(2) 桥墩较高，梁重（长、大），不宜用起重机架设；

(3) 双导梁架桥机适用于孔数较多的重型梁吊装，对桥下地形没有要求，该架设方法最合理。

5. 其他工程费：1÷1%×10%=10 万元

直接工程费：10÷10%=100 万元

施工单位施工进场道路可获得的直接费：100+10=110 万元

6. 租赁钻机停置索赔费：2000×3=6000 元

自有钻机停置索赔费：1000×3=3000 元

合计索赔费：6000+3000=9000 元

案例分析题二

【背景资料】

某实施监理的公路工程项目，业主采用工程量清单招标方式确定了承包人，双方签订了工程施工合同，合同工期 4 个月，开工时间为 2013 年 4 月 1 日。该项目的主要价款信息及合同付款条款如下：

(1) 承包商各月计划完成的分部分项工程费、措施费，见表 4-4。

各月计划完成的分部分项工程费、措施费（单位：万元）　　表 4-4

月份	4 月	5 月	6 月	7 月
工程费	55	75	90	60
措施费	8	3	3	2

(2) 项目措施费为160000元，在开工后的前两个月平均支付。

(3) 其他项目清单中包括专业工程暂估价和计日工，其中专业工程暂估价为180000元；计日工表中包括数量为100个工日的某工种用工，承包商填报的综合单价为120元/工日。

(4) 工程预付款为合同价的20%，在开工前支付，在最后2个月平均扣回。

(5) 工程价款逐月支付，经确认的变更金额、索赔金额、专业工程暂估价款、计日金额工等与工程进度款同期支付。

(6) 业主按承包商每次应结算款项的90%支付。

(7) 工程竣工验收后结算时，按总造价的5%扣留质量保证金。

(8) 规费综合费率为3.55%，税金率为3.41%。

施工过程中，各月实际完成工程情况如下：

(1) 各月均按计划完成计划工程量。

(2) 5月业主确认计日工35个工日，6月业主确认计日工40个工日。

(3) 6月业主确认原专业工程暂估价款的实际发生分部分项工程费合计为80000元，7月业主确认原专业工程暂估价款的实际发生分部分项工程费合计为70000元。

(4) 6月由于业主设计变更，新增工程量清单中没有的分部分项工程，经业主确认的人工费、材料费、机械费之和为100000元，措施费为10000元，参照其他分部分项工程量清单项目确认的管理费费率为10%（以人工费、材料费、机械费之和为计费基础），利润率为7%（以人工费、材料费、机械费、管理费之和为计费基础）。

(5) 6月因监理工程师要求对已验收合格的某分项工程再次进行质量检验，造成承包商人员窝工费5000元，机械闲置费2000元，该分项工程施工持续时间延长1d（不影响工期）。检验表明该分项工程质量合格。为了提高质量，承包商对尚未施工的后续相关工作调整了模板形式，造成模板费用增加10000元。

【问题】

1. 该工程预付款是多少？

2. 4月、7月完成的分部分项工程量价款是多少？承包商应得工程价款是多少？

【参考答案】

1. 该工程分部分项工程费＝55＋75＋90＋60＝280万元。

该工程项目措施费＝16万元。

该工程其他项目费＝18＋100×0.012＝19.2万元。

该工程合同价＝(280＋16＋19.2)×(1＋3.55%)×(1＋3.41%)＝337.52万元。

该工程预付款＝337.52×20%＝67.50万元。

2. 4月完成的分部分项工程量价款＝55×(1＋3.55%)×(1＋3.41%)＝58.89万元。

4月承包商应得工程价款＝（55＋16/2）×(1＋3.55%)×(1＋3.41%)×90%＝60.71万元。

7月完成的分部分项工程量价款＝60×(1＋3.55%)×(1＋3.41%)＝64.25万元。

7月承包商应得工程价款＝(60＋7)×(1＋3.55%)×(1＋3.41%)×90%－67.50/2＝30.82万元。

案例分析题三

【背景资料】

某施工单位中标承担了某路段高速公路收费系统的施工，该路段设计车速为100km/h，有8处互通立交，其中2处互通立交连接其他高速公路，其余6处连接地方道路。全线设一个监控、通信、收费分中心，6个收费站，采用封闭式半自动收费方式，并且纳入全省高速公路联网收费。

收费车道计算机系统具有按车道操作流程正确工作、对车道设备的管理与控制、设备状态自检并将故障信号实时上传等功能。设计文件要求货车不称重而按载重吨位分型收费，但是在招标文件中要求收费应用软件应满足货车计重收费的需要。签订合同10d后，业主正式书面告知施工单位，本路段要增加货车计重收费系统，并且提供了原设计单位收费系统变更的相应图纸和说明，其涉及的变更未超过批准的建设规模。业主请施工单位组织实施。

【问题】

1. 施工企业应具备何种企业资质才能承担该收费系统的施工任务？

2. 收费车道计算机系统除背景资料中提及的功能外，还有哪些功能？

3. 说明本工程新增货车计重收费系统的变更依据和变更确认过程。

4. 项目变更为采用货车计重收费方式时，出口车道应增加哪些设备？

【参考答案】

1. 应具备通信、监控、收费综合系统工程分项承包或收费系统工程分项承包资质。

2. 收费车道计算机系统的功能还有：

(1) 完成收费原始数据（包括计重收费数据、非现金支付数据）的采集、存储、处理、管理，实时上传收费站计算机系统。

(2) 接收收费站下传的收费运行参数（包括费额表、黑白名单、同步时钟、免费车、系统设置参数等）。

(3) 具有设备状态自检功能。

(4) 可保存一定时间段的收费原始数据，可降级使用，但不丢失数据。

(5) 通信中断时，具有后备独立工作能力。

(6) 为车辆提供控制及收费信息。

(7) 将各种违章报警信号、事件等均要有相应的处理措施，并实时上传给收费站或者联网收费管理中心。

(8) 电子不停车收费功能。

(9) 车道查询功能。

3. 变更依据：

(1) 工程变更对项目目标的影响；

(2) 有关合同条款、会议和通信记录。

确认过程：

(1) 首先应由一方提出工程变更；

(2) 初步确定处理变更所需的费用、时间范围和质量要求；

(3) 双方协商一致签署补充协议后确认变更。

4. 出口车道轴（称）重检测系统要增设：称重仪、轮胎识别器、红外线车辆分离器、称重数据（采集）处理器。

案例分析题四

【背景资料】

某新建一级公路工程K11+120～K20+260合同段位于海拔3000m以上的地区。路面结构设计示意图如图4-3所示，该合同段工程与其他工程或已有道路无交叉。依据交通运输部颁布的《公路工程基本建设项目概算预算编制办法》JTG B06—2007，《公路工程预算定额》JTG/T B06—02—2007编制的该工程施工图预算，其中K11+120～K12+120底基层工程量为22300m^2（底基层平均面积）。

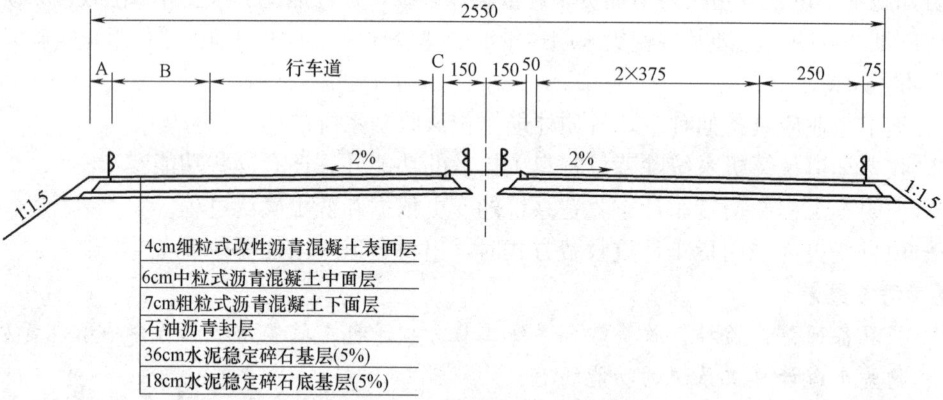

图4-3 路面结构设计示意图（尺寸单位：cm）

厂拌基层稳定土混合料的定额见表4-5标示。各定额分项预算价格分别为：人工80元/工日；稳定土混合料163.72元/m^3；水泥400元/t；水4元/m^3；碎石80元/m^3；3m^{3}以内轮胎式装载机1200元/台班；300t/h以内稳定土厂拌设备1500元/台班。

厂拌基层稳定土混合料定额表（水泥稳定类） **表4-5**

工程内容：装载机铲运料，上料，配运料，拌合，出料　　单位：1000m^2

序号	项目	单位	代号	水泥碎石	
				水泥剂量5%	
				压实厚度15cm	每增减1cm
1	人工	工日	1	2.8	0.2
2	稳定土混合料	m^3	—	(151.5)	(10.10)
3	32.5级水泥	t	823	16.755	1.117
4	水	m^3	866	21	1
5	碎石	m^3	958	220.32	14.69
6	3m^{3}以内轮胎式装载机	台班	1051	0.48	0.03
7	300t/h以内稳定土厂拌设备	台班	1160	0.24	0.02
8	基价	元	1999	—	—

项目部在施工底基层、基层时采用方法有：

（1）采用沥青混凝土摊铺机分一层两幅摊铺水泥稳定碎石底基层。

（2）采用稳定土摊铺机分一层两幅摊铺水泥稳定碎石基层。

（3）先用轻型两轮压路机跟在摊铺机后及时进行碾压，后用重型振动压路机，轮胎压路机继续碾压密实。

项目部于 2014 年 6～8 月完成了该合同段工程所有路面施工，该地区属于冬Ⅲ区，11 月进入冬季。

【问题】

1. 写出路面结构设计图 A、B、C 的名称。

2. 计算 K11＋120～K12＋120 段底基层施工需拌制的水泥稳定碎石混合料的数量，并计算该部分厂拌底基层水泥稳定碎石混合料的材料费和施工机械使用费（计算结果保留小数点后两位）。

3. 该合同段的冬期施工增加费、高原地区施工增加费和行车干扰工程增加费是否需要计取？并分别写出该三项增加费的计算基数构成。

4. 分别判断底基层、基层施工中 3 个施工方法是否正确？如不正确，请改正。

【参考答案】

1. A 为土路肩，B 为硬路肩，C 为路缘带。

2. 水泥稳定碎石混合料制备量：22300（151.5＋10.10×3）/1000＝4054.14m^3。

材料费：22300×[(16.755＋1.117×3)×400＋(21＋1×3)×4＋(220.32＋14.69×3)×80]/1000＝653158.08 元。

施工机械使用费：22300×[(0.48＋0.03×3)×1200＋(0.24＋0.02×3)×1500]/1000＝25288.20 元。

3. 冬期施工增加费、高原地区施工增加费要记取，行车干扰工程增加费不需要记取。冬期施工增加费计算基数为直接工程费；高原地区和行车干扰费计算基数为人工加施工机械使用费。

4.（1）正确。

（2）错误，采用稳定土摊铺机（或沥青混凝土摊铺机）应分两层两幅摊铺水泥稳定碎石基层。

（3）正确。

案例分析题五

【背景资料】

某实行监理的公路工程，施工合同价为 15000 万元，合同工期为 18 个月，预付款为合同价的 20%，预付款自第 7 个月起在每月应支付的进度款中扣回 300 万元，直至扣完为止，保留金按进度款的 5%从第 1 个月开始扣除。

工程施工到第 5 个月，监理工程师检查发现第 3 个月浇筑的混凝土工程出现细微裂缝。经查验分析，产生裂缝的原因是由于混凝土养护措施不到位所致，须进行裂缝处理。为此，项目监理机构提出：“出现细微裂缝的混凝土工程暂按不合格项目处理，第 3 个月已付该部分工程款在第 5 个月的工程进度款中扣回，在细微裂缝处理完毕并验收合格后的次月再支付”。经计算，该混凝土工程的直接工程费为200万元，取费费率：措施费为直接工程费的5%，间接费费率为8%，利润率为4%，综合计税系数为3.41%。

施工单位委托一家具有相应资质的专业公司进行裂缝处理，处理费用为4.8万元，工作时间为10d。该工程施工到第6个月，施工单位提出补偿4.8万元和延长10d工期的申请。

该工程前7个月施工单位实际完成的进度款见表4-6。

施工单位实际完成的进度款 **表4-6**

时间(月)	1	2	3	4	5	6	7
实际完成的进度款(万元)	200	300	500	500	600	800	800

【问题】

1. 项目监理机构在前3个月可签认的工程进度款分别是多少（考虑扣保留金）？

2. 写出项目监理机构对混凝土工程中出现细微裂缝质量问题的处理程序。

3. 计算出现细微裂缝的混凝土工程的造价。项目监理机构是否应同意施工单位提出的补偿4.8万元和延长10d工期的要求？说明理由。

4. 如果第5个月无其他异常情况发生，计算该月项目监理机构可签认的工程进度款。

5. 如果施工单位按项目监理机构要求执行，在第6个月将裂缝处理完成并验收合格，计算第7个月项目监理机构可签认的工程进度款。

【参考答案】

1. 项目监理机构在前3个月可签认的工程进度款分别是：

第1个月签认的进度款=200×(1−5%)=190万元。

第2个月签认的进度款=300×(1−5%)=285万元。

第3个月签认的进度款=500×(1−5%)=475万元。

2. 项目监理机构对混凝土工程出现细微裂缝质量问题的处理程序：

(1) 当发生工程质量问题时，监理工程师首先应判断其严重程度。对可以通过返修或返工弥补的质量问题可签发“监理通知”，责成施工单位写出质量问题调查报告，提出处理方案，填写“监理通知回复单”报监理工程师审核后，批复承包单位处理，必要时应经建设单位和设计单位认可，处理结果应重新进行验收。

(2) 对需要加固补强的质量问题，或质量问题存在影响下道工序和分项工程的质量时，应签发“工程暂停令”，指令施工单位停止有质量问题部位和与其有关联部位及下道工序的施工。必要时，应要求施工单位采取防护措施，责成施工单位写出质量问题调查报告，由设计单位提出处理方案，并征得建设单位同意，批复承包单位处理。处理结果应重新进行验收。

(3) 施工单位接到“监理通知”后，在监理工程师的组织参与下，尽快进行质量问题调查并完成报告编写。

(4) 监理工程师审核、分析质量问题调查报告，判断和确认质量问题产生的原因。

(5) 在原因分析的基础上，认真审核签认质量问题处理方案。

(6) 指令施工单位按既定的处理方案实施处理并进行跟踪检查。

(7) 质量问题处理完毕，监理工程师应组织有关人员对处理的结果进行严格的检查、鉴定和验收，写出质量问题处理报告，报建设单位和监理单位存档。

3. (1) 出现细微裂缝的混凝土工程的造价＝200×(1＋5％)×(1＋8％)×(1＋4％)×(1＋3.41％)＝243.92 万元。

(2) 项目监理机构不应同意施工单位提出的费用补偿 4.8 万元和延长 10d 工期的要求。

理由：产生裂缝的原因是由于混凝土养护措施不到位所致，这属于施工单位应承担的责任。

4. 第 5 个月项目监理机构可签认的工程进度款＝600×(1－5％)－243.92×(1－5％)＝338.28 万元。

5. 第 7 个月项目监理机构可签认的工程进度款＝800×(1－5％)－300＋243.92×(1－5％)＝691.72 万元。

案例分析题六

【背景资料】

某施工单位承接了一段长 30.8km 的双向两车道新建二级公路 D 合同段路基、路面施工，路基宽 8.5m，路面宽 7.0m，路面结构设计图如图 4-4 所示。

路面结构代号	I	Ⅱ
自然区划	V_2	V_2
路基土组	粘性土及页岩	粘性土及页岩
路基干湿类型	中湿	潮湿
路面设计弯沉(0.01mm)	66	66
路面结构层	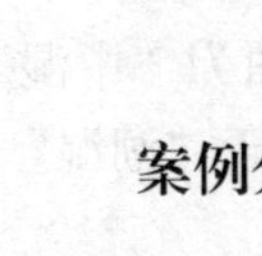 厚9cm,宽7m 厚20cm,宽7.5m 厚20cm,宽8m	厚9cm,宽7m 厚20cm,宽7.5m 厚20cm,宽8m
路基设计弯沉(0.01mm)	≤230	≤280
E_0	33MPa	30MPa

图例：沥青混凝土面层　水泥稳定碎石基层　填隙碎石垫层　天然砂砾垫层

图 4-4　路面结构设计图

该工程采用清单计价，施工合同中的清单单价见表 4-7。

施工单位采用湿法施工填隙碎石垫层，在准备好下承层后，按下列工艺流程组织施工：施工放样→摊铺粗碎石→初压→撒布填隙料→复压→再次撒布填隙料→再次碾压→局部补撒填隙料→振动压实填满孔隙→步骤 A→碾压滚浆→步骤 B。

合同清单单价表　　表 4-7

项目	单位	单价(元)	备注
9cm 厚中粒式沥青混凝土面层	m^2	126.9	
20cm 厚水泥稳定碎石基层	m^2	68.5	
20cm 厚填隙碎石垫层	m^2	52.5	
20cm 厚天然砂砾垫层	m^2	26.1	
…	…	…	

施工过程中发生了以下两个事件：

事件 1：K5＋500～K6＋300 路段，设计图为“中湿”类型路基，原设计采用Ⅰ型路面结构，施工单位现场复核后，确定该路段属于“潮湿”类型路基，监理单位现场确认并书面同意按Ⅱ型路面结构进行施工。

事件 2：K15＋000～K16＋000 路段，底基层完工后，施工单位组织自检，在实测纵断高程时发现该路段比设计标高整体低了 2.5cm，原因是施工单位测量人员在设置测量转点时发生错误。其余实测项目均合格。施工单位总工程师提出了将该路段水泥稳定碎石基层的厚度由 20cm 加厚至 22.5cm 的缺陷修复方案，并按该方案组织施工，基层施工完成后通过了检测。该方案导致施工单位增加了 64219 元成本。

施工单位针对事件 1 和事件 2 分别提出增加费用变更申请，监理单位审批并同意了事件 1 的变更费用申请，但对事件 2 的变更费用不予确认。

【问题】

1. 写出步骤 A 和步骤 B 所对应的工艺流程名称。

2. 写出底基层施工工艺流程中“碾压滚浆”结束的判断依据。

3. 写出图中 E_0 的中文名称。

4. 计算事件 1 的变更增加费用。

5. 监理单位对事件 1 和事件 2 申请的审批结果是否合理？分别说明理由。

6. 判别本项目 K5＋500～K6＋300 路段的路基干湿类型应采用什么指标？

【参考答案】

1. 步骤 A 所对应的工艺流程名称为：洒水饱和。

步骤 B 所对应的工艺流程名称为：干燥。

2. 底基层施工工艺流程中“碾压滚浆”结束的判断依据：一直进行到填隙料和水形成粉砂浆为止。粉砂浆应填塞全部孔隙，并在压路机轮前形成微波纹状。

3. 图中 E_0 的中文名称：路基弹性模量。

4. 事件 1 的变更增加费用＝（52.5－26.1）×800×8＝168960 元/m^2。

5. 监理单位对事件 1 申请的审批结果合理。

理由：事件 1 的变更是设计与现场实际不符造成的，不属于施工单位责任。

监理单位对事件 2 申请的审批结果合理。

理由：施工单位测量人员在设置测量转点时发生错误而导致的费用增加应由施工单位承担。

6. 路基临界高度。

案例分析题七

【背景资料】

某采用工程量清单计价的基础工程，土方开挖清单工程量为 24000m^3，综合单价为 45 元/m^3，措施费、规费和税金合计 20 万元。招标文件中有关结算条款如下：(1) 基础工程土方开挖完成后可进行结算；(2) 非施工单位原因引起的工程量增减，变动范围 10%以内时执行原综合单价，工程量增加超过 10%以外的部分，综合单价调整系数为 0.9；(3) 发生工程量增减时，相应的措施费、规费和税金合计按投标清单计价表中的费用比例计算；(4) 由建设单位原因造成施工单位人员窝工补偿为 50 元/工日，设备闲置补偿为 200 元/台班。

工程实施过程中发生如下事件：

事件 1：合同谈判时，建设单位认为基础工程远离市中心且施工危险性小，要求施工单位减少合同价款中的安全文明施工费。

事件 2：原有基础土方开挖完成、尚未开始下道工序时，建设单位要求增加部分基础工程以满足上部结构调整的需要。经设计变更，新增土方开挖工程量 4000m^3，开挖条件和要求与原设计完全相同。施工单位按照总监理工程师的变更指令完成了新增基础的土方开挖工程。

事件 3：由于事件 2 的影响，造成施工单位部分专业工种人员窝工 3000 工日，设备闲置 200 台班。人员窝工与设备闲置得到项目监理机构的确认后，施工单位提交了人员窝工损失、设备闲置损失及施工管理费增加的索赔报告。

【问题】

1. 事件 1 中，建设单位的要求是否合理？说明理由。

2. 事件 2 中，新增基础土方开挖工程的工程费用是多少？写出分析计算过程。相应的措施费、规费和税金合计是多少（措施费、规费和税金合计占分部分项工程费的 20%）？

3. 逐项指出事件 3 中施工单位提出的索赔是否成立？说明理由。项目监理机构应批准的索赔费用是多少？

4. 基础土方开挖完成后，应纳入结算的费用项目有哪些？结算的费用是多少（涉及金额的，以万元为单位，保留 3 位小数）？

【参考答案】

1. 事件 1 中，建设单位的要求不合理。

理由：安全文明施工费为不可竞争性费用；招标人与中标人不得就价款等投标的实质性内容谈判。

2. 由于 4000/24000×100%=16.67%>10%，因此，工程量增加超过 10%以外的部分，综合单价调整系数为 0.9。即：24000×10%=2400m^3 的工程量的综合单价为 45 元/m^3，4000−2400=1600m^3 的工程量的综合单价为 45×0.9=40.5 元/m^3。

新增基础土方开挖工程的分部分项工程费=1600×45×0.9+2400×45=172800=17.280 万元。

相应的措施费、规费、税金合计=17.280×20%=3.456 万元。

新增基础土方开挖工程的工程费用=17.280+3.456=20.736万元。

3. 事件3中施工单位提出的人员窝工损失索赔成立。理由：是由建设单位设计变更引起的，应该给予补偿。

事件3中施工单位提出的设备闲置损失的索赔成立。理由：是由建设单位设计变更引起的，应该给予补偿。

事件3中施工单位提出的施工管理费增加的索赔成立。理由：管理费已包含在土方开挖工程综合单价费用中。

人员窝工损失补偿费=3000×50=150000元=15万元。

设备闲置损失补偿费=200×200=40000元=4万元。

项目监理机构应批准的索赔费用=15+4=19万元。

4. 基础土方开挖完成后，应纳入结算的费用项目：清单工程量工程费用、新增工程量工程费用、人员窝工损失补偿费、设备闲置损失补偿费。

土方工程计入结算的工程款：

(1) 工程量清单中土方工程分部分项工程费=24000×45=1080000元=108万元。

(2) 工程量清单中土方工程措施费、规费、税金=20万元。

(3) 设计变更增加土方工程费用=20.736万元。

(4) 设计变更补偿费用=19万元。

土方工程实际结算的费用=108+20+20.736+19=167.736万元。

案例分析题八

【背景资料】

某施工单位与建设单位按《建设工程施工合同(示范文本)》签订了固定总价施工承包合同，合同工期390d，合同总价5000万元。合同中约定按建标[2003]206号文综合单价法计价程序计价，其中间接费费率为20%，规费费率为5%，取费基数为人工费与机械费之和。施工前施工单位向工程师提交了施工组织设计和施工进度计划如图4-5所示。

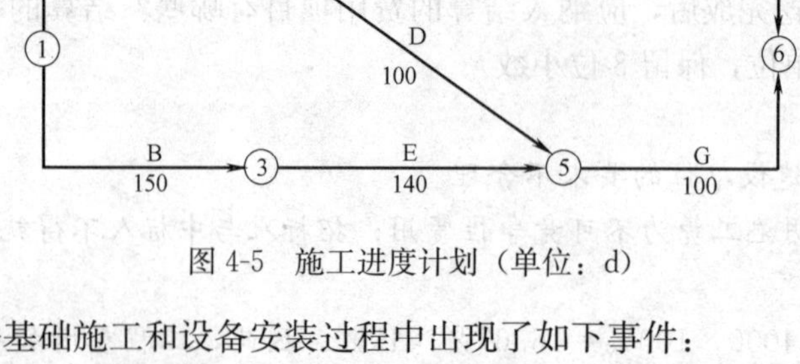

图4-5 施工进度计划(单位：d)

该工程在设备基础施工和设备安装过程中出现了如下事件：

事件1：因地质勘探报告不详，出现图纸中未标明的地下障碍物，处理该障碍物导致工作A持续时间延长10d，增加人工费2万元、材料费4万元、机械费3万元。

事件2：基坑开挖时因边坡支撑失稳坍塌，造成工作B持续时间延长15d，增加人工费1万元、材料费1万元、机械费2万元。

事件3：因不可抗力而引起施工单位的供电设施发生火灾，使工作C持续时间延长

10d，增加人工费 1.5 万元、其他损失费 5 万元。

事件 4：设备安装阶段因建设单位提出工程变更，导致施工单位增加人工费 4 万元、材料费 6 万元、机械费 5 万元，工作 E 持续时间延长 30d。

事件 5：因施工期间钢材涨价而增加材料费 7 万元。

针对上述事件，施工单位按程序提出了工期索赔和费用索赔。

【问题】

1. 按照图 4-5 的施工进度计划，确定该工程的关键线路和计算工期，并说明按此计划该工程是否能按合同工期要求完工？

2. 对于施工过程中发生的事件，施工单位是否可以获得工期和费用补偿？分别说明理由。

3. 施工单位可以获得的工期补偿是多少天？说明理由。

4. 施工单位租赁土方施工机械用于工作 A、B，日租金为 1500 元/d，则施工单位可以得到的土方租赁机械的租金补偿费用是多少？说明理由。

5. 施工单位可得到的企业管理费补偿是多少？

【参考答案】

1. 采用标号法计算如图 4-6 所示。

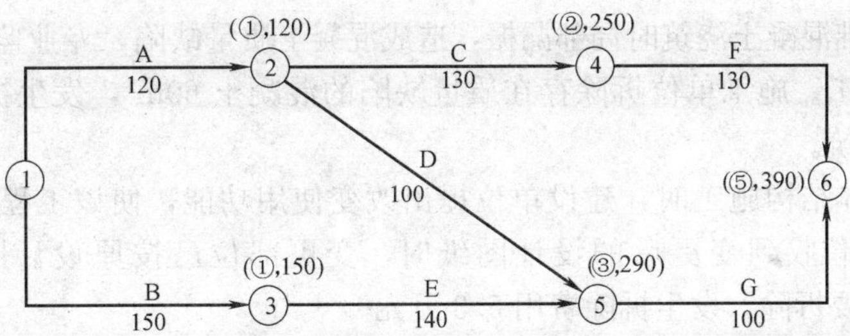

图 4-6　标号法计算图

该工程的关键路线：①→③→⑤→⑥，计算工期为 390d，按此计划该工程可以按合同工期要求完工。

2. 事件 1 中，施工单位不能获得工期补偿，因为工作 A 的延期没有超过其总时差；可以获得费用补偿，因为图纸未标明的地下障碍物属于建设单位风险的范畴。

事件 2 中，施工单位不能获得工期和费用补偿，因为基坑边坡支撑失稳坍塌属于施工单位施工方案有误，应由承包商承担该风险。

事件 3 中，施工单位不能获得工期补偿，虽应由建设单位承担不可抗力的工期风险但是时间延长 10d 并未超过 C 工作的总时差从而不影响总工期；不能获得费用补偿，因不可抗力发生的费用应由双方分别承担各自的费用损失。

事件 4 中，施工单位能获得工期和费用补偿，因为建设单位工程变更属建设单位的责任。

事件 5 中，施工单位不能获得费用补偿，因该工程是固定总价合同，物价上涨风险应由施工单位承担。

3. 施工单位可获得的工期延期补偿为 30d。

理由：考虑建设单位应承担责任或风险的事件：(1) 工作A延长10d，不影响总工期不予延期；(2) 工作C延长10d，不影响总工期不予延期；(3) 工作E延长30d，又属建设单位责任给予延期，新的计算工期为420d，420－390＝30d。

4. 施工单位应得到10d的租金补偿，补偿费用为10×1500＝1.5万元，因为工作A的延长导致该租赁机械在现场的滞留时间增加了10d，工作B不予补偿。

5. 施工单位可以得到的企业管理费用补偿计算如下：

20%－5%＝15%，(2＋4＋3＋5)×15%＝2.1万元。

案例分析题九

【背景资料】

某实施监理的公路工程，招标文件中工程量清单标明的混凝土工程量为2400m³，投标文件综合单价分析表显示：人工单价100元/工日，人工消耗量0.40工日/m³；材料费单价275元/m³；机械台班单价1200元/台班，机械台班消耗量0.025台班/m³。采用以直接费为计算基础的综合单价法进行计价，其中，措施费为直接工程费的5%，间接费费率为10%，利润率为8%，综合计税系数为3.41%。施工合同约定，实际工程量超过清单工程量15%时，混凝土全费用综合单价调整为420元/m³。

施工过程中发生以下事件：

事件1：基础混凝土浇筑时局部漏振，造成混凝土质量缺陷，专业监理工程师发现后要求施工单位返工。施工单位拆除存在质量缺陷的混凝土60m³，发生拆除费用3万元，并重新进行了浇筑。

事件2：主体结构施工时，建设单位提出改变使用功能，使该工程混凝土量增加到2600m³。施工单位收到变更后的设计图纸时，变更部位已按原设计图纸浇筑完成的150m³混凝土需要拆除，发生拆除费用5.3万元。

【问题】

1. 计算混凝土工程的直接工程费和全费用综合单价。

2. 事件1中，因拆除混凝土发生的费用是否应计入工程价款？说明理由。

3. 事件2中，该工程混凝土工程量增加到2600m³，对应的工程结算价款是多少万元？

4. 事件2中，因拆除混凝土发生的费用是否应计入工程价款？说明理由。

5. 计入结算的混凝土工程量是多少？混凝土工程的实际结算价款是多少万元（计算结果保留两位小数）？

【参考答案】

1. (1) 混凝土工程的直接工程费＝100×0.4×2400＋275×2400＋1200×0.025×2400＝828000元＝82.80万元。

(2) 混凝土工程的全费用综合单价＝[828000×(1＋5%)×(1＋10%)×(1＋8%)×(1＋3.41%)]/2400＝445.03元/m³。

2. 事件1中，因拆除混凝土发生的费用不应计入工程价款。

理由：施工质量缺陷属于施工单位责任范围，返工增加的费用由施工单位承担，工期不予顺延。

3. 由于（2600－2400）/2400＝8.33%＜15%，因此，混凝土工程综合单价仍取445.03元/m^3。

对应的工程结算价款＝445.03×2600＝1157078元＝115.71万元。

4. 事件2中，因拆除混凝土发生的费用应计入工程价款。

理由：建设单位提出改变使用功能的改变，致使施工单位需要拆除已浇筑完成的150m^3混凝土，工作构成变更，因此发生的费用计入工程价款中。

5. (1) 计入结算的混凝土工程量＝2600＋150＝2750m^3。

(2) 由于（2750－2400）/2400×100%＝14.58%＜15%，故工程综合单价仍取445.03元/m^3。混凝土工程的实际结算价＝2750×445.03＋53000＝1276832.5元＝127.68万元。

案例分析题十

【背景资料】

某实施监理的公路工程，项目业主（甲方）2013年2月20日与施工单位（乙方）签订了混凝土工程施工单位合同，合同计价方式为估计工程量单价合同。混凝土工程计划工程量和实际工程量见表4-8。合同约定，混凝土工程直接费为520元/m^3，间接费为直接费的10%，利润为直接费和间接费之和的8%，税率为3.41%，合同中有关工程价款的条款如下：

(1) 工程无预付款；

(2) 工程进度款由乙方按实际完成的工程量逐月（每月末）申报，经甲方审查后于下月6日前支付；

(3) 质量保修金按工程款的5%逐月扣留；

(4) 若最终增加的工程量超过原定计划工程量的15%，则原计划工程量为115%以上部分调整综合单价，调价系数为0.95；

(5) 监理工程师每月签发付款证书的最低额度为45万元；

(6) 工程3月5日开工，6月30日竣工。

混凝土工程计划工程量和实际工程量表　　表4-8

项目＼月份	3	4	5	6
计划工程量(m^3)	800	1300	1500	1400
实际工程量(m^3)	700	2000	2000	1500

在工程施工中，发生了下列事件：

事件1：3月11日，该地区突发5.5级地震，导致乙方停工4d，窝工80工日（每工日窝工费30元），闲置机械10个台班（每台班闲置费用按300元计），乙方于3月16日提出了补偿费用和延长工期的要求。

事件2：5月28日，监理工程师在质量验收时发现部分混凝土浇筑质量不合格，要求乙方返工处理，乙方没有提出异议，重新浇筑导致增加用工60个工日（每日工资综合单价40元），增加机械6个台班（每台班综合单价按400元计），工期延长3d，乙方于6月6日提出了补偿费用和延长工期的要求。

【问题】

1. 计算该混凝土工程的综合单价和估算合同总价。

2. 针对事件1，乙方提出的要求能否获得批准？说明理由。

3. 针对事件2，乙方提出的要求能否获得批准？说明理由。

【参考答案】

1. 该混凝土工程的综合单价＝520×(1＋10%)×(1＋8%)×(1＋3.41%)＝638.83元/m^3。该混凝土工程的估算合同总价＝638.83×(800＋1300＋1500＋1400)＝3194150元。

2. 针对事件1，延长工期的要求可以获得批准，补偿费用的要求不可以获得批准。

理由：该地震属于不可抗力条件。因此，承包商有权得到工期的延长，但无权从业主处得到费用的补偿。

3. 针对事件2，乙方提出的要求不能获得批准。

理由：施工质量不合格属于施工单位应承担的责任。

第五章 公路工程施工合同管理

要 点 归 纳

1. 合同文件的优先顺序**【重要考点】**

根据《公路工程标准施工招标文件》(2009 年版)的规定，组成合同的各项文件应互相解释，互为说明。除项目专用合同条款另有约定外，解释合同文件的优先顺序如下：

(1) 合同协议书及各种合同附件(含评标期间和合同谈判过程中的澄清文件和补充资料)。

(2) 中标通知书。

(3) 投标函及投标函附录。

(4) 项目专用合同条款。

(5) 公路工程专用合同条款。

(6) 通用合同条款。

(7) 技术规范。

(8) 图纸。

(9) 已标价工程量清单。

(10) 承包人有关人员、设备投入的承诺及投标文件中的施工组织设计。

(11) 其他合同文件。

2. 分包工程的管理**【重要考点】**

(1) 严格履行开工申请手续。

(2) 将分包工程列入工地会议议程。

(3) 检查核实分包人实施分包工程的主要人员与施工设备。

(4) 对分包工程实施现场监督检查。

3. 分包合同管理**【重要考点】**

(1) 分包工程的支付管理

分包工程的支付，应由分包人在合同约定的时间，向承包人报送该阶段施工的付款申请单，承包人经过审核后，将其列入施工合同的进度付款申请单内一并提交监理人审批。由监理人向承包人出具经发包人签认的进度付款证书。发包人应在监理人收到进度付款申请单后的 28d 内，将进度应付款支付给承包人。分包人不能直接向监理人提出支付要求，必须通过承包人。发包人也不能直接向分包人付款，也必须通过承包人。

(2) 分包工程的变更管理

承包人接到监理人依据合同发布的涉及发包工程的变更指令后，以书面确认方式通知分包人执行。承包人也有权根据工程的实际进展情况通过监理人向发包人提出有关变更建议。

监理人一般不能直接向分包人下达变更指令，必须通过承包人。分包人不能直接向监理人提出分包工程的变更要求，也必须由承包人提出。

(3) 分包工程的索赔管理

分包合同履行过程中，当分包人认为自己的合法权益受到损害，无论事件起因于发包人或监理人，还是承包人的责任，他都只能向承包人提出索赔要求。如果是因发包人或监理人的原因或责任造成了分包人的合法利益的损害，承包人应及时按施工合同规定的索赔程序，以承包人的名义就该事件向监理人提交索赔报告。

4. 工程变更的基本类型**【重要考点】**

根据《公路工程标准施工招标文件》(2009 年版) 第十五条第一款规定，工程变更有如下几种类型。除专用合同条款另有约定外，在履行合同中发生以下情形之一，应按照本条规定进行变更。

(1) 取消合同中任何一项工作，但被取消的工作不能转由发包人或其他人实施，由于承包人违约造成的情况除外。

(2) 改变合同中任何一项工作的质量或其他特性。

(3) 改变合同工程的基线、高程、位置或尺寸。

(4) 改变合同中任何一项工作的施工时间或改变已批准的施工工艺或顺序。

(5) 为完成工程需要追加的额外工作。

5. 工程变更的审批程序**【重要考点】**

(1) 一般工程变更的审批程序

1) 工程变更的提出人向驻地监理工程师提出工程变更的申请，包括变更的原因、工程变更对造价的影响等分析，必要时附上有关的变更设计资料。

2) 驻地监理工程师对变更申请的可行性进行评估，并写出初步的审查意见。

3) 总监理工程师对驻地监理工程师审查的变更申请进行进一步的审定，并签署审批意见。总监理工程师签署工程变更令。

4) 承包单位组织变更工程的施工 (包括可能的设计工作)。

5) 监理工程师和承包人协商确定变更工程的造价及办理有关的结算工作。

(2) 重要工程变更的审批程序

其审批程序是：监理工程师在下达工程变更令之前，一是要报业主批准，二是要同承包人协商确定变更工程的价格不超过业主批准的范围。如果超过业主批准的总额，监理工程师应在下达工程变更令之前请求业主作进一步的批准或授权。

(3) 重大工程变更的审批程序

对这些工程变更工作，业主在审批工程变更之前应事先取得国家计划主管部门的批准。

6. 工程价款的主要结算方式**【一般考点】**

工程价款的主要结算方式：按月结算、竣工后一次结算、分段结算、目标结算方式、双方约定的其他结算方式。

7. 工程进度款的支付**【一般考点】**

(1) 进度付款申请单

承包人应在每个付款周期末，按监理人批准的格式和专用合同条款约定的份数，向监理人提交进度付款申请单，并附相应的支持性证明文件。

(2) 进度付款证书和支付时间

1) 监理人在收到承包人进度付款申请单以及相应的支持性证明文件后的 14d 内完成

核查，提出发包人到期应支付给承包人的金额以及相应的支持性材料，经发包人审查同意后，由监理人向承包人出具经发包人签认的进度付款证书。监理人有权扣发承包人未能按照合同要求履行任何工作或义务的相应金额。

2）发包人应在监理人收到进度付款申请单后的28d内，将进度应付款支付给承包人。

3）监理人出具进度付款证书，不应视为监理人已同意、批准或接受了承包人完成的该部分工作。

8. 工程价款价差调整的主要方法**【重要考点】**

工程价款价差调整的主要方法：

（1）工程造价指数调整法；

（2）实际价格调整法；

（3）调价文件计算法；

（4）调值公式法。

9. 工程拖期的价款调整**【重要考点】**

如果承包人未能在投标书附录中写明的工期内完成本合同工程，则在该交工日期以后施工的工程，其价格调整计算应采用该交工日期所在年份的价格指数作为当期价格指数。如果延期符合合同规定的情况，则在该延长的交工日期到期以后施工的工程，其价格调整计算应采用该延长的交工日期所在年份的价格指数作为当期价格指数。

10. 公路工程合同价款支付种类**【重要考点】**

（1）按时间分类：可分为预先支付（即预付）、期中支付、交工结算、最终结清四种。

（2）按支付的内容分类：可分为工程量清单内的付款和工程量清单外的付款，即基本支付和附加支付。

（3）按工程内容分类：有土方工程、路基工程、路面工程、桥涵工程等。

（4）按合同执行情况分类：监理工程师要进行正常支付和合同终止的支付两类。

11. 拖期违约损失赔偿金（违约罚金）**【一般考点】**

一般规定，每逾期1d，赔偿合同价的0.01%～0.05%；同时也规定，赔偿总额不超过合同价的10%。这些规定在投标书附件中都应明确。

12. 逾期付款违约金**【重要考点】**

（1）监理工程师在收到承包人进度付款申请单以及相应的支持性证明文件后的14d内完成核查，提出发包人到期应支付给承包人的金额以及相应的支持性材料，经发包人审查同意后，由监理工程师向承包人出具经发包人签认的进度付款证书。

（2）发包人应在监理工程师收到进度付款申请单后的28d内，将进度应付款支付给承包人。发包人不按期支付的，按专用合同条款的约定支付逾期付款违约金。

历　年　真　题

案例分析题一［2014年真题］

【背景资料】

某城市郊区新建一级公路长3km，路面设计宽度15m，含中型桥梁。路面面层结构为沥青混凝土，粗粒式下面层厚 8cm，中粒式中面层厚 6cm，细粒式上面层厚 4cm。

经批准的路面施工方案为：沥青混凝土由工厂集中厂拌（不考虑沥青拌合厂设备安装拆除费，场地平整、碾压及地面垫层等费用），8t 自卸汽车运输，平均运距 3.8km，摊铺机分两幅摊铺，预算定额分项（直接工程费）见表 5-1。

预算定额分项（直接工程费） **表 5-1**

序号	定额号	名称	单位	单价(元)
1	2-2-11-16	细粒式沥青混合料拌合(拌合设备生产能力 160t/h)	m^3	631.31
2	2-2-13-21	15t 内自卸汽车运沥青混合料第 1km	m^3	5.743
3	2-2-13-22	15t 内自卸汽车每增运 0.5km	m^3	0.5
4	2-2-14-44	8.5m 内摊铺机摊铺沥青混合料	m^3	13.84
5	2-2-15-4	沥青混合料拌合设备安拆	m^3	405453

合同中路基回填土方量为 11000m^3，综合单价为 20 元/m^3，且规定实际工程量增加或减少超过（或等于）10%时可调整单价，单价调整为 18 元/m^3 或 22 元/m^3。

在工程开工前，施工单位向监理单位提交了桥梁施工进度计划，如图 5-1 所示（单位：d），监理工程师批准了该计划。

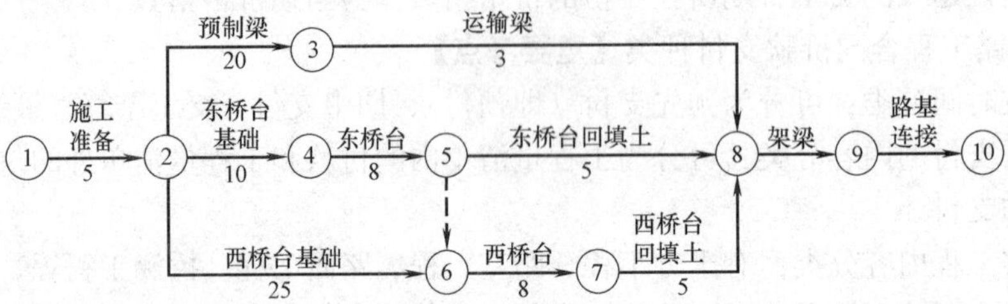

图 5-1 桥梁工程施工进度计划

施工过程中发生了如下事件：

事件 1：经监理工程师计量，施工单位实际完成的路基回填土方量为 10000m^3。

事件 2：工地附近无电源，为此施工单位准备了一台发电机组，西桥台基础第一个桩从 7 月 16 日 7：00 开始灌注混凝土，12：00 因发电机组故障，灌注作业被迫停工，施工单位立即组织人员抢修，于 3h 后修复，导管拔出就位到原灌注顶部后继续灌注。

事件 3：东桥台施工过程中，基础出现裂缝，裂缝产生的原因是设计方案不完善，监理工程师立即下达了该工作暂停令，5d 后设计单位提交了裂缝处理方案，监理工程师审核同意并下达了复工令，经监理工程师审核，裂缝处理费用增加 20 万元，工期增加 10d，停工期间窝工费用补偿 1 万元。

事件 4：基础施工完成后，业主要求增加一小型圆管涵，施工单位接到监理指令后立即安排施工。由于原合同中无可参考价格，施工单位按照定额计价并及时向监理工程师提交了圆管涵的报价单。监理工程师审核后认为报价太高，多次与施工单位协商未能达成一致，最后总监理工程师做出价格确定。施工单位不接受监理审批的价格，立即停止了圆管涵施工，并书面通知监理工程师，明确提出只有在圆管涵价格被接受后才能继续施工。

【问题】

1. 按表 5-2 计算细粒式沥青混凝土的直接工程费（下标序号与题干中序号一致，计算结果保留小数点后一位）。

细粒式沥青混凝土的直接工程费计算表　　表 5-2

序号	单价(元)	工程量	合计(元)
1			
2			
3			
4			
5			
直接工程费总计			

2. 针对事件 1，根据合同规定是否可以调整单价？说明理由，路基回填土石方的结算工程款为多少万元？

3. 按照施工单位提交的桥梁施工进度计划，计算桥梁的计划工期，并写出关键线路。

4. 针对事件 2，施工单位在桩基施工准备方面存在的主要问题是什么？

5. 针对事件 2，判断桩基质量是否合格？说明理由。

6. 针对事件 3，计算施工单位可以获得的工期索赔和费用索赔。

7. 针对事件 4，施工单位停工的做法是否正确？说明理由。

【解题方略】

1. 本题考查的是细粒式沥青混凝土的直接工程费的计算。解答本题要充分利用“预算定额分项（直接工程费）”的信息。将数字依次带入表格即可轻松解答。

2. 本题考查的是合同单价的调整。本题是否可调整，考生要充分考虑背景资料中提到“实际工程量增加或减少超过（或等于）10%”的限制。

3. 本题考查的是计划工期和关键线路。

(1) 计划工期是根据要求工期和计算工期所确定的作为实施目标的工期，用 T_p 表示。未规定要求工期时，计划工期等于计算工期。计算工期等于其终点节点所代表的工作的最早完成时间。

(2) 在双代号网络计划和单代号网络计划中，关键路线是总的工作持续时间最长的线路。

4. 本题考查的是桩基施工机械的配备要求。此处应着重考虑设备的准备情况，应能保证桩基施工的正常进行。

5. 本题考查的是桩基施工工艺。本题需要考生对桩基施工工艺进行充分的掌握。

6. 本题考查的是工期索赔和费用索赔。关于本题考生要注意关键线路及总时差的问题。

7. 本题考查的是价格结算及争议的处理。本题的观点较容易明确，施工单位停工的做法明显不当。

【参考答案】

1. 细粒式沥青混凝土的直接工程费见表 5-3。

细粒式沥青混凝土的直接工程费　　表 5-3

序号	单价(元)	工程量	合计(元)
1	631.31	1800	1136358.0
2	5.743	1800	10337.4
3	0.5	10800	5400
4	13.84	1800	24912
5			0
直接工程费总计			1177007.4

注：3000×15×0.04=1800m^3；(3.8−1)/0.5=5.6；3000×15×0.04×6=10800m^3。

2. 针对事件 1，根据合同规定不调整单价。

理由：(11000−10000)/11000×100%=9.09%，不超过 10%。

路基回填土石方的结算工程款为：10000×20=200000 元。

3. 按照施工单位提交的桥梁施工进度计划，关键线路为：①→②→⑥→⑦→⑧→⑨→⑩。

桥梁的计划工期 T=5+25+8+5+7+5=55d。

4. 针对事件 2，施工单位在桩基施工准备方面存在的主要问题是：关键设备（发电机组）没有备用，不符合施工规范要求。

5. 针对事件 2，判断桩基质量不合格。

理由：因为停电 3h 后，导管拔出再就位到原灌注顶部后继续灌注，中间就形成夹泥层，该桩已成为断桩。

6. 针对事件 3，施工单位可以获得的工期索赔和费用索赔如下：

东桥台施工不在关键线路，该工作的总时差 7d。

施工单位工期索赔：5+10−7=8d。

费用索赔：20+1=21 万元。

7. 针对事件 4，施工单位停工的做法不正确。

理由：施工单位应当继续施工，双方应暂按总监理工程师确定的价格进行中间结算。如果双方在竣工结算时仍不能达成一致意见，按照争议的解决约定处理。

案例分析题二［2011 年真题］

【背景资料】

某高速公路膨胀土路堑段，长 480m，挖深 8～9m，右侧为顺层边坡，岩土层倾角为 12°～15°，结构面内摩擦角为 5°，粘聚力为 12kPa。边坡加固防护方案如图 5-2 所示。

施工单位采用如图 5-3 所示的工艺流程组织施工，于 4 月完成该路段边坡施工。

当年 6 月，在雨水作用下该边坡发生了部分滑坍，施工单位认为是原设计不合理所致，因此提出了如图 5-4 所示柔性支护结构方案，并按相关程序报批变更设计。

【问题】

1. 指出图 5-3 中 A、B 分别代表的施工过程。

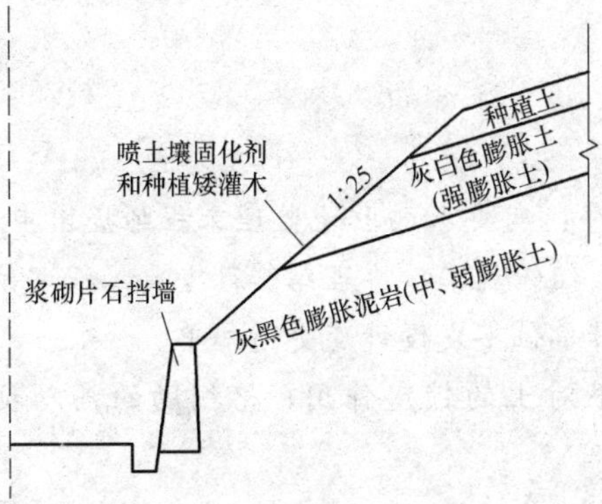

图 5-2　边坡加固防护方案

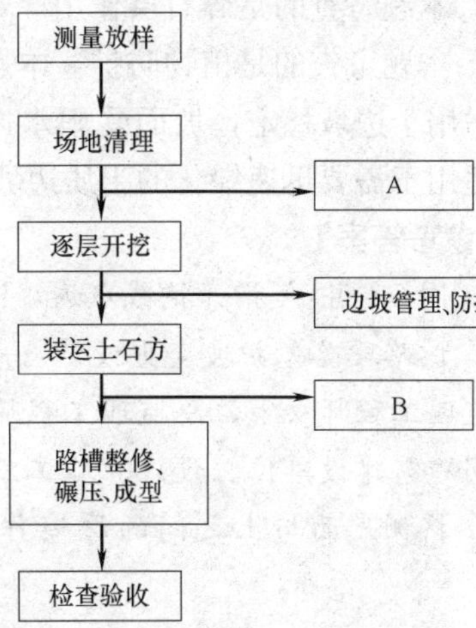

图 5-3　工艺流程

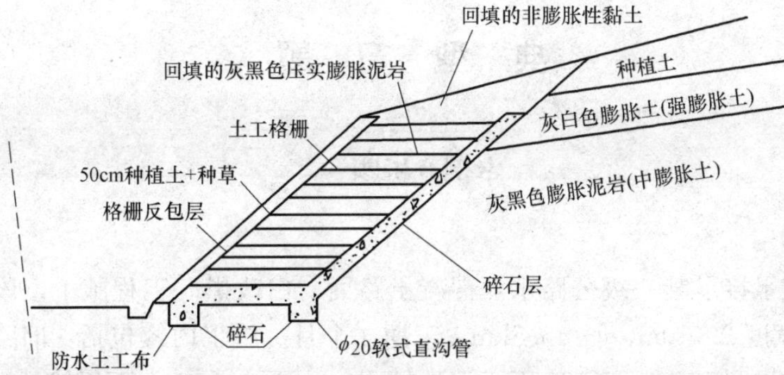

图 5-4　柔性支护结构方案

2. 说明对该路段路堑护坡变更设计应采取的正确程序。

3. 结合图 5-4 说明土工格栅与土之间的三种相互作用。

4. 结合地质情况说明图 5-4 中碎石层的作用。

5. 结合示意图 5-4，说明“种植土＋种草”有哪几种作用？

【解题方略】

1. 本题考查的是路堑段的施工工艺流程。关于本题考生结合 A、B 前后工序可确定施工工序。

2. 本题考查的是路段路堑护坡变更设计的程序。考生需要结合教材对该部分内容进行实记。

3. 本题考查的是软土地基处理施工技术。土工格栅加固土的机理在于格栅与土的相互作用。一般可归纳为格栅表面与土的摩擦作用、格栅孔眼对土的锁定作用和格栅肋的被动抗阻作用。三种作用均能充分约束土的颗粒侧向位移，从而大大地增加了土体的自身稳定性，对土的加固效果，明显高于其他土工织物，可迅速提高地基承载力，加快施工进度，控制软基地段沉降量发展，缩短工期，使公路及早投入使用。

4. 本题考查的是碎石层作用。本题较为简单，考生结合工作经验即可轻松作答。

5. 本题考查的是植物防护。本题需要考生对植物防护的基本知识有所了解。种草防护：适用于边坡稳定，坡面受雨水冲刷轻微，且易于草类生长的路堤与路堑边坡。铺草皮：适用于需要迅速绿化的土质边坡。

【参考答案】

1. 图 5-3 中 A 指开挖截水沟，B 指开挖边沟。

2. 该路段路堑护坡变更设计应采取的正确程序：变更人向驻地监理工程师提出申请，驻地监理工程师初审，总监理工程师签署变更令，组织施工，办理结算；重要工程部位及较大问题需建设单位、设计、施工三方洽商，设计单位签发设计变更通知单。

3. 格栅表面与土之间的摩擦作用，格栅孔眼对土的锁定作用，格栅肋的被动抗阻作用。

4. 碎石层作用：隔离、排水、反滤层。

5. “种植土＋种草”的作用：用于边坡稳定，迅速绿化边坡，稳固土层，防止水土流失。

典 型 习 题

案例分析题一

【背景资料】

某施工单位承接了某一级公路水泥混凝土路面“白改黑”工程施工，该工程路基宽 2×12m，路面宽度 2×10m，长 45.5km，工期 4 个月。施工内容包括：旧路面病害的治理、玻纤格栅铺设、6cm 厚 AC-20 下面层摊铺、5cm 厚 AC-16 中面层摊铺、4cm 厚 SBS 改性沥青 SMA 上面层摊铺。设计中规定上面层 SMA 混合料必须采用耐磨值高的玄武岩碎石。

施工单位采用厂拌法施工。为保证工期，施工单位配置了 2 台 3000 型间歇式沥青混凝土拌合站（假设 SMA 沥青混合料的压实密度为 2.36t/m^3，每台 3000 型拌合站每拌制一满盘料的重量为 3000kg)，4 台 10m 可变宽摊铺机，8 台双钢轮压路机及 4 台胶轮压路机。

玻纤格栅采用人工铺设：先洒一层热沥青作粘层油（0.4～0.6kg/m^3），然后用固定器将一端固定好，用人工将玻纤格栅拉平、拉紧后，用固定器固定另一端。

施工单位采用马歇尔试验配合比设计法通过三阶段确定了混合料的材料品种、配合比、矿料级配及最佳沥青用量，用以指导施工。

该工程施工期间，原材料价格波动很大，施工合同中约定只对沥青、柴油及玄武岩采用调值公式法进行价差调整。

基期为当年 5 月，工程款按月计量，每月调整价差，该工程投标函投标总报价中，沥青占 35%，柴油占 15%，玄武岩占 20%。各月价格见表 5-4。

施工单位 7 月份完成工程产值 3156 万元，8 月份完成工程产值 4338 万元。

各月价格 **表 5-4**

月份	沥青(元/t)	柴油(元/L)	玄武岩(元/m^3)
5(基期)	3800	5.9	200
7	4050	6.13	195
8	4280	6.13	215
…	…	…	…

【问题】

1. 该工程中，铺设玻纤格栅的主要作用是什么？

2. 指出并改正玻纤格栅施工的错误之处。

3. 配合比设计包含了哪三个阶段？

4. 该工程 SMA 沥青混合料最少需要拌制多少盘（列式计算）？

5. 8 月份调价之后的当月工程款是多少（列式计算）？

【参考答案】

1. 铺设玻纤格栅的主要作用是防止反射裂缝（防止水泥面板的接缝反射到新铺的沥青路面上）。

2. 错误之处：玻纤格栅施工顺序。

改正：应该先铺设玻纤格栅，再洒热沥青作粘层油。

3. 配合比设计包含了目标配合比设计阶段、生产配合比设计阶段、生产配合比验证阶段。

4. SMA 混合料重量：0.04×2×10×45500×2.36＝85904t。

至少要拌制的盘数：85904/3＝28635 盘。

5. 8 月份调价之后的当月工程款：4338×(0.3＋0.35×4280/3800＋0.15×6.13/5.9＋0.2×215/200)＝4338×(0.3＋0.394＋0.156＋0.215)＝4338×1.065＝4619.97 万元。

案例分析题二

【背景资料】

某高速公路 N 合同段路基工程施工，工期 18 个月，其中 K23＋200～K32＋200 路段以填方为主，合同段附近地表土主要是高液限黏土（液限值在 38～49 之间），在较远地带分布有膨胀土、沼泽土、盐渍土、有机土、粉土、砂性土等。出于控制造价的考虑，业主要求就地取材。为此，施工单位针对高液限土填筑路堤做了试验路段，以确定其最大干密度和松铺厚度等指标。

场地清理完毕后，对路基横断面进行测量放样，动土触探，并绘制出横断面图，提交监理工程师复测，确认后开始填筑路基。

施工单位严格按照试验路段提供的数据指导施工，经过 2 个月的填筑，发现按试验路段数据控制施工，施工周期 K（每层的填筑周期超过 5d，在雨期，填筑周期达到 15d 以上），无法满足工期要求。业主在了解情况后，书面要求监理工程师指示施工单位在半个月后变更路堤填料。经过现场考查并征得监理工程师同意和设计单位确认后，选择了粉土与砂性土两种路堤填料，施工单位随即组织施工。在路堤施工，采用一层粉土，一层砂性土，交错分层水平填筑，每层压实厚度 22cm 左右；碾压时，采用纵向分行进行，直线段由中间向两边，曲线段由外侧向内侧的方式进行碾压。

由于变更后取用的路堤填料需增加较长运距，而在合同中没有该变更的价格，整个工程完工后，施工单位向业主提出了变更工程价款的报告。

【问题】

1. 根据背景资料中所列土壤类型，哪些不得用于填筑路堤？哪些须经处理后才能用于填筑路堤？

2. 指出施工单位在路堤施工中的错误，并给出正确做法。

3. 根据公路工程施工变更合同价款的确定方法，结合背景资料，填料变更的变更价款应如何确定？

4. 施工单位提出变更工程价款的时间是否符合相关规定？说明理由。

【参考答案】

1. 不得用于填筑路堤的土壤类型：沼泽土、有机土。经处理后才能用于填筑路堤的土壤类型：膨胀土、盐渍土。

2. (1) 错误：场地清理完毕后对路基横断面进行测量放样。

正确做法：先施工放样与断面测量，然后清理场地。

(2) 错误：横断面图提交监理工程师复测确认后开始填筑路基。

正确做法：开始填筑路基需进行填前处理，要对路基原地面处理合格后方能进行路基填筑。

(3) 错误：粉土与砂性土交错分层水平填筑。

正确做法：由于砂土、粉土没有塑性，受水流冲刷和风蚀易损坏，在使用时可掺入黏性大的土，同时采用不同性质的土应分别填筑，不得混填，每种填料层累计总厚度不宜小于0.5m。

(4) 错误：碾压时，直线段由中间向两边，曲线段由外侧向内侧的方式进行碾压。

正确做法：应该直线段由两边向中间，曲线段由内侧向外侧进行碾压。

3. 公路工程施工变更合同价款的确定方法：合同中已有适用于变更工程的价格，按合同已有的价格计算变更合同价款；合同中有类似于变更工程的价格，可以参照此价格确定变更价格，变更合同价款；合同中没有适用或类似于变更工程的价格，由承包人提出适当的变更价格，经工程师确认后执行。

结合背景资料，填料变更的变更价款应按类似变更工程的价格变更合同价款，或由承包人提出适当的变更价格，经工程师确认后执行。

4. 施工单位提出变更工程价款的时间不符合相关规定。

理由：工程变更发生后，承包人在工程变更确定后14d内，提出变更工程价款的报告，经工程师确认后调整合同价款。承包人在确定变更后14d内不向工程师提出变更工程价款报告时，视为该项设计变更不涉及合同价款的变更。工程师收到变更工程价款报告之日起7d内，予以确认。工程师无正当理由不确认时，自变更报告送达之日起14d后变更工程价款报告自行生效。

案例分析题三

【背景资料】

某公路工程项目监理业务由业主直接委托给某工程监理公司。监理范围包括了路基路面、桥梁、隧道等主要项目的设计和施工监理。在合同谈判过程中，业主原计划仅将质量控制、进度控制、合同控制、组织协调工作等任务委托给该监理公司，经该监理公司建议，业主最终将投资控制任务也交给了该公司。业主将桥梁工程、隧道工程和路基路面工程分别发给了三家承包商。

在制订监理规划时，有关人员就派驻该项目的总监理工程师数量发生了争议。有人坚持认为要分别按桥梁工程、隧道工程和路基路面工程设置机构并分别委任1名总监理工程师，共计3名。监理规范的内容经过讨论一致认为应包括：工程概况；监理单位的权利和义务；工程项目实施的组织；监理机构的建立；建立范围内的总目标；项目投资、进度、质量控制；合同管理；信息管理；组织协调；承包商配合监理事项等。

在某次监理工作每周一次的例会上，总监理工程师强调下周工作的重点是配合业主方提出的工程变更事项的审查，以及及时签发工程变更令。

【问题】

1. 业主直接将监理任务委托给该监理公司，是否符合现行法律法规的规定？

2. 该项目监理公司应派几名总监理工程师？说明理由。

3. 该项目的监理机构应采取什么结构形式？说明理由。

4. 业主最终采纳了监理公司的建议，将投资控制任务也委托给了该公司，说明了什么？

5. 监理工程师在对工程项目进行目标规划和控制时，应注意什么？

6. 根据施工合同文件的规定，构成工程变更的常见事项有哪些？工程变更只能由业主提出的说法对吗？工程变更应由谁签发？

7. 监理工程师在审查工程变更价款时，应注意什么事项？

8. 变更合同价款按什么方法进行？

【参考答案】

1. 直接将监理任务委托给监理公司的做法违反了《中华人民共和国招标投标法》等法律规范的规定，公路工程等基础设施建设项目必须进行招标委托有关建设任务，因此应当采用招标方式。

2. 该项目监理公司应派1名总监理工程师，因为项目只有一份监理委托合同（或只有一个项目监理组织）。

3. 该项目的监理机构应采取设计与施工阶段分解的直线制监理组织形式，因为该项目在地理位置上比较分散，线路比较长且监理任务包括了设计与施工阶段。

4. 说明了工程项目的目标控制要取得比较满意的效果，必须将三大目标的控制有机结合起来。

5. 监理工程师在对工程项目目标规划和控制时，要注意统筹兼顾，在需求与目标之间，在三大目标之间反复协调，力求做到需求与目标的统一，三大目标的统一；要针对整个目标系统实施控制，防止盲目追求单一目标而冲击或干扰其他目标的现象发生。

6. (1) 构成工程变更的常见事项有：更改工程有关部分的标高、基线、位置和尺寸；增减合同中约定的工程量；改变有关工程的施工时间和顺序；其他有关工程变更需要的附加工作。

(2) 这种说法不对。工程变更不仅业主可以提出，承包商、工程师、设计师都可以提出。

（3）工程变更应由总监理工程师签发。

7. 承包人必须在双方确定变更后14d内向总监理工程师提出变更工程价款报告，否则将被认为本次变更不涉及合同价款的变更；工程师收到报告之日起14d内应予以确认，无正当理由不确认则报告自动生效；总监理工程师确认增加的工程变更价款作为追加合同价款，与工程款同期支付；因承包人自身原因导致工程变更，承包人无权要求追加合同价款。

8. 变更合同价款应按以下方法进行：

（1）已标价工程量清单中有适用于变更工程项目的，采用该项目的单价；但当工程变更导致该清单项目的工程数量发生变化，且工程量偏差超过15%时，采用该项目的单价。

（2）已标价工程量清单中没有适用，但有类似于变更工程项目的，可在合理范围内参照类似项目的单价。

（3）已标价工程量清单中没有适用也没有类似于变更工程项目的，由承包人根据变更工程资料、计量规则和计价办法、工程造价管理机构发布的信息价格和承包人报价浮动率提出变更工程项目的单价，报发包人确认后调整。

（4）已标价工程量清单中没有适用也没有类似于变更工程项目，且工程造价管理机构发布的信息价格缺价的，由承包人根据变更工程资料、计量规则、计价办法和通过市场调查等取得有合法依据的市场价格提出变更工程项目的单价，报发包人确认后调整。

案例分析题四

【背景资料】

某施工单位承揽了一项综合办公楼的总承包工程，在施工过程中发生了如下事件：

事件1：施工单位与某材料供应商所签订的材料供应合同中未明确材料的供应时间。

急需材料时，施工单位要求材料供应商马上将所需材料运抵施工现场，遭到材料供应商的拒绝，2d后才将材料运到施工现场。

事件2：某设备供应商由于进行设备调试，超过合同约定的期限交付施工单位订购的设备，恰好此时该设备的价格下降，施工单位按下降后的价格支付给设备供应商，设备供应商要求以原价执行，双方产生争执。

事件3：施工单位与某施工机械租赁公司签订的租赁合同约定的期限已到，施工单位将租赁的机械交还租赁公司并交付租赁费，此时，双方签订的合同终止。

事件4：该施工单位与某分包单位所签订的合同中明确规定要降低分包工程的质量，从而减少分包单位的合同价格，为施工单位创造更高的利润。

【问题】

1. 事件1中材料供应商的做法是否正确？说明理由。
2. 根据事件1，你认为合同当事人在约定合同内容时应包括哪些方面的条款？
3. 事件2中施工单位的做法是否正确？说明理由。
4. 事件4中合同当事人签订的合同是否有效？

【参考答案】

1. 事件 1 中材料供应商的做法正确。

理由：当履行期限不明确的，债务人可以随时履行，债权人也可以随时要求履行，但应当给对方必要的准备时间。

2. 合同当事人在约定合同内容时，应包括以下条款：

当事人的名称或者姓名和住所；标的；数量；质量；价款或者报酬；履行期限、地点和方式；违约责任；解决争议的方法。

3. 事件 2 中施工单位的做法正确。

理由：逾期交付标的物的，遇价格上涨时，按照原价格执行；价格下降时，按照新价格执行。

4. 事件 4 中合同当事人签订的合同无效。

案例分析题五

【背景资料】

某实施监理的桥梁工程，工程实施过程中发生以下事件：

事件 1：甲施工单位将其编制的施工组织设计报送建设单位。建设单位考虑到工程的复杂性，要求项目监理机构审核该施工组织设计；施工组织设计经监理单位技术负责人审核签字后，通过专业监理工程师转交给甲施工单位。

事件 2：甲施工单位依据施工合同将深基坑开挖工程分包给乙施工单位，乙施工单位将其编制的深基坑支护专项施工方案报送项目监理机构，专业监理工程师接收并审核批准了该方案。

事件 3：主体工程施工过程中，因不可抗力造成损失。甲施工单位及时向项目监理机构提出索赔申请，并附有相关证明材料，要求补偿的经济损失如下：

(1) 在建工程损失 26 万元；

(2) 施工单位受伤人员医药费、补偿金 4.5 万元；

(3) 施工机具损坏损失 12 万元；

(4) 施工机械闲置、施工人员窝工损失 5.6 万元；

(5) 工程清理、修复费用 3.5 万元。

事件 4：甲施工单位组织工程竣工预验收后，向项目监理机构提交了工程竣工报验单。项目监理机构组织工程竣工验收后，向建设单位提交了工程质量评估报告。

【问题】

1. 指出事件 1 中的不妥之处，写出正确做法。

2. 指出事件 2 中专业监理工程师做法的不妥之处，写出正确做法。

3. 逐项分析事件 3 中的经济损失是否应补偿给甲施工单位？分别说明理由。项目监理机构应批准的补偿金额为多少万元？

4. 指出事件 4 中的不妥之处，写出正确做法。

【参考答案】

1. (1) 不妥之处：甲施工单位将其编制的施工组织设计报送建设单位。

正确做法：甲施工单位将其编制的施工组织设计报送项目监理机构。

(2) 不妥之处：施工组织设计经监理单位技术负责人审核签字。

正确做法：施工组织设计应经总监理工程师审核。

(3) 不妥之处：施工组织设计经审核签字后，通过专业监理工程师转交给甲施工单位。

正确做法：施工组织设计经审核签字后，由项目监理机构报送建设单位。

2. (1) 不妥之处：专业监理工程师接收乙施工单位提交的深基坑支护专项施工方案。

正确做法：乙施工单位作为分包单位，其编制的深基坑支护专项施工方案应经甲施工单位（施工总承包单位）报送项目监理机构。因此，专业监理工程师应接收甲施工单位提交的专项施工方案。

(2) 不妥之处：专业监理工程师接收并审核批准了深基坑支护专项施工方案。

正确做法：根据《建设安全生产管理条例》规定，深基坑支护专项施工方案需经总承包单位技术负责人、总监理工程师签字后方可实施。

3. (1) 在建工程损失 26 万元的经济损失应补偿给用甲施工单位，因不可抗力造成工程本身的损失，由建设单位承担。

(2) 施工单位受伤人员医药费、补偿金 4.5 万元的经济损失不应补偿给甲施工单位，因不可抗力造成承、发包双方人员的伤亡损失，分别由各自负责。

(3) 施工机具损坏损失 12 万元的经济损失不应补偿给甲施工单位，因不可抗力造成承包人机械设备损坏及停工损失，由承包人承担。

(4) 施工机械闲置、施工人员窝工损失 5.6 万元的经济损失不应补偿给甲施工单位，因不可抗力造成承包人机械设备损坏及停工损失，由承包人承担。

(5) 工程清理、修复费用 3.5 万元的经济损失应补偿给甲施工单位，因不可抗力增加的工程所需清理、修复费用，由建设单位承担。

项目监理机构应批准的补偿金额＝26＋3.5＝29.5 万元。

4. 事件 4 中的不妥之处及正确做法。

(1) 不妥之处：甲施工单位组织工程竣工预验收。

正确做法：应由总监理工程师组织工程竣工预验收。

(2) 不妥之处：甲施工单位向项目监理机构提交了工程竣工报验单。

正确做法：总监理工程师组织工程竣工预验收，对存在的问题，应及时要求承包单位整改；整改完毕由总监理工程师签署工程竣工报验单。

(3) 不妥之处：项目监理机构组织工程竣工验收。

正确做法：应由建设单位组织工程竣工验收。

(4) 不妥之处：组织工程竣工验收后，项目监理机构向建设单位提交了工程质量评估报告。

正确做法：在总监理工程师签署工程竣工报验单的基础上，提出工程质量评估报告，并应经总监理工程师和监理单位技术负责人审核签字。

案例分析题六

【背景资料】

某公路工程建设项目，业主与施工单位按《建设工程施工合同文本》签订了工程施工合同，工程未进行投保。在工程施工过程中，遭受暴风雨不可抗力的袭击，造成了相应的损失，施工单位及时向监理单位工程师提出索赔要求，并附索赔有关的资料和证据。索赔报告的基本要求如下。

(1) 遭受暴风雨袭击是因非施工单位原因造成的损失，故应由业主承担赔偿责任。

(2) 给已建分部分项工程造成破坏，损失计 18 万元，应由业主承担修复的经济责任，施工单位不承担修复的经济责任。

(3) 施工单位人员因此灾害数人受伤，处理伤病医疗费用和补偿总计 3 万元，业主应给予补偿。

(4) 施工单位进场的在使用机械、设备受到损害，造成损失 8 万元，由于现场停工造成台班费损失 4.2 万元，业主应负担赔偿和修复的经济责任。工人窝工费 3.8 万元，业主应给予支付。

(5) 因暴风雨造成现场停工 8d，要求合同工期顺延 8d。

(6) 由于工程破坏，清理现场需费用 2.4 万元，业主应予支付。

【问题】

1. 监理工程师接到施工单位提交的索赔申请后，应进行哪些工作（请详细分条列出）？

2. 不可抗力发生风险承担的原则是什么？对施工单位提出的要求应如何处理（请逐条回答）？

【参考答案】

1. 监理工程师接到施工单位提交的索赔申请后，应进行的工作如下：

(1) 审核承包人的索赔申请；

(2) 进行调查、取证；

(3) 判定索赔成立的原则，审查索赔成立条件，确定索赔是否成立；

(4) 分清责任，认可合理索赔；

(5) 与承包人协商补偿额；

(6) 提出自己的索赔处理决定；

(7) 签发索赔报告，并将处理意见抄送发包人；

(8) 若批准额度超过工程师权限，应报请发包人批准。

2. (1) 不可抗力发生风险承担的原则如下：

1) 合同工程本身的损害、因工程损害导致第三方人员伤亡和财产损失以及运至施工场地用于施工的材料和待安装的设备的损害，由发包人承担；

2) 承包人、发包人人员伤亡由其所在单位负责，并承担相应费用；

3) 承包人的施工机械设备损坏及停工损失，应由承包人承担；

4) 停工期间，承包人应发包人要求留在施工场地的必要的管理人员及保卫人员的费用应由发包人承担；

5) 工程所需清理、修复费用，应由发包人承担；

6) 不可抗力解除后复工的，若不能按期竣工，应合理延长工期，发包人要求赶工的，赶工费用应由发包人承担。

(2) 对施工单位提出的要求处理如下：

1）遭受暴风雨袭击造成的经济损失由双方分别承担，工期予以顺延；

2）工程修复、重建的18万元工程款由业主支付；

3）施工单位人员受伤医疗费与补偿金3万元由施工单位支付；

4）施工单位在进场的在使用机械、设备受到损坏及停工损失、窝工费由施工单位承担；

5）暴风雨造成现场停工8d工期予以顺延；

6）工程所需清理费用由业主支付。

案例分析题七

【背景资料】

某桥梁工程施工合同，工程开工后第八个月，施工承包商发现施工图纸有误，遂向监理工程师汇报了这一情况，经监理工程师审核后，确实存在错误，经建设单位同意后，监理工程师责成承包单位对原施工图提供变更相应的图纸和说明。因施工图设计变更，导致施工单位停工待图，施工单位因停工待图导致工期拖延和费用增加，向原施工图设计单位提出索赔。

【问题】

1. 请指出材料中的不妥之处，并改正。

2. 公路工程变更具体包括哪些变更？

3. 公路工程变更价款的计算方法是什么？

4. 就停工待图事件，施工单位提出索赔和监理工程师答复的程序是如何规定的？

5. 监理工程师处理索赔的原则有哪些？

【参考答案】

1. (1) 不妥之处：施工图有误，监理工程师审核后，经建设单位同意责成施工承包单位对原施工图提供变更相应的图纸和说明。

正确做法：施工中承包人提出对施工设计变更时，需经工程师同意变更后，也需经原规划管理部门和其他有关部门审查批准，并由原设计单位提供变更相应的图纸和说明。

(2) 不妥之处：施工单位因停工待图向原施工图设计单位提出索赔。

正确做法：施工单位因停工待图应向建设单位提出索赔。

2. 公路工程变更具体包括设计变更、进度计划变更、施工条件变更以及原招标文件和工程量清单中未包括的新增工程。

3. 公路工程变更价款的计算方法：

(1) 合同中已有适用于变更工程的价格，按合同已有的价格计算变更合同价款。

(2) 合同中有类似于变更工程的价格，可以参照此价格确定变更价格，变更合同价款。

(3) 合同中没有适用或类似于变更工程的价格，由承包人提出适当的变更价格，经工程师确认后执行。

4. 就停工待图事件，施工单位提出索赔和监理工程师答复的程序是：

(1) 索赔事件发生后在合同规定的期限内，向工程师发出索赔意向通知。

(2) 发出索赔意向通知后在合同规定的期限内，向工程师提出补偿经济损失和（或）

延长工期的索赔报告及有关资料。

(3) 工程师在收到承包商送交的索赔报告和有关资料后，于合同规定的期限内给予答复，或要求承包商进一步补充索赔理由和证据。

(4) 工程师在收到承包商送交的索赔报告和有关资料后在合同规定的期限内未予答复或未对承包商作进一步要求，视为该项索赔已经认可。

(5) 当索赔事件持续进行时，承包商应当阶段性向工程师发出索赔意向，在索赔事件终了后合同规定的期限内，向工程师送交索赔的有关资料和最终的索赔报告，索赔答复程序同以上所述。

5. 监理工程师处理索赔的原则是：

(1) 索赔必须以合同为依据。

(2) 必须注意资料的积累。

(3) 及时、合理地处理索赔。

(4) 加强索赔的前瞻性，有效地避免过多索赔事件的发生。

案例分析题八

【背景资料】

某二级公路的主要工序见表 5-5。

某二级公路的主要工序 表 5-5

工作代号	工 作 名 称	备 注
A	施工准备	
B	路基土石方开挖	其中部分石方需爆破施工
C	挡墙基坑开挖	
D	涵洞施工	
E	桥梁基础施工	钻孔灌注桩基础
F	上边坡防护工程施工	分 5 级，平均高 40m
…	…	…

施工单位编制的网络计划如图 5-5 所示。

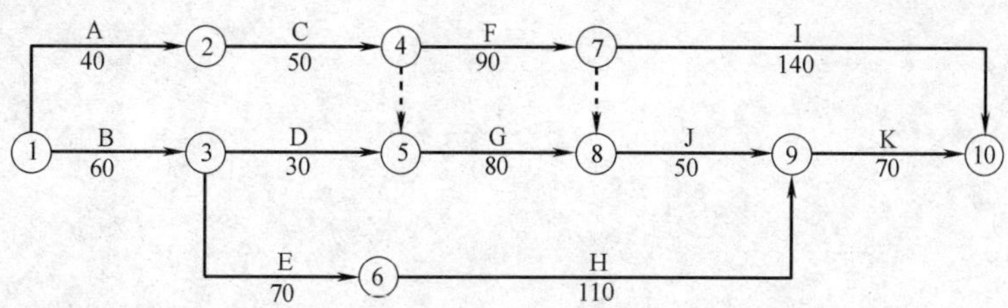

图 5-5 网络计划图

施工中发生了如下事件：

事件 1：由于施工单位设备故障，导致 C 工作中断 4d。

事件 2：由于百年一遇的冰雪灾害，导致 D 工作晚开工 15d。

事件3：由于图纸晚到，导致E工作停工10d。针对上述事件中的暂停施工，施工单位在合同规定时间内向监理提出了延期申请和费用索赔的要求。合同约定，成本损失费为人民币1.5万元/d，利润损失费为人民币0.2万元/d。

【问题】

1. 计算图示网络工期，并指出关键线路。

2. 针对背景资料中的网络计划，分别分析C、D、E工作工期索赔和费用索赔的合理性。

3. 计算可索赔的费用。

4. 结合背景资料，分析施工单位应编制哪些安全生产专项施工方案？

【参考答案】

1. 图示网络工期为320d，关键线为：A—C—F—I。

2. 针对背景资料中的网络计划，C、D、E工作工期索赔和费用索赔的合理性分析如下：

C工作：工期索赔和费用索赔不合理。因为导致C工作中断的原因是施工单位设备故障，应由施工单位承担责任。

D工作：工期索赔和费用索赔不合理。虽然百年一遇的冰雪灾害属于不可抗力，施工单位理应可以索赔工期，但是D工作的总时差为30d，晚开工15d没有超过其总时差，所以不可提出工期索赔的申请。不可抗力发生后的停工损失的责任应由施工单位承担，所以也不可提出费用索赔的申请。

E工作：工期索赔不合理，费用索赔合理。图纸晚到造成的停工责任应由建设单位承担，因此可提出费用索赔的申请。但由于E工作有10d的总时差，停工时间没有超过总时差，因此不可提出工期索赔的申请。

3. 可索赔的费用＝10×(1.5＋0.2)＝17万元。

4. 结合背景资料，施工单位应编制路基土石方开挖、挡墙基坑开挖、桥梁基础施工、上边坡防护工程施工安全生产专项施工方案。

第六章　公路工程施工现场管理

要 点 归 纳

1. 项目部驻地建设【重要考点】

(1) 场地建设

自建房屋最低标准为活动板房，建设宜选用阻燃材料，搭建不宜超过两层，每组最多不超过 10 栋，组与组之间的距离不小于 8m，栋与栋之间的距离不小于 4m，房间净高不低于 2.6m。驻地办公区、生活区应采用集中供暖设施，严禁电力取暖。宜为独立式庭院，四周设有围墙，有固定出入口。

(2) 硬件实施

项目部一般设项目经理室（书记办公室）、项目总工程师办公室、项目副经理室办公室、各职能部门办公室、档案室、试验室、会议室等。

2. 公路工程施工现场预制梁场地建设【高频考点】

(1) 场地建设前施工单位应将梁场布置方案报监理工程师审批，方案内容应包含各类型梁板的台座数量、模板数量、生产能力、存梁区布置及最大存梁能力等。

(2) 宜采用封闭式管理，场地内应按办公区、生活区、构件加工区、制梁区和存梁区、废料处理区等科学合理设置，功能明确，标识清晰。

(3) 各项目预制场应统筹设置，建设规模和设备配备应结合预制梁板的数量和预制工期相适应。

(4) 场内路面宜做硬化处理，主要运输道路应采用不小于 20cm 厚的 C20 混凝土硬化，基础不好的道路应增设碎石掺石屑垫层。场内不允许积水。

(5) 预制梁场应尽量按照“工厂化、集约化、专业化”的要求规划、建设，每个预制梁场预制的梁板数量不宜少于 300 片。

(6) 预制梁场钢筋加工、混凝土拌合应尽量使用合同段既有的钢筋加工场、拌合站。

(7) 预制梁板钢筋骨架应统一采用定位胎膜进行加工，并设置高强度砂浆垫块确保钢筋保护层。

(8) 设置自动喷淋养护设备，预制梁板采用土工布包裹喷淋养护（北方地区应根据气候情况采用蒸汽保湿养护），养护水应循环使用。

3. 公路工程施工现场预制梁板台座布设【重要考点】

(1) 预制梁板的台座强度应满足张拉要求，台座尽量设置于地质较好的地基上，在不良地基路段，应先进行地基处理。为防止发生张拉台座不均匀沉降、开裂事故，影响预制梁板的质量，先张法施工的张拉台座不得采用重力式台座，应采用钢筋混凝土框架式台座。

(2) 底模宜采用通长钢板，不得采用混凝土底模。推荐使用不锈钢底模板，钢板厚度不小于6mm，并确保钢板平整、光滑，防止粘结造成底模“蜂窝”、“麻面”，底模钢板应采取防止变形措施。

(3) 存梁区台座混凝土强度等级不低于C20，台座尺寸应满足使用要求。用于存梁的枕梁应设在离梁两端面各50～80m处，且不影响梁片吊装，支垫材质应采用承载力足够的非刚性材料，且不污染梁底。

(4) 梁板预制完成后，移梁前应对梁板喷涂统一标识和编号，标识内容包括预制时间、张拉时间、施工单位、梁体编号、部位名称等。

(5) 空心板、箱梁最多存放层数应符合设计文件和相关技术规范要求。设计文件无规定时，空心板叠层不得超过3层，小箱梁堆叠存放不超过2层。

4. 公路工程施工现场拌合设备要求**【重要考点】**

(1) 混凝土拌合应采用强制式拌合机，单机生产能力不宜低于90m^3/h。拌合设备应采用质量法自动计量，水、外掺剂计量应采用全自动电子称量法计量，禁止采用流量或人工计量方式，保证工作的连续性、自动性，且具备电脑控制及打印功能。减水剂罐体应加设循环搅拌水泵。

(2) 水稳拌合应采用强制式拌合机，设备具备自动计量功能，一般设自动计量补水器加水。

(3) 沥青混合料采用间歇式拌合机，配备计算机及打印设备。

(4) 拌合站计量设备应通过当地有关部门标定后方可投入生产，使用过程中应不定期进行复检，确保计量准确。

(5) 拌合站应根据拌合机的功率配备相应的备用发电机，确保拌合站有可靠的电源使用。

5. 公路工程施工现场拌合站设置的其他要求**【重要考点】**

(1) 作业平台、储料仓、集料仓、水泥罐等涉及人身安全的部位均应设置安全防护装置，传动系统裸露的部位应有防护装置和安全检修保护装置。

(2) 砂石料场底部、上料台、上料输送带下部废料应经常性清理并保持清洁，严禁装载机铲料时铲底。地面应定期洒水，对粉尘源进行覆盖遮挡。

(3) 水泥、粉煤灰等材料进料时，应保证材料罐顶的密封性能，预留通气孔应设有降尘措施；当粉尘较大时，应暂时停止上料，待处理完后方可继续。

(4) 沥青混合料拌合站推荐设置碎石加工除尘与石灰水循环水洗，确保细集料洁净无杂质。

(5) 纤维材料、抗车辙剂、抗剥落剂等外加剂必须采用仓库存放，地面设置架空垫层，高度为离地面30cm，以免受潮。

(6) 拌合站标识、标牌设置符合相关规定。

6. 便道建设的一般规定**【重要考点】**

(1) 施工便道建设应满足施工需要，尽量结合地方道路规划进行专项设计，尽可能提前实施，完工后尽量留地方使用。新建便道、便桥应尽量不占用农田、少开挖山体，节约资源，保护环境。

(2) 施工便道应充分利用既有道路和桥梁。避免与既有铁路线、公路平面交叉，避免对当地居民生活造成困扰。

（3）施工便道、便桥应结合施工平面布置，满足工程施工机械、材料进场的要求。

（4）施工便道分为主干线和引入线，主干线尽可能靠近合同段各主要工点，引入线以直达施工现场为原则，并考虑与相邻合同段施工便道的衔接。

（5）施工便道应畅通，旧、危桥应加固处理。

7. 材料计划管理的内容**【重要考点】**

（1）材料需用量计划。

（2）材料供应计划。

（3）材料采购计划。

（4）材料用款计划。

（5）材料计划的调整。

（6）编制材料计划的原则和要求。

（7）材料计划的及时性。

（8）材料计划的执行与检查。

8. 施工现场土方机械的适用**【高频考点】**

（1）推土机。推土机装有推土铲刀，主要对土石方或散状物料进行切削或短距离搬运。

（2）铲运机。铲运机广泛用于公路与铁路建设，铲运机应在Ⅰ、Ⅱ级土中施工，如遇Ⅲ、Ⅳ级土应预先疏松。在土的湿度方面，最适宜湿度较小（含水量在25%以下）松散砂土和黏土中施工，但不适宜于在干燥的粉砂土和潮湿的黏土中作业，更不宜在地下水位高的潮湿地区和沼泽地带以及岩石类地区作业。

（3）装载机。在公路、特别是高等级公路施工中，装载机主要用于工程的填挖，沥青和水泥混凝土料场的集料、装料等作业。

（4）挖掘机。挖掘机械主要用于土石方的挖掘装载，包括单斗挖掘机和多斗（轮斗式）挖掘机，各种挖掘机械都安装挖斗。

（5）平地机。平地机主要用于路基、砂砾路面的整平及土方工程中场地整形和平地作业，还可用于修整路基的横断面，修刮路堤和路堑的边坡、开挖边沟和路槽等。此外还可用来在路基上拌合稳定土或其他路面材料、摊铺材料，修整和养护土路、松土、回填、清除杂草和积雪等。

9. 施工现场压实机械的分类**【重要考点】**

压实机械分类和生产能力：按压实作用原理分为静作用碾压机械、振动碾压机械和夯实机械三种类型。

10. 施工现场压实机械的适用范围**【重要考点】**

（1）光轮振动压路机最适用于压实非黏土壤、碎石、沥青混凝土及沥青混凝土铺层。

（2）羊脚或凸块式振动压路机既可压实非黏土，又可压实含水量不大的黏性和细粒砂砾石混合料。

（3）YZ（单钢轮）系列振动压路机主要用于各种材料的基础层、次基础层及填方的压实作业。

（4）YZC（双钢轮）系列振动压路机主要用于高等级公路、机场、停车场及工业性场院等工程施工中的沥青混凝土、水泥混凝土等面层的压实，也适用于大型基础、次基础及路堤填方的压实。

(5) XP（轮胎）系列压路机主要适用于各种材料的基础层、次基础层、填方及沥青面层的压实作业。

(6) 3Y、2Y（静碾）钢轮系列压路机主要适用于各种材料的基础层及面层的压实作业。

11. 沥青混凝土搅拌设备**【高频考点】**

沥青混凝土搅拌设备分类：分间歇式和连续滚筒式。

沥青混合料拌合设备的生产能力按每小时拌合成品料的数量确定。主要有小型（40t/h以下）、中型（40～350t/h）和大型（400t/h以上）三种。间歇式搅拌设备的生产能力最高达700t/h，连续滚筒式搅拌设备的生产能力最高达1200t/h。沥青混合料拌合设备的生产率是按每小时拌制混合料的吨数计算。

(1) 间歇式设备生产率计算公式：

$$Q_j=\frac{nG_jK_B}{1000}\ (t/h)$$

(2) 连续式设备生产率计算公式：

$$Q_L=\frac{60G_LK_B}{1000t}\ (t/h)$$

12. 沥青混凝土摊铺机**【高频考点】**

(1) 种类

沥青混凝土摊铺机按行走方式可分为自行式和拖式两种，自行式摊铺机又可分为履带式、轮胎式及复合式三种。

(2) 生产能力

沥青混合料摊铺机的生产能力是以其最大摊铺宽度确定，一般按摊铺宽度分为小型(3.6m)、中型（4～6m)、大型（6～10m）和超大型（10～12m）四类。生产能力计算：

沥青混合料摊铺机的生产率以每小时的吨数来计算，它按下列公式计算：

$$Q=hBv_o\rho K_B\ (t/h)$$

(3) 适用范围

最大摊铺宽度小于3600mm的摊铺机主要用于路面养护和城市街道路面修筑工程；最大摊铺宽度在4000～6000mm的摊铺机主要用于一般公路路面的修筑和养护；最大摊铺宽度在7000～9000mm的摊铺机主要用于高等级公路路面工程；摊铺宽度大于9000mm的摊铺机，主要用于业主有要求的高速公路路面施工。

13. 桥梁基础施工机械**【高频考点】**

(1) 钻孔设备：全套管钻机；旋转钻机；螺旋钻机、冲击钻机、回转斗钻机；液压旋挖钻孔机。

(2) 桩工机械：桩工机械分为冲击式打桩机械和振动打桩机械两大类。常用的冲击式打桩机械有：蒸汽打桩机、柴油打桩机、液压打桩机、振动沉拔桩机、静压沉桩机等。生产能力由桩锤重量、冲击能量和桩的大小决定。

14. 隧道施工机械设备**【重要考点】**

隧道施工机械设备如下：

（1）凿岩台机、臂式隧道掘进机；

（2）喷锚机械、衬砌设备；

（3）全断面隧道掘进机、盾构机。

15. 施工机械的选择**【重要考点】**

根据工程量、计划时段内的台班数、机械的利用率和生产率来确定施工机械需要数量，可用公式计算：

$$N=\frac{P}{W_1QK_B}$$

16. 路基工程主要机械设备的配置**【重要考点】**

路基工程主要机械设备的种类主要包括：推土机、装载机、挖掘机、铲运机、平地机、压路机、凿岩机以及石料破碎和筛分设备，根据工程的作业要求，选择不同的机械设备。

17. 水泥混凝土路面施工主要机械设备的配置**【重要考点】**

水泥混凝土路面施工设备主要有混凝土搅拌楼、装载机、运输车、布料机、挖掘机、吊车、滑模摊铺机、整平梁、拉毛养护机、切缝机、洒水车等。

18. 隧道暗挖施工法机械配置**【高频考点】**

（1）钻孔机械：风动凿岩机、液压凿岩机、凿岩台车。

（2）装药台车。

（3）找顶及清底机械。

（4）初次支护机械：锚杆台车、混凝土喷射机。

（5）注浆机械（包括钻孔机、注浆泵）。

（6）装碴机械（包括轮胎式、履带式装载机、扒爪装岩机、耙斗式装岩机、铲斗式装岩机）。

（7）运输机械（包括自卸汽车、矿车）。

（8）二次支护衬砌机械：模板衬砌台车（混凝土搅拌站、搅拌运输车、混凝土输送泵）。

历 年 真 题

案例分析题一［2017年真题］

【背景资料】

某施工单位在北方平原地区承建了一段长22km的双向四车道高速公路的路基、路面工程，该工程路面结构设计示意图如图6-1所示。

施工中发生如下事件：

事件1：施工单位进场后采用活动板房自建驻地项目部，驻地生活用房建设时充分考虑以人为本的理念，驻地办公用房面积考虑了下列各个部（或室）的要求：项目经理室、书记办公室。项目副经理办公室、各职能部门办公室（质检部、合同部、技术部、财务部、安全部等）、综合办公室、医务室、保安室、档案资料室、打印复印室。

事件2：施工单位在基层施工前，进行了各项标准试验，包括标准击实试验、B试

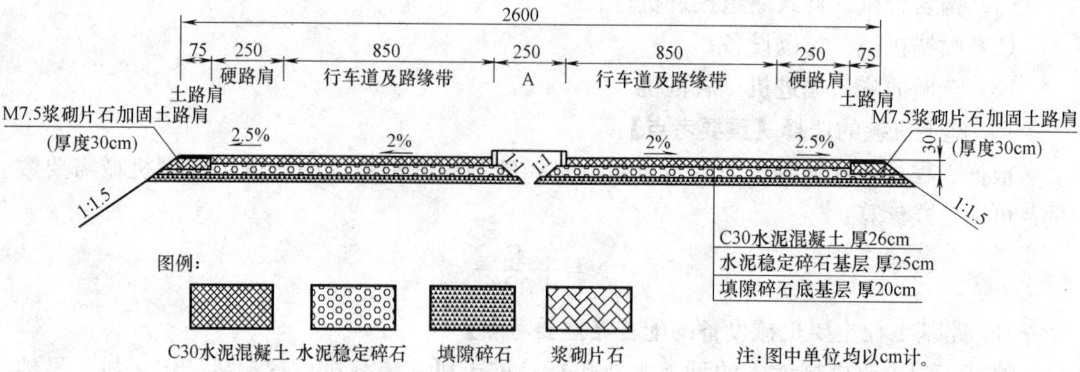

图 6-1　路面结构设计示意图

验、混合料的配合比试验、结构强度试验等，其中路面基层无机结合料稳定材料配合比设计流程图如图 6-2 所示。

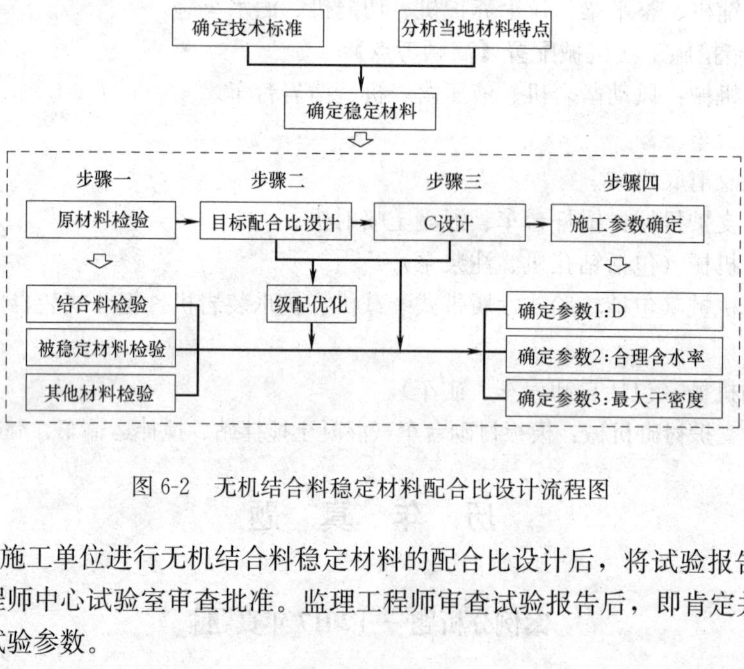

图 6-2　无机结合料稳定材料配合比设计流程图

事件 3：施工单位进行无机结合料稳定材料的配合比设计后，将试验报告及试验材料提交监理工程师中心试验室审查批准。监理工程师审查试验报告后，即肯定并签认了施工单位的标准试验参数。

事件 4：施工单位为加强对工地试验室的管理，制订了《试验、检测记录管理办法》及相关试验管理制度，现部分摘录如下：

（1）工地试验室对试验、检测的原始记录和报告应印成一定格式的表格，原始记录和报告要实事求是，字迹清楚，数据可靠，结论明确。同时应有试验、计算、复核、负责人签字及试验日期，并加盖项目公章。

（2）工程试验、检测记录应使用签字笔填写，内容应填写完整，没有填写的地方应划"—"不能留空。

（3）原始记录如果需要更改，作废数据应采用涂改液涂改，并将正确数据填在上方，同时加盖更改人印章。

【问题】

1. 写出图 6-1 中 A 的名称及图 6-2 中检测参数 3 可采用的试验方法。

2. 补充事件 1 中驻地办公用房面积考虑时缺少的部（或室）。

3. 写出事件 2 中 B 试验的名称以及图 6-2 步骤 3 中 C 设计、步骤 4 中 D 参数的名称。

4. 判断事件 3 中监理工程师做法是否正确？如果正确，说明理由；如果错误，改正错误之处。

5. 逐条判断事件 4 中《试验、检测记录管理办法》摘录内容是否正确？并改正错误。

【解题方略】

1. 本题考核的是工程路面结构设计示意图和最大干密度的检测试验方法。A 的名称较容易判断，属于最基本的常识，这个位置考核的是考生对路面结构中路面基层，路面面层及附属设施的掌握，通过示意图可以清楚的得知其在最中间的位置。检测参数 3 可采用的试验方法，可以直接翻译为最大干密度的检测试验方法，考生不要被整个流程图所迷惑。确定无机结合料稳定材料最大干密度指标时宜采用重型击实方法，也可采用振动压实方法。

2. 本题考核的是项目部驻地建设的硬件设施。本题需要结合背景资料的信息进行作答。通过背景资料中的项目经理室、项目副经理办公室，我们首先要想到的是项目总工程师办公室是必不可少的。该问应充分利用事件 2 中所给出的各种试验，从而提炼出试验室。项目总工程师办公室和试验室是本问的主要采分点。

3. 本题考核的是无机结合料稳定材料的配合比设计流程。考生需要结合事件 2 中的材料，即确定各标准试验。考生需要知道标准击实试验的用途。其是在含水量及最大干密度时需要进行的试验。考生需要考虑的设计流程图中的“级配优化”，考虑到级配优先的原则。从而得知 B 试验为标准的试验及级配试验。C 设计在目标配合比紧后的，一定是生产配合比设计。应考虑到参数中，已经给出合理的含水率和最大干密度，以及图中提出的级配优化的因素。根据该条件即可锁定 D。

4. 本题考核的是试验检测制度。根据问题中，“监理工程师做法”即可锁定“肯定并签认了施工单位的标准试验参数”的知识点。监理工程师缺少了平行进行复核（对比）试验的过程。

5. 本题考核的是试验、检测记录管理。本题中（1）的内容中，考生应明辨出“加盖项目公章”的陷阱，试验室有专门的试验公章，级应加盖试验专用公章。本题中（3）的内容中，“涂改液涂改”错误较为明显。

【参考答案】

1. A 为中央分隔带。检测参数 3（最大干密度）用重型击实方法或振动压实方法。

2. 项目总工程师办公室、工地试验室、会议室。

3. B 为集料的级配试验；C 为生产配合比设计；D 为无机结合料剂量。

4. 不正确。正确做法：监理工程师中心试验室应在承包人进行标准试验的同时或以后，平行进行复核（对比）试验，以肯定、否定或调整承包人标准试验的参数或指标。

5. （1）错误，正确说法：应该加盖试验专用公章。

（2）正确。

（3）错误。正确说法：原始记录如果需要更改，作废数据应划两条水平线；并将正确数据填在上方，同时加盖更改人印章。

案例分析题二［2017年真题］

【背景资料】

某特大桥主桥为连续刚构桥，桥跨布置为（75＋6×20＋75）m，桥址区地层从上往下依次为洪积土、第四系河流相的黏土、亚黏土及亚砂土、砂卵石土、软岩。主桥均采用钻孔灌注桩基础，每墩位8根桩，对称布置。其中1号、9号墩桩径均为ϕ1.5m，其余各墩桩径为ϕ1.8m，所有桩长均为72m。

施工中发生如下事件：

事件1：该桥位处主河槽宽度为270m，4号～6号桥墩位于主河槽内，主桥下部结构施工在枯水季节完成，最大水深4.5m。考虑到季节水位与工期安排，主墩搭设栈桥和钻孔平台施工，栈桥为贝雷桥，分别位于河东岸和河西岸，自岸边无水区分别架设至主河槽各墩施工平台，栈桥设计宽度6m，跨径均为12m，钢管桩基础，纵梁采用贝雷桁架，横梁采用工字钢，桥面采用8mm厚钢板，栈桥设计承载能力为60t，施工单位配备有运输汽车、装载机、切割机等设备用于栈桥施工。

事件2：主桥共计16根ϕ1.5m与56根ϕ1.8m钻孔灌注桩，均采用同一型号回旋钻机24h不间断施工，钻机钻进速度均为1.0m/h。钢护筒测量定位与打设下沉到位另由专门施工小组负责，钻孔完成后，每根桩的清孔、下放钢筋笼，安放灌注混凝土导管、水下混凝土灌注、钻机移位及钻孔准备共需2d时间（48h），为满足施工要求，施工单位调集6台回旋钻机，为保证工期和钻孔施工安全，考虑两种钻孔方案，方案一：每个墩位安排2台钻机同时施工；方案二：每个墩位只安排1台钻机施工。

事件3：钻孔施工的钻孔及泥浆循环系统示意图如图6-3所示，其中D为钻头、E为钻杆、F为钻机回转装置、G为输送管，泥浆循环如图中箭头所示方向。

事件4：3号墩的1号桩基钻孔及清孔完成后，用测深锤测得孔底至钢护筒顶面距离为74m。水下混凝土灌注采用直径为280mm的钢导管，安放导管时，使导管底口距离孔底30cm，此时导管总长为76m，由1.5m、2m、3m三种型号的节段连接而成。根据《公路桥涵施工技术规范》要求，必须保证首批混凝土导管埋置深度为1.0m，如图6-4所示，其中H_1为桩孔底至导管底端距离，H_2为首批混凝土导管埋置深度，H_3为孔内水头（泥浆）顶面至孔内混凝土顶面距离，h_1为导管内混凝土高出孔内泥浆面的高度，且孔内泥浆顶面与护筒顶面标高持平。混凝土密度为2.4g/cm³，泥浆密度为1.2g/cm³。

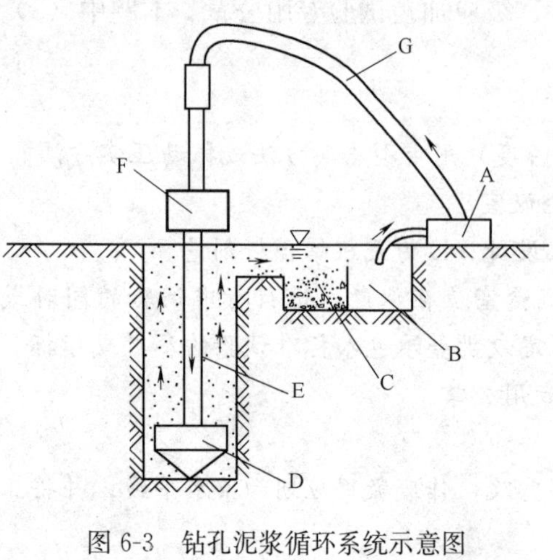

图6-3 钻孔泥浆循环系统示意图

事件5：3号墩的1号桩持续灌注3h后，用测深锤测得混凝土顶面至钢护筒顶面距离为47.4m，此时已拆除3m导管4节、2m导管5节。

事件6：某桩基施工过程中，施工单位采取了如下做法：

（1）钻孔过程中，采用空心钢制钻杆。

（2）水下混凝土灌注前，对导管进行

压气试压试验。

(3) 泵送混凝土中掺入泵送剂或减水剂，缓凝剂。

(4) 灌注混凝土过程中注意测量混凝土顶面高程，灌注至桩顶设计标高时即停止施工。

(5) 用于桩身混凝土强度评定的混凝土试件置于桩位处现场，与工程桩同条件养护。

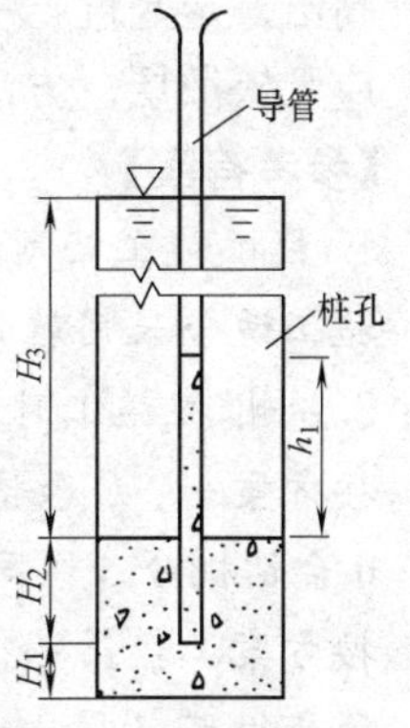

图 6-4　混凝土灌注示意图

【问题】

1. 事件 1 中，补充栈桥施工必须配置的主要施工机械设备。结合地质水文情况，本栈桥施工适合采用哪两种架设方法？

2. 针对事件 2，不考虑各桩基施工工序搭接，分别计算两种方案主桥桩基础施工的总工期，应该选择哪一种方案施工？

3. 写出图 6-3 中设备或设施 A、B、C 的名称与该回旋钻机的类型。

4. 事件 4 中，计算 h_1 与（单位：m）与首批混凝土数量（单位：m^3）（计算结果保留 2 位小数，π 取 3.14）

5. 计算并说明事件 5 中导管埋置深度是否符合《公路桥涵施工技术规范》规定？

6. 事件 6 中，逐条判断施工单位的做法是否正确？并改正错误。

【解题方略】

1. 本题考核的是栈桥施工的架设方法。首先要从背景资料中摘取相关信息，事件 1 中提到了“主墩搭设栈桥和钻孔平台施工，且栈桥为贝雷桥”“自岸边无水区分别架设至主河槽各墩施工平台”，即从岸边逐渐架设至主河槽的，是慢慢推进的。“钢管桩基础，纵梁采用贝雷桁架、横梁采用工字钢”，重要的是考虑到钢管桩基础。“施工单位配备有运输汽车、装载机、切割机等设备用于栈桥施工”。关联到装载机、切割机应该可以推导出电焊的工作需要焊接机。

2. 本题考核的是施工工期的计算。本题应考虑到一根桩 24h 不间断施工，72÷1＝72h（3d）。我们首先应该了解一共有几根桩。9 个墩即应该有 72 个桩。若每个墩安排 2 台，则最多可以有 3 个墩同时施工。每个墩安排 1 台，则最多可以 6 个墩同时施工。

3. 本题考核的是钻孔泥浆循环系统。本题考核的较为简单，为送分题，考生结合钻孔泥浆循环系统示意图即可轻松推导出正确答案。

4. 本题考核的是混凝土灌注施工中涉及的计算。首先考生应该看出混凝土灌注示意图中导管下端并未到达孔底且导管距离孔底距离为 30cm。考生需要注意“必须保证首批混凝土导管埋置深度为 1.0m”等重要信息。解答本题需要考生充分利用背景资料所给信息。先计算出 h_1，再计算首批混凝土数量就会简单许多。

5. 本题考核的是《公路桥涵施工技术规范》的相关规定。本题应充分利用事件 4 和事件 5 的资料进行作答。本题并没有想象的那么难。事件 4 中，74m 是固定的，导管底口距离孔底 30cm＝0.3m。事件 5 中，“已拆除 3m 导管 4 节、2m 导管 5 节”的长度较为容易得出。

6. 本题考核的是桩基施工要点。泥浆通过钻杆的中心往下走必然为空心钻杆，方法（1）表述正确。水下混凝土一般用钢导管灌注，导管内径为 200～350mm，视桩径大小而定。导管使用前应进行水密承压和接头抗拉试验，严禁用压气试压。灌注的桩顶标高应比设计高出一定高度，一般为0.5～1.0m，以保证混凝土强度，多余部分接桩前必须凿除，桩头应无松散层。方法（4）中，“灌注至桩顶设计标高时即停止施工”的表述明显有误。

【参考答案】

1. 栈桥施工必须配置的主要机械设备有：履带吊机（或吊车）、振动锤、焊接机，本栈桥施工适合采用履带吊机架设法、悬臂推出法。

2. 每根桩施工时间为：72×1/24+2=5d。

按方案一：2台钻机同时工作每墩位8根桩，需要5×8/2=20d。

6台钻机分3组同时工作完成9个墩位72根桩，共需20×3=60d。

按方案二：第一循环6台钻机施工6个墩位48根桩，需要40d。

第二循环只需3台钻机施工3个墩位24根桩，需要40d。

共计施工时间为：40+40=80d。

因方案一施工工期较短，所以应选择方案一。

3. A为泥浆泵、B为泥浆池、C为沉淀池（或沉渣池），该钻机为正循环回旋钻机。

4. $H_3=74-1-0.3=72.7$m。

$h_1=(72.7\times1.2)/2.4=36.35$m。

首批混凝土数量$V=(3.14\times1.8^2\times1.3)/4+(3.14\times0.28^2\times36.35)/4=5.54\text{m}^3$。

5. 事件5中，导管埋置深度=74−47.4−22−0.3=4.3m，导管埋设深度符合规范的“导管埋置深度宜控制在2～6m”的规定。

6.（1）正确。

（2）错误，改正为“必须对导管进行水密承压和接头抗拉试验，严禁用压气试压”。

（3）正确。

（4）错误，改正为“灌注的桩顶标高应比设计标高高出一定高度，一般为0.5～1.0m，以保证混凝土强度”。

（5）错误，改正为“桩身混凝土强度评定的混凝土试件应置于试验室标准养护条件下养护28d”。

案例分析题三［2016年真题］

【背景资料】

某施工单位承建了一座高架桥，该桥上部结构为30m跨径的预应力小箱梁结构，共120片预制箱梁。

施工合同签订后，施工单位根据构件预制场的布设要求，立即进行了箱梁预制场的选址和规划，并编制了《梁场布置方案》，在报经企业技术负责人审批后实施。方案要求在梁板预制完成后，移梁前应对梁板喷涂统一标识，包括预制时间、梁体编号等内容。预制场平面布置示意图如图6-5所示。

预制场设5个制梁台座（编号1～5），采用一套外模、两套内模。每片梁的生产周期为10d，其中A工序（钢筋工程）2d，B工序（模板安装、混凝土浇筑、模板拆除）2d，C工序（混凝土养护、预应力张拉与移梁）6d。5个制梁台座的制梁横道图如图6-6所示。

箱梁预制前，施工单位对底模板设置了预拱。在进行第25号箱梁预制时，为选择预应力筋张拉时机，在箱梁混凝土浇筑时，试验人员甲在现场同步取样，并对取样试块按试

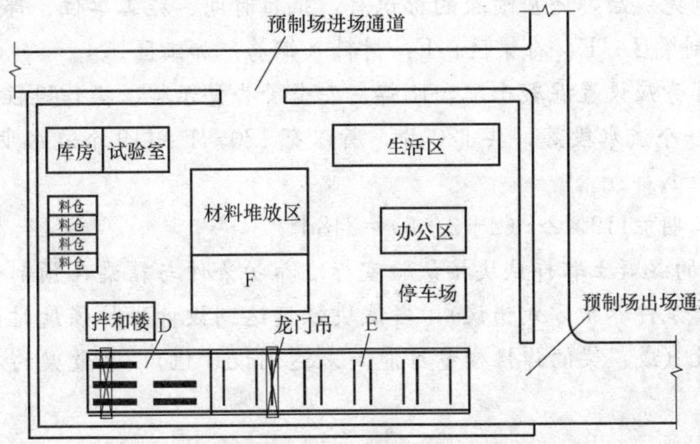

图 6-5 预制场平面布置示意图

验室标准条件养护，严格按测定的试块强度作为预应力筋的张拉强度。但张拉完成后发现该梁预拱度出现较大偏差。

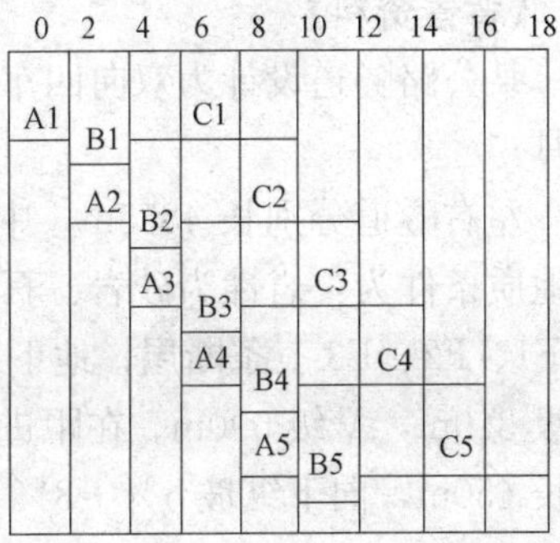

图 6-6 5 个制梁台座的制梁横道图（时间单位：d）

【问题】

1. 完善《梁场布置方案》的审批程序，并补充梁板还应喷涂的标识。

2. 分别写出预制场平面布置示意图中 D、E、F 区域代表的名称。在拌合楼旁通常需设置哪些标识或标牌？

3. 列式计算 120 片箱梁按图 6-6 的形式组织流水施工的最短预制工期。

4. 分析 25 号箱梁预拱度出现较大偏差的原因。

【解题方略】

1. 本题考查的是现场预制梁场的审批程序及标识标牌标准。

(1) 场地建设前施工单位应将梁场布置方案报监理工程师审批，方案内容应包含各类型梁板的台座数量、模板数量、生产能力、存梁区布置及最大存梁能力等。

(2) 梁板预制完成后，移梁前应对梁板喷涂统一标识和编号，标识内容包括预制时间、张拉时间、施工单位、梁体编号、部位名称等。用排除法即可作答。

2. 本题考查的是预制场平面布置及拌合楼旁的标识设置。拌合楼旁首先必须设置混凝土配合比牌，安全警告警示牌应在各作业点设置，机械设备旁应设置操作规程标志牌。故本题变得简单许多。

3. 本题考查的是片箱梁预制总工期的计算。此处首先应落实流水步距与每个流水步距 K 的值。其次，必须考虑到每片梁的生产周期。

4. 本题考查的是箱梁预拱度出现较大偏差的原因。看到预拱度出现较大偏差，应从梁板养护条件与其弹性模量考虑。

【参考答案】

1. (1) 梁场布置方案还应报监理工程师审批后才能实施。

（2）梁板预制完成后，还应喷涂的标识有：张拉时间、施工单位、部位名称。

2.（1）D：制梁区；E：存梁区；F：材料（钢筋）加工区。

（2）在拌合楼旁应设置混凝土配合比牌、安全警告警示牌、操作规程标志牌。

3. 每片梁为一个流水段落，共 120 片，所以有 120－1＝119 个流水步距。

每个流水步距 K＝2d。

所以预制总工期＝119×2＋(2＋2＋6)＝248d。

4. 25 号箱梁的混凝土取样试块按试验室标准养护条件与箱梁在预制台座上的现场养护条件不同（或：试件养护方式错误），当试块强度达到设计张拉强度时，试件强度与现场梁体强度不一致（或：梁的弹性模量可能尚未达到设计值），导致梁的起拱值偏大而出现预拱度偏差。

案例分析题四［2016 年真题］

【背景资料】

某公路隧道设计为双向四车道分离式隧道，沥青混凝土路面。隧道合同总工期为 36 个月。

左右隧道分别长 4855m，中线间距 30m，隧道最大埋深 850m，纵坡为 3%人字坡。其地质条件为：岩性为砂岩、石灰岩，局部有煤系地层；瓦斯含量低，属低瓦斯隧道；穿越 F1、F2、F3 三条断层；地下水发育。左右洞围岩级别均为：Ⅱ级 3415m，Ⅲ级 540m，Ⅳ级 310m，Ⅴ级 590m。在距进口 2100m（对应里程 K27＋850）处设计了一座斜井，斜井长 450m，向下纵坡 5%～8%。隧道纵断面示意图及平面布置示意图分别如图 6-7 和图 6-8 所示。

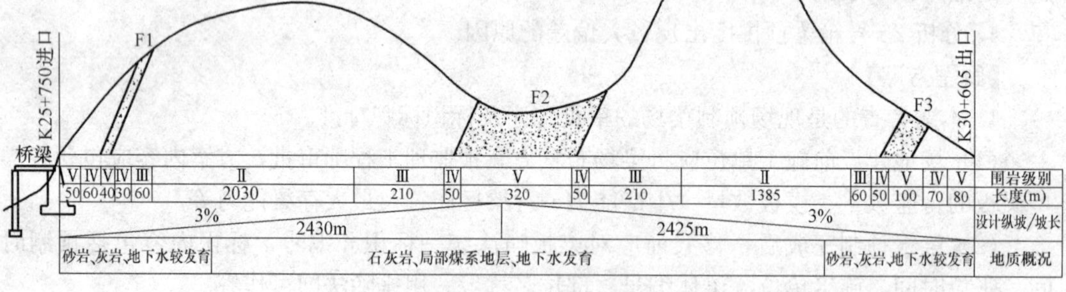

图 6-7　隧道纵断面示意图

施工中发生如下事件：

事件 1：施工单位进场后，经现场调查发现，进口处为深沟，且跨沟桥台位于隧道洞口。经综合考虑，施工单位提出了设计变更方案，在距进口 280m 处增设一条长 150m 的横洞（如图 6-8 所示）。

事件 2：施工单位根据地质条件和施工水平，采用钻爆法开挖施工、无轨运输。施工计划进度指标为：Ⅱ级围岩开挖支护 130m/月，Ⅲ级围岩开挖支护 90m/月，Ⅳ级围岩开挖支护 70m/月，Ⅴ级围岩开挖支护 30m/月，二次衬砌 144m/月。施工准备 3 个月，二次衬砌及沟槽施工结束滞后于开挖支护 1 个月，路面铺筑及交通、机电工程施工 2 个月，横

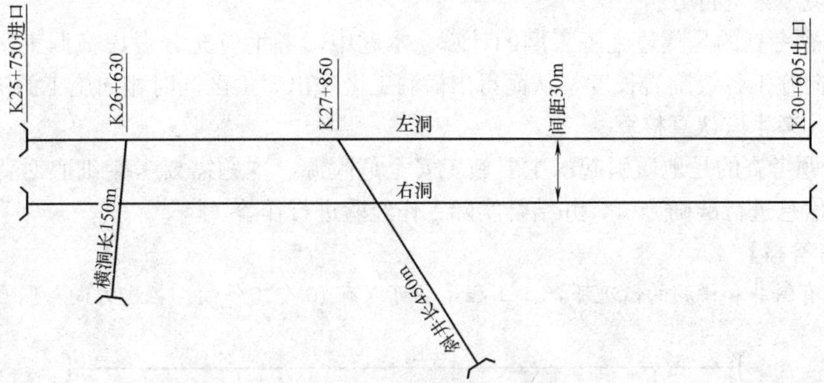

图 6-8　平面布置示意图

洞施工 4 个月，斜井施工 6 个月，不确定因素影响工期 1 个月。进出洞口所增加的时间已综合考虑，不再单独计算。

事件 3：根据现场情况，相关单位拟保留横洞而取消斜井。

【问题】

1. 在有斜井和横洞的情况下，本隧道最多有几个开挖面同时施工？并在平面布置示意图上用箭头标明掘进方向（需在答题卡上复制平面布置示意图作答）。

2. 该隧道施工的每个工作面需要配备哪些主要开挖及初期支护机械设备（至少回答 6 种设备）？

3. 分析事件 1 中施工单位提出增设进口横洞的理由。

4. 根据事件 2 给出的条件，在事件 3 中保留横洞而取消斜井的情况下，计算隧道施工最短工期（计算结果以月为单位，保留一位小数）。

5. 根据提供的地质信息，本隧道由地质引起的主要施工安全危险源有哪些？

【解题方略】

1. 本题考查的是同时施工工作面的计算。

2. 本题考查的是隧道施工开挖及初期支护的机械设备。考生应熟记隧道施工暗挖施工法机械配置：

（1）钻孔机械：风动凿岩机、液压凿岩机、凿岩台车；

（2）装药台车；

（3）找顶及清底机械；

（4）初次支护机械：锚杆台车、混凝土喷射机；

（5）注浆机械（包括钻孔机、注浆泵）；

（6）装碴机械（包括轮胎式、履带式装载机、扒爪装岩机、耙斗式装岩机、铲斗式装岩机）；

（7）运输机械（包括自卸汽车、矿车）；

（8）二次支护衬砌机械：模板衬砌台车（混凝土搅拌站、搅拌运输车、混凝土输送泵）。

考生应根据开工及初期支护的限制条件进行明确区分，避免混淆或者多答。

3. 本题考查的是增设进口横洞的理由。此处主要应根据平面布置示意图及事件 1 中，给出的环境线索进行分析。

4. 本题考查的是隧道施工工期的计算。本题中，考生应充分考虑横洞工区和出口工区同时相向施工各级围岩长度，从而得出横洞工区和出口工区同时相向施工的工期，此处为易错点，考生应认真核算。

5. 本题考查的是地质引起的主要施工安全危险源。本题需要考生细心对背景资料中所述地质信息进行准确分析，并结合实际工作经验进行作答。

【参考答案】

1. 在有斜井和横洞的情况下，本工程最多可以有10个工作面。掘进方向如图6-9所示。

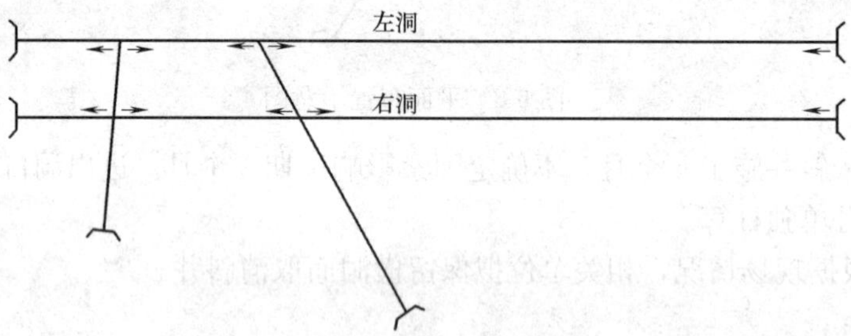

图6-9　掘进方向示意图

2. 每个开挖面配备的开挖和初期支护机械设备有：凿岩机、凿岩台车、装药台车、锚杆台车（锚杆安装机）、混凝土喷射机、钻孔机、注浆泵（压浆机）。

3. 增设进口横洞的理由：进口端为深沟，所以无施工场地，且与桥台施工相互干扰，因此增加横洞可以为进主洞施工提供进洞条件；同时还可以增加工作面，进一步保证了施工工期。

4. （1）横洞施工4个月期间，隧道出口开挖掘进长度＝30×3＋70×1＝160m。

（2）横洞工区和出口工区同时相向施工的各级围岩长度：

Ⅱ级围岩长度＝2030－(280－50－60－40－30－60)＋1385＝3375m。

Ⅲ级围岩长度＝210＋210＋60＝480m。

Ⅳ级围岩长度＝50＋50＋50＝150m。

Ⅴ级围岩长度＝320＋[100－(160－70－80)]＝410m。

（3）横洞工区和出口工区同时相向施工的工期

＝(3375/130＋480/90＋150/70＋410/30)/2＝23.6个月。

（4）总工期＝3＋4＋23.6＋2＋1＋1＝34.6个月。

5. 本隧道由地质引起的主要施工安全危险源为：洞口段、浅埋段、断层破碎带、岩层接触带、岩溶、地下涌水、瓦斯地段。

案例分析题五［2014年真题］

【背景资料】

某施工单位承接了某丘陵区一级公路路基施工任务。施工单位编制了路基施工组织设计，并对施工组织设计进行了优化，重点优化了施工方案，主要包括施工方法的优化、施工作业组织形式的优化、施工劳动组织的优化。技术人员根据路基横断面计算出土石方的“断面方数”，经复核后，进行土石方纵向调配。调配时考虑到技术经济条件，尽量在经济合理的范围内移挖作填，使路堑和路堤中土石方数量达到平衡，减少了弃方与借方。全标段路基挖方土质为普通土，平均运距50m的土方有150000m³，平均运距200m的土方有100000m³，平均运距3000m的土方有80000m³。K5＋630～K5＋810的平均挖方深度7m左右，施工单位采用的某一开挖断面示意如图6-10所示，要求上下错台同时掘进。

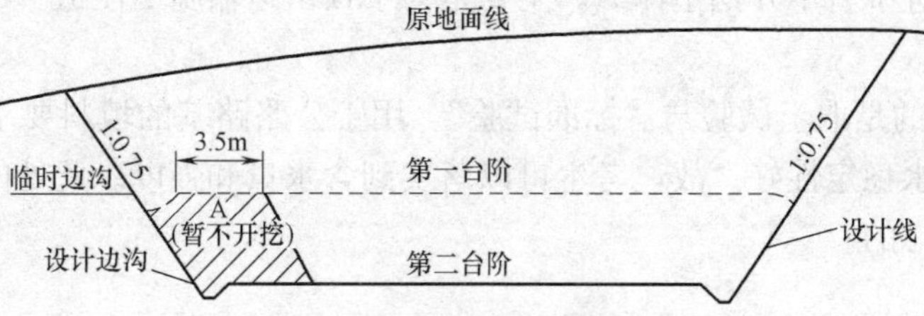

图6-10　开挖断面示意图

施工准备中，施工单位对拟作为路基填料的土样按《公路土工试验规程》的要求送中心实验室进行标准试验，以计算最佳含水量和最大干密度，并通过其他相关试验确定了土的塑限、液限、塑性指数、最大粒径、有害物质含量，最后将试验结果以书面形式报告监理工程师备案。

【问题】

1. 补充施工方案的优化内容。

2. 针对平均运距3000m的土方，写出宜配置的挖运施工机械。

3. 计算全标段土方的平均运距（计算结果取整数）。

4. 根据开挖断面示意图，写出K5＋630～K5＋810路段的路堑开挖方法的名称，并简要说明图中第二台阶掘进中暂不开挖土体A在施工中的主要作用。

5. 取土试验还应确定土的哪些指标？资料中的“标准试验”具体是哪种试验？

【解题方略】

1. 本题考查的是施工方案的优化内容。该部分内容属于较为简单的考点，需要考生进行实记。

2. 本题考查的是挖运施工机械的适用。土方机械化开挖应根据基础形式、工程规模、开挖深度、地质、地下水情况、土方量、运距、现场和机具设备条件、工期要求以及土方机械的特点等合理选择挖土机械，以充分发挥机械效率，节省机械费用，加速施工进度。土方机械化施工常用机械有：推土机、铲运机、挖掘机（包括正铲、反铲、拉铲、抓铲等）、装载机等。考生应了解其特性、作业特点及适用条件，才能进行配置。

3. 本题考查的是土方平均运距的计算。根据背景资料给出的条件“全标段路基挖方土质为普通土，平均运距50m的土方有150000m³，平均运距200m的土方有100000m³，平均运距3000m的土方有80000m³。”全标段土方的平均运距＝(50×150000＋200×100000＋3000×80000)÷(150000＋100000＋80000)＝811m。此类题的解答一定要结合背景资料，并注意数值的正确使用。

4. 本题考查的是挖方路基施工。土质路堑作业有横向挖掘法、纵向挖掘法、混合式挖掘法。其中，横向挖掘可采用单层横向全宽挖掘法和多层横向全宽挖掘法。单层横向全宽挖掘法是从开挖路堑的一端或两端按断面全宽一次性挖到设计标高，逐渐向纵深挖掘，挖出的土方一般都是向两侧运送。适用于挖掘浅且短的路堑。多层横向全宽挖掘法是从开挖路堑的一端或两端按断面分层挖到设计标高，适用于挖掘深且短的路堑。根据背景资料给出的“K5＋630～K5＋810 的平均挖方深度 7m 左右，上下错台同时掘进”并结合开挖断面示意图，可以看出该路段的路堑开挖宜采用多层横向全宽挖掘法。

第二台阶掘进中暂不开挖土体 A，主要是为了预留运输施工便道。考生可联系工程实际进行解答。

5. 本题考查的是取土试验与“标准试验”。用于公路路基的填料要求挖取方便，压实容易，强度高，水稳定性好。故，考生可以落实到含水量和强度。此处的标准试验亦是从含水量和强度考虑的。

【参考答案】

1. 施工方案的优化内容还应补充：施工顺序的优化、施工机械组织优化等。

2. 宜配置的挖运施工机械有：推土机、铲运机、挖掘机、装载机和自卸汽车等。

3. 全标段土方的平均运距＝(50×150000＋200×100000＋3000×80000)÷(150000＋100000＋80000)＝811m。

4. (1) K5＋630～K5＋810 路段的路堑开挖方法的名称为多层横向全宽挖掘法。

(2) 第二台阶掘进中暂不开挖土体 A 在施工中的主要作用是预留运输施工便道。

5. (1) 取土试验还应确定土的最佳含水量、最小强度等。

(2) 资料中的“标准试验”具体包括土的击实试验和 CBR 值试验。

案例分析题六［2014 年真题］

【背景资料】

某双向四车道一级公路运营 10 年后，水泥混凝土面板破损严重，拟进行改建。设计方案为：对旧水泥混凝土路面采用碎石化法处理，然后加铺沥青混凝土面层，同时在公路右侧土质不稳定的挖方路段增设重力式挡土墙面及碎落台如图 6-11 所示。某施工单位通过投标承接了该工程。

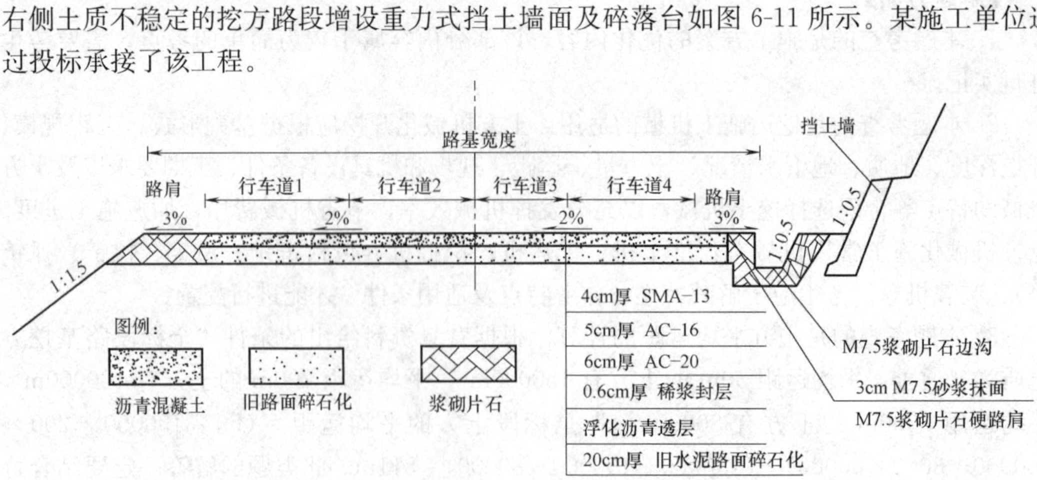

图 6-11　路基横断面示意图

事件1：旧水泥混凝土面板破碎前，施工单位对全线的排水系统进行设置和修复，并将公路两侧的路肩挖除至与旧路面基层顶面同一高度，对全线存在的严重病害软弱路段进行处治。

事件2：路面碎石化施工的部分要点摘录如下：①路面破碎时，先破碎行车道2和行车道3，再破碎行车道1和行车道4；②两幅破碎一般保证10cm左右的搭接破碎高度；③为尽量达到破碎均匀效果，破碎过程中应保持破碎机行进速度、落锤高度、频率不变；④对暴露的加强钢筋尽量留在碎石化后的路面中。

事件3：铺筑沥青混凝土时，上、中、下面层的铺筑拟采用线性流水作业方式组织施工，各面层铺筑的速度见表6-1。

各面层铺筑的速度表 **表6-1**

项　　目	铺筑速度(延米·d^{-1})	项　　目	铺筑速度(延米·d^{-1})
上面层	600	下面层	650
中面层	700		

事件4：建设单位要求将上面层的粗集料由石灰岩碎石变更为花岗岩碎石，并要求施工单位调查、上报花岗岩碎石的预算单价。施工单位对花岗岩碎石调查如下：出厂时碎石原价为91元/m^3，每立方米碎石的运杂费为4.5元/km。花岗岩碎石厂到工地的平均运距为22km，场外运输损耗率为4%，采购及保管费率为2.5%。

【问题】

1. 事件1中挖除路肩的主要目的是什么？

2. 对事件1中存在严重病害的软弱路段应如何处治？

3. 逐条判断事件2中各施工要点的对错，并改正错误之处。

4. 按墙背形式划分，图中路堑挡土墙属于哪一种？该种墙背形式的挡土墙有何优缺点？

5. 事件3路面施工组织中，下面层与中面层、中面层与上面层应分别采用何种工作搭接关系？说明理由。

6. 计算花岗岩碎石的预算单价（计算结构保留两位小数）。

【解题方略】

1. 本题考查的是路面碎石化前的处理。本题中，考生应了解路面碎石化前的处理内容，即可轻松锁定正确答案。

2. 本题考查的是特殊路段的处理。本题较为简单，考生结合实际经验即可轻松作答。

3. 本题考查的是路面碎石化施工的要点。本题需要考生对路面碎石化施工的要点进行全面的掌握。在正常碎石化施工过程中，应根据路面实际状况对破碎参数不断作出微小的调整。当需要参数作出较大的调整时，则应通知监理工程师。路面破碎时，先破碎路面侧边的车道，然后破碎中部的行车道。两幅破碎一般要保证10cm左右的搭接破碎宽度。机械施工过程中要灵活调整行进速度、落锤高度、频率等，尽量达到破碎均匀。路面碎石化后应清除路面中所有松散的填缝料、胀缝料、切割移除暴露的加强钢筋或其他类似物。

4. 本题考查的是挡土墙的种类及优缺点。回答本题时，应注意各形式挡土墙的特点。

5. 本题考查的是路面工程施工组织设计的编制。在编制施工组织设计的进度计划时应考虑到路面工程施工的工序之间的逻辑关系，注意各结构层的施工可以采用搭接流水方式以加快施工进度。因此，我们要分析各结构层之间的施工进度（速度），根据施工速度选择搭接类垫［前道工序速度快于后道工序时选用开始到开始（*STS*）类型，否则用完成到完成（*FTF*）类型］。

6. 本题考查的是预算单价的计算。材料预算价格＝(材料原价＋运杂费)×(1＋场外运输损耗率)×(1＋采购及保管费率)－包装品回收价值＝(91＋4.5×22)×(1＋4%)×(1＋2.5%)＝202.54 元/m^3。

【参考答案】

1. 事件 1 中挖除路肩的主要目的是：以便使水能从路面区域及时排出。

2. 对事件 1 中存在严重病害的软弱路段处治如下：

进行修复处理，首先清除混凝土路面并开挖至稳定层，然后换填监理工程师认可的材料。

3. (1) 施工要点①错误。

改正：应先破碎行车道 1、4，后破碎行车道 2、3。

(2) 施工要点②正确。

(3) 施工要点③错误。

改正：机械施工过程中要灵活调整进行速度、落锤高度、频率等，尽量达到破碎均匀。

(4) 施工要点④错误。

改正：应切割移除暴露的加强钢筋。

4. 按墙背形式划分，图中路堑挡土墙属于仰斜式挡土墙。

该种墙背形式的挡土墙优缺点如下：

仰斜墙背所受的土压力较小，用于路堑墙时，墙背与开挖面边坡较贴合，因而开挖量和回填量均较小，但墙后填土不易压实，不便施工。

5. 事件 3 路面施工组织中，下面层与中面层采用 *FTF*（完成到完成）。

理由：下面层摊铺速度大于中面层的摊铺速度，但是下面层摊铺完成后，还需要养生，待过了养生期后，中面层的摊铺才能完成，故搭接关系应为 *FTF*。

中面层与上面层应采用 *STS*（开始到开始）搭接关系。

理由：中面层摊铺速度小于上面层的摊铺速度，故只能是中面层开始一定时间后，上面层才能开始摊铺，故搭接关系应为 *STS*。

6. 花岗岩碎石的预算单价：(91＋4.5×22)×(1＋4%)×(1＋2.5%)＝202.54 元/m^3。

案例分析题七［2013 年真题］

【背景资料】

施工单位承建了一座独塔双索面斜拉桥，主桥布置为 246m＋126m，设计车速 120km/h，桥面宽 26.5m。采用方尖碑式索塔，塔尖为四棱锥形，索塔的塔身为 7.4m（顺桥向）×6.4m（横桥向），向下渐变为 7.8m×8m，空心断面。桥面以上塔高 124m，中塔柱壁厚为 1.2m，下塔柱壁厚为 1.5m。

编制索塔施工方案时，施工单位根据本桥索塔特点，对滑模和爬模两种施工方法进行了比选，最终选择了适合本桥特点的施工方案，索塔示意图如图 6-12 所示。

施工单位还按照以下要求对索塔施工安全专项方案进行了论证：

(1) 工程施工前，索塔施工安全专项方案由施工单位的A编制，B审核，C审批。

(2) 监理单位专业监理工程师对方案审核合格后，D签字审批。

(3) 论证专家组对方案审查后，提出书面论证审查报告。

施工单位在索塔施工中进行的主要测量工作有：

(1) 塔底高程测量、塔底轴线与塔根模板轮廓点放样、上下塔柱及横梁模板各接高轮廓点的放样与标高测量。

(2) 劲性骨架、锚索管与模板安置的调整测量。

(3) 考虑张拉引起的收缩偏位以及浇筑混凝土时产生下降等原因，放样时在设计基础上加入预偏、沉降等。

……

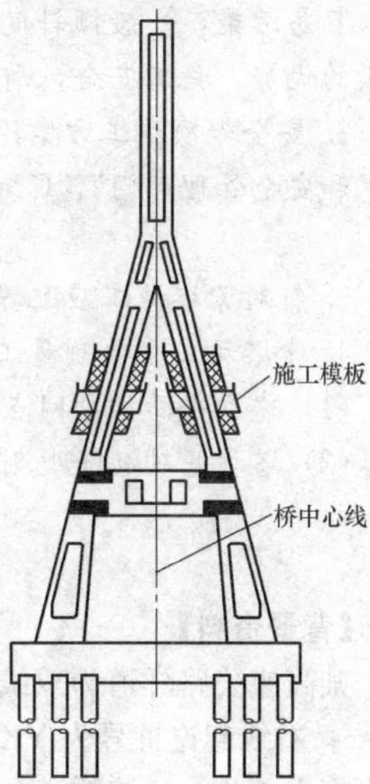

图 6-12　索塔施工示意图

【问题】

1. 滑模和爬模两种施工方法相比，哪种更适合本桥索塔施工？简要说明理由。

2. 写出安全专项方案论证中A、B、C、D分别对应的相关人员或部门。

3. 针对索塔施工应配置哪些主要大型机械设备？

4. 补充完善索塔施工主要测量工序。

【解题方略】

1. 本题考查的是索塔施工方法及主要设备。考生须对滑模和爬模两种施工方法的特点进行熟练区分。

2. 本题考查的是安全专项方案论证。建筑工程实行施工总承包的，专项方案应当由施工总承包单位组织编制。其中，起重机械安装拆卸工程、深基坑工程、附着式升降脚手架等专业工程实行分包的，其专项方案可由专业承包单位组织编制。专项方案应当由施工单位技术部门组织本单位施工技术、安全、质量等部门的专业技术人员进行审核。经审核合格的，由施工单位技术负责人签字。实行施工总承包的，专项方案应当由总承包单位技术负责人及相关专业承包单位技术负责人签字。不需专家论证的专项方案，经施工单位审核合格后报监理单位，由项目总监理工程师审核签字后执行。

3. 本题考查的是索塔施工主要机械设备。索塔施工主要机械设备一般安装一台塔吊，一台施工电梯。塔吊可安装在两柱中间。混凝土的垂直运输一般采用泵送。泵管一般设在施工电梯旁。塔式起重机更是不可或缺的设备。

4. 本题考查的是索塔的施工测量。此处又是一道查漏补缺型题目，该内容需要考生对教材内容进行实记，并结合背景资料中所给的信息进行作答。

【参考答案】

1. 爬模更合适本桥索塔施工。

理由：滑模施工速度快，劳动强度小，但技术要求高，施工控制复杂，外观质量较差，且易污染，一般倾斜度较大，预留孔道及埋件多的索塔不宜用此法。爬模兼有滑模和翻模的优势，施工安全，质量可靠，修补方便，国内外大多采用此法。

2. 安全专项施工方案论证中，A对应“施工单位专业技术人员”，B对应“施工单位技术和安全管理部门”，C对应“施工单位技术负责人”，D对应“监理单位的总监理工程师”。

3. 针对索塔施工应配置的大型机械设备包括：塔式起重机、施工电梯、输送泵。

4. 索塔施工主要测量工作还应补充：

（1）建立平面控制网点，对常用点采取加固、防风防晒措施。

（2）塔柱基础沉降观测。

案例分析题八［2013年真题］

【背景资料】

某高速公路隧道为双线分离式隧道。左线起讫桩号为ZK9＋680～ZK10＋303，全长623m；右线起讫桩号为YK9＋683～YK10＋305，全长622m。隧道净空宽度为10m，净空高度为6.49m。该隧道右线（地质）纵断面图如图6-13所示。

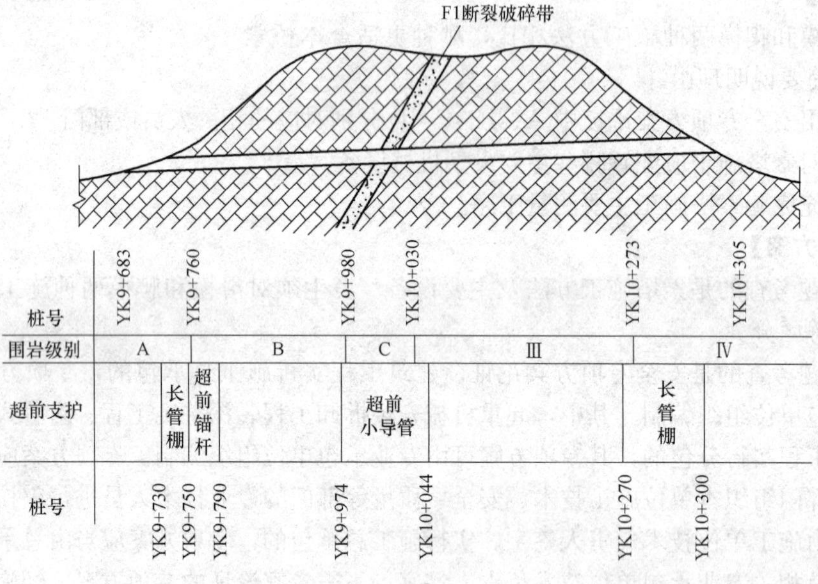

图6-13　隧道右线（地质）纵断面示意图

图6-13中水文、地质概况如下：

A段：围岩为中风化灰岩，岩质坚硬，岩体破碎，属浅埋层。［BQ］＝280～330。存在少量裂隙水。

B段：围岩为弱风化灰岩，岩质坚硬，岩体呈块体，完整性好。［BQ］＝390～440。存在裂隙水，以渗水为主。

C段：围岩为中、弱风化灰岩，岩质坚硬，岩体呈块体、破碎状，存在F1断裂破碎带。［BQ］＝220～245。以渗水为主，可能产生瞬时涌水。

根据围岩分级的综合评判方法，该右线隧道围岩分布有Ⅲ、Ⅳ、Ⅴ级围岩。为确定

YK9＋730～YK9＋790 段施工方法，承包人对预裂爆破和光面爆破的工艺特点进行了比较见表 6-2，结合本段的地质特点，决定采用预裂爆破方案施工。

工艺特点比较表　　表 6-2

比较项目＼方案	光面爆破	预裂爆破
起爆顺序	掏槽眼→辅助眼→周边眼	掏槽眼→辅助眼→周边眼
对围岩的扰动情况	扰动大	扰动小
钻眼工程量	大	小

根据水文、地质条件以及开挖断面的宽度，承包人拟对 YK9＋790～YK9＋974 段采用全断面开挖施工。初次支护采用“钢筋网片＋喷射混凝土＋锚杆”方案。

【问题】

1. 根据背景资料中水文、地质概况，分别判断 A、B、C 段围岩级别。

2. 改正表 6-2 中的错误描述［按“××（方案）的××（比较项目）改为……”描述］。

3. 承包人拟对 YK9＋790～YK9＋974 段采用全断面开挖的做法是否合理？结合水文、地质概况简要说明理由。

4. 结合资料中的水文、地质条件，指出右线隧道施工中的潜在安全事故。

5. 当 F1 断裂破碎带产生瞬时涌水时，可以采取哪些辅助施工处理方法？

【解题方略】

1. 本题考查的是公路隧道围岩分级。本题需要考生对公路隧道围岩分级进行精准的掌握，避免出现混淆的失误。

2. 本题考查的是预裂爆破和光面爆破的工艺特点。考生须结合实际工作经验对预裂爆破和光面爆破的工艺特点进行准确的区分。

3. 本题考查的是全断面开挖的适用。本题应从断面面积及全断面开挖可能引发的灾害入手。

4. 本题考查的是隧道施工质量安全事故。隧道穿过断层及其破碎带，或在薄层岩体的小褶曲、断层错动发育地段，一经开挖，潜在应力释放快、围岩失稳，小则引起围岩掉块、塌落，大则引起塌方。当通过各种堆积体时，由于结构松散，颗粒间无胶结或胶结差，开挖后引起坍塌。在软弱结构面发育或泥质充填物过多，均易产生较大的坍塌。本题需要考生结合隧道右线地质纵断面示意图所给的信息进行全面分析。

5. 本题考查的是隧道施工中的防排水措施。本题中，考生应结合涌水地段施工特点及方法进行作答。

【参考答案】

1. 根据资料中水文、地质概况，A 段是Ⅳ级、B 段是Ⅲ级、C 段是Ⅳ级。

2. 预裂爆破的起爆顺序改为周边眼→掏槽眼→辅助眼。

光面爆破对围岩的扰动情况应为“扰动小”。

光面爆破的钻眼工程量改为“小”。

预裂爆破的钻眼工程量改为“大”。

3. 承包人拟对 YK9＋790～YK9＋974 段采用全断面开挖的做法不合理。

理由：根据地质水文条件，有渗水，隧道前方有破碎带，全断面开挖震动大可能引发地质灾害。根据背景资料所给出的条件可知本隧道断面大于 $50m^2$，而围岩等级为Ⅲ级，对断面要求为 50m^2 以下。

4. 隧道施工质量安全事故：涌水、塌方、突泥、岩爆、突水、洞内泥石流、塌方冒顶等。

5. 当 F1 断裂破碎带产生瞬时涌水时，可采取的辅助施工处理方法有：超前钻孔和辅助坑道排水、超前小导管预注浆、超前围岩预注浆堵水、井点降水和深井降水。

案例分析题九［2012 年真题］

【背景资料】

某施工单位承接了一条双向四车道一级公路“白改黑”工程，即在原水泥混凝土路面上加铺沥青混凝土面层的改造工程。加铺路面结构示意图如图 6-14 所示。

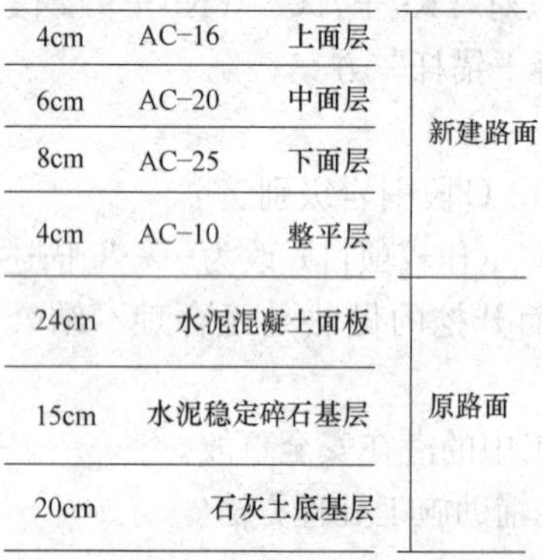

图 6-14　加铺路面结构示意图

施工单位采用直接加铺法施工。对破损严重的板块进行凿除，并重新浇筑水泥混凝土板；对脱空板、不均匀沉降板采用如下工艺流程进行处理：

制浆
↓
定位→A→灌浆→B→交通控制机养护→弯沉检测

经弯沉检测合格后进行下一道工序。所有面板处理完成后，施工单位对旧路面接缝进行了处理，然后进行沥青混凝土加铺施工。

整平层与下面层采用 SK-70 普通沥青，中面层与上面层采用 SBSSK-70 改性沥青。采购材料前，施工单位项目部材料采购部门填写了《材料试验通知单》，并交项目部试验室，由试验室主任指派试验人员配合材料采购人员到货源处取样，然后进行性能试验。经试验合格后，项目部与供应方签订了供应合同。某批沥青材料运至工地后，试验人员检查了出厂合格证，并认真核对供应商提供的检测报告上的数据，确认合格后，用于该工程。

为保证边施工、边通车，开工前项目部向媒体发布了施工信息，并确定了施工区的范围及施工安全管理方案，在施工区两端设置了安全标志，所有施工车辆均配置黄色标志灯，现场足额配置了专职安全员。

【问题】

1. 写出对脱空板、不均匀沉降板进行处理的工艺流程中 A、B 工序名称。

2. 上面层中“AC”和“16”分别表示什么含义？

3. 结合图 6-14 加铺路面结构示意图分析，在水泥混凝土板处理完后铺筑整平层前，应浇洒什么功能层？并简述其作用。

4. 指出项目部材料试验管理中的错误做法，并给出正确做法。

5. 为保证社会车辆安全通行，在施工区两端应设置哪些安全标志？对安全员的着装和在施工路段安全巡查的时间有何要求？

【解题方略】

1. 本题考查的是脱空板、不均匀沉降板的工艺流程。本题较为简单，结合实际工作经验亦可轻松作答。

2. 本题考查的是沥青混凝土与材料公称最大粒径的表达。本题为送分题，无需过多纠结。

3. 本题考查的是粘层施工技术。考生应对粘层作用有一定的了解。

4. 本题考查的是原材料的验证试验。考生要对原材料的验证试验内容进行实记。避免疏忽大意。

5. 本题考查的是路面工程施工安全管理的一般要求。本题较为简单，结合实际工作经验亦可轻松作答。

【参考答案】

1. A 工序：钻孔；B 工序：灌浆孔封堵。

2. AC 表示沥青混凝土，16 表示材料公称最大粒径为 16mm。

3. 应喷洒粘层。其作用是：使上下层沥青结构层或沥青结构层与结构物（或水泥混凝土路面）完全粘结成一个整体。

4. 某批沥青材料运至工地后，施工单位仅凭供货商提供的检测报告上的数据就认定质量合格的做法错误。

正确的做法是：实验室对进场的该批原材料应按施工技术规定的批量和项目进行检测试验，检验合格，材料方可用于施工。

5. 在施工区两端应设的安全标志有：彩旗、安全警示灯、闪光方向标、限速标志、施工提示标志。

安全员应着橘黄色的反光安全服。安全员应分班实行 24h 施工路段安全巡查。

案例分析题十［2012 年真题］

【背景资料】

某施工单位承建了一端山区高速公路，其中有一座 21×40m 先简支后连续 T 型预应力混凝土梁桥，北岸桥头距隧道出口 30m，南岸桥头连接浅挖方路堑，挖方段长约 2km。大桥采用双柱式圆形截面实心墩，墩身高度 10～40m，大桥立面布置示意图如图 6-15 所示。

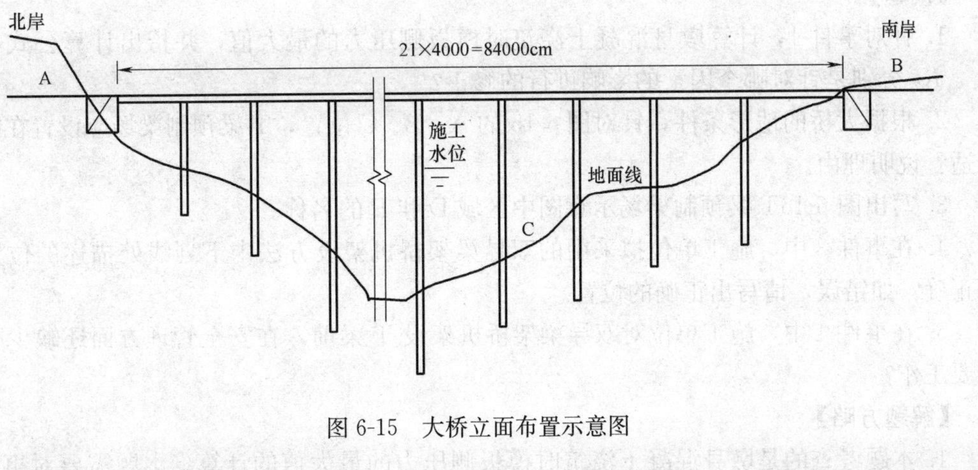

图 6-15　大桥立面布置示意图

事件 1：施工单位对高度在 20m 以内的墩身采用定制钢模板连续浇筑，根据《公路桥涵施工技术规范》JTG/TF 50—2011，新浇混凝土作用于模板的最大侧压力有两种计算方法，计算结果如下：

方法一：$F=0.22\gamma t_0 K_1 K_2 v^{1/2}=76.03\text{kPa}$

方法二：$F=\gamma h=57.6\text{kPa}$

上面两式 K_1、K_2 为针对某些因素的影响修正系数，h 为有效压头高度。

墩身浇筑时，由于混凝土落差大，故采用串筒输送入模。根据《公路桥涵施工技术规范》JTG/TF50—2011，倾倒混凝土对垂直面模板产生的水平荷载为 2.0kPa。

事件 2：施工单位考虑到水源、电力状况、进出场道路和成品梁运输等情况，需在大桥附近设置 T 梁预制梁场，T 梁预制梁场平面布置示意图如图 6-16 所示。

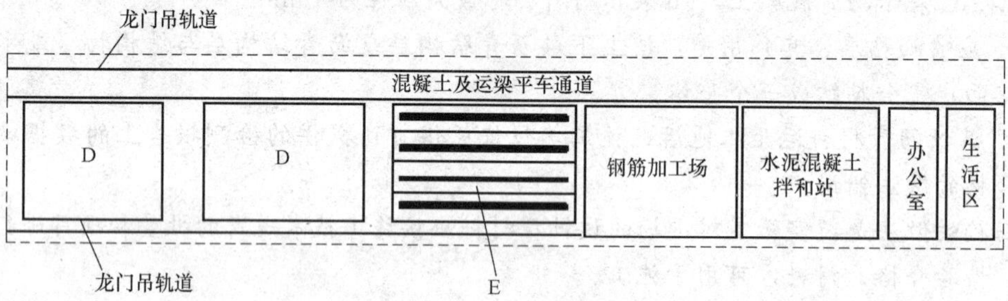

图 6-16　T 梁预制梁场平面布置示意图

事件 3：施工单位拟采用双导梁架桥机架设 40mT 梁。架设方法如下：

（1）将轨道上拼装的架桥机前端推移到后跨，固定好架桥机；

（2）将预制梁由运梁车运至架桥机安装跨，两端同时起吊，横移桁车置于梁跨正中并固定；

（3）将梁纵移到后跨，固定纵移桁车，用横移桁车将梁横移到设计位置，下落就位；

（4）待一跨梁全部架设完，前移架桥机，重复上述程序进行下一跨梁的安装。

事件 4：为保证架设安全，施工单位对施工现场进行了重大安全风险辨识和评估，制订了双导梁架桥机架设 T 梁的安全专项施工方案，随即安排人员进行了 T 梁架设。

【问题】

1. 针对事件 1，计算墩身混凝土浇筑时模板侧压力的最大值，并指出计算公式中的 K_1、K_2 分别是针对哪个因素的影响进行的修正？

2. 根据大桥的地形条件，针对图 6-15 的 A、B、C 位置，T 梁预制梁场应设置在哪里合适？说明理由。

3. 写出图 6-16T 梁预制梁场示意图中区域 D 和 E 的名称。

4. 在事件 3 中，施工单位拟采用的双导梁架桥机架设方法中下划线处描述的位置是否正确？如错误，请写出正确的位置。

5. 在事件 4 中，施工单位对双导梁架桥机架设 T 梁前，在安全管理方面还缺少哪些主要工作？

【解题方略】

1. 本题考查的是墩身混凝土浇筑时模板侧压力的最大值的计算。本题需要对事件 1 所给信息进行充分的运用。

2. 本题考查的是 T 梁预制梁场的选址。预制梁场的选址以方便、合理、安全、经济及满足工期为原则，结合施工合同段所属预制梁板的尺寸、数量、架设要求以及运输条件等情况进行综合选址。预制梁场的选址应满足用地合法，周围无塌方、滑坡、落石、泥石流、洪涝等地质灾害。

3. 本题考查的是梁预制场的布置。预制场的布置取决于现场的面积、地形、工程规模、安装方法、工期及机械设备情况等，条件不同，布置方法差异较大。路基外预制场该类型预制场比较普遍，制梁区使用大型龙门吊，在路基一侧设置预制场；如一般工程量不大，则不采用龙门吊，但要有足够存放全部梁片的场地，必要时可在路基两侧制梁。

4. 本题考查的是双导梁架桥机架设的方法。将轨道上拼装的架桥机推移到安装孔，固定好架桥机后，将预制梁由平车运至架桥机后跨，两端同时起吊，横移小桁车置于梁跨正中并固定，用纵移桁车将梁纵移到安装跨，固定纵移桁车，用横移小桁车将梁横移到设计位置下落就位，待一跨梁全部吊完，横移小桁车置于梁跨正中并固定。将纵移平车退到后端，拆除前支架与墩顶联结螺栓，把前支架挂在鼻架上，前移架桥机。重复上述程序进行下一跨梁的安装。

5. 本题考查的是双导梁架桥机架设T梁前的安全管理。本题查漏补缺型题目，需要考生具备对背景资料的信息进行查漏补缺的能力。

【参考答案】

1. 新浇混凝土对模板的最大侧压力应取方法一计算的值（或取两种方法中的大值），$F=76.03\text{kPa}$，所以 $P_{max}=F+2.0=78.03\text{kPa}$。

K_1 为外加剂（缓凝剂）影响修正系数，K_2 为坍落度影响修正系数（K_1、K_2 含义可交换）。

2. T梁预制场应设置在B处（南岸路基上）合适。因为A离隧道出口过近，不能建设预制场地；C为桥下位置，且位于施工水位以下；B在浅挖方路堑地段，是设置T梁预制场的合适位置。

3. D和E的名称分别是存梁区、制梁区（或预制台座）。

4. （1）不正确，应是安装跨。

（2）不正确，应是后跨。

（3）不正确，应是安装跨。

（4）正确。

5. 缺少的主要工作有：

（1）将专项方案报施工单位技术负责人、监理审查同意签字；

（2）组织施工技术、指挥、作业人员进行培训；

（3）在施工前进行技术和安全交底。

案例分析题十一［2011年真题］

【背景资料】

某施工单位承接了一级公路M合同段路面施工任务，起点桩号K16+000，终点桩号K37+300，路面面层为26cm厚C30水泥混凝土，采用滑模机械摊铺施工，施工单位根据施工现场的具体条件，通过方案比较后绘制了施工平面布置示意图，如图6-17所示。

图6-17中拌合站由物料储存系统、搅拌主机和电气控制系统以及其他附属设施等组

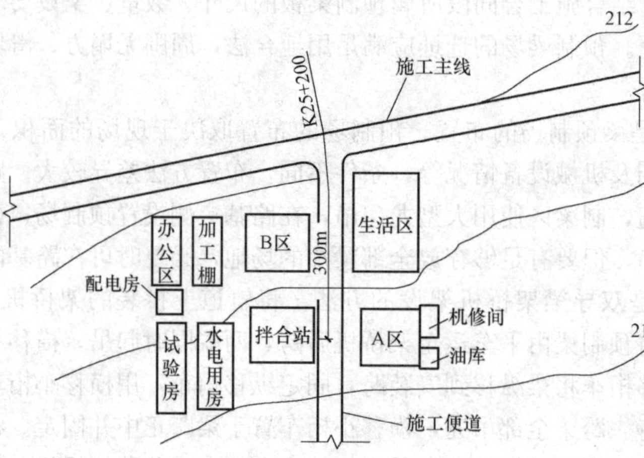

图 6-17 施工平面布置

成。由于路面较宽，面层在纵向分两次铺筑，施工单位按要求设置纵向施工缝，施工缝采用平缝加拉杆型。施工中，监理工程师发现个别拉杆松脱，个别拉杆漏插。根据面层施工特点，施工单位配置了间歇式拌合楼、装运机械、滑模摊铺机、挖掘机、拉毛养护机械。

【问题】

1. 列式计算水泥混凝土拌合料的平均运距（单位以“m”计，保留一位小数）。

2. 写出施工平面布置示意图 6-17 中 A 区、B 区的名称，补充水泥混凝土拌合站的基本组成系统。

3. 结合该路面施工方法，指出应在何时采用何种手段插入拉杆？

4. 针对监理工程师发现的问题，施工单位应如何处理？

5. 补充至少两种面层施工机械。

【解题方略】

1. 本题考查的是水泥混凝土拌合料平均运距的计算。根据背景资料给出的条件“起点桩号 K16＋000，终点桩号 K37＋300，路面面层为 26cm 厚 C30 水泥混凝土”，判断出该路段的中心为 K26＋650，再结合施工平面布置示意图，可以看出出口桩号为 K25＋200。这里需要注意的在计算平均运距时，还应加上施工平面布置示意图中给出的 300m 运距，所以，平均运距＝(26.65－25.2)×1000＋300＝1450＋300＝1750m。

2. 本题考查的是施工平面布置。本题考核的难度不大，考生结合 A、B 区周边的环境布置，即可轻松推断出 A、B 区的名称。

3. 本题考查的是纵缝设置与施工。纵缝位置应按车道宽度设置，并在摊铺过程中用专用的拉杆插入装置插入拉杆。

4. 本题考查的是纵缝设置与施工。插入的侧向拉杆应牢固，不得松动、碰撞或拔出。若发生拉杆松脱或漏插，应在横向相邻路面摊铺前，钻孔重新植入。当发现拉杆可能被拔出时，宜进行拉杆拔出力（握裹力）检验。

5. 本题考查的是水泥混凝土路面施工主要机械设备的配置。本题又是一道查漏补缺形式的题目，水泥混凝土路面施工设备主要有混凝土搅拌楼、装载机、运输车、布料机、挖掘机、吊车、滑模摊铺机、整平梁、拉毛养护机、切缝机、洒水车等。考生需要结合背景资料作答，补充两种即可得分，仅本题而言得分较为容易。

【参考答案】

1. K16＋000～K37＋300 的中心为 K26＋650，出口为 K25＋200。因为 26.65－25.2＝1.45km，加上 300m 运距，所以，平均运距＝1450＋300＝1750m。

2. A 是机械库，B 是材料场；还应包括物料称重系统、物料输送系统。

3. 摊铺过程中用专用的拉杆插入装置插入拉杆。

4. 若发现拉杆松脱或漏插，应在横向相邻路面摊铺前，钻孔重新植入。

5. 切缝机、洒水车、吊车、整平梁、布料机。

案例分析题十二［2011 年真题］

【背景资料】

某高速公路左右线隧道，洞口间距 42m，左线长 3316m，右线长 3200m，隧道最大埋深 460m，净空宽度 9.64m，净空面积为 $58.16m^2$，设计车速 100km/h，开工日期为 2008 年 7 月，2010 年 7 月竣工。

该地段地质条件复杂，勘探表明其围岩主要为弱风化硬质页岩，属Ⅳ～Ⅴ级围岩，稳定性差。由于地下水发育，特别断层地带岩石破碎，裂隙发育，为保证施工安全，施工单位在该隧道施工中采用了超前地质预报，并进行监控量测。根据该隧道的地质条件和开挖断面，施工单位在施工组织设计中拟采用三台阶法施工，左线隧道施工工序划分如图 6-18 所示。

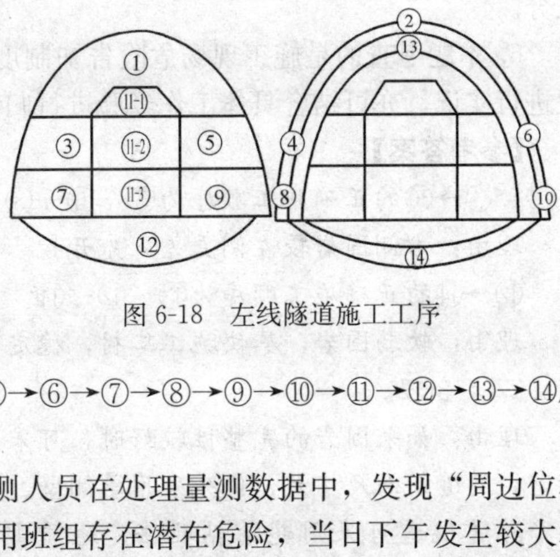

图 6-18　左线隧道施工工序

针对开挖时右侧围岩相对左侧围岩较弱的特点，施工单位拟按①→②→③→④→⑤→⑥→⑦→⑧→⑨→⑩→⑪→⑫→⑬→⑭顺序组织施工。

2009 年 6 月 6 日上午，隧道开挖时，量测人员在处理量测数据中，发现“周边位移—时间”曲线出现反弯点。但未及时告知作用班组存在潜在危险，当日下午发生较大塌方，当场死亡 5 人、重伤 12 人。经补报并核实，截至 2009 年 7 月 6 日，确认累计死亡达 10 人。

事故发生后，施工单位根据交通部对隐患排查治理提出的“两项达标”“四项严禁”“五项制度”的总目标，认真总结事故教训，开展了安全生产事故隐患排查治理活动，编制了安全专项方案和应急救援预案，尤其注重落实“五项制度”中的施工现场危险告知制度。

【问题】

1. 给出③→⑩、⑫→⑭正确的施工顺序，说明理由。

2. 施工单位采用台阶法施工是否合理？说明理由。

3. 本隧道可采用哪几种超前地质预报方法？

4. 监控量测数据处理中，发现的“周边位移—时间”曲线出现反弯点说明什么问题？

应如何处理?

5. 根据 2007 年颁布的《生产安全事故报告和调查处理条例》，背景资料中发生的塌方事故属于什么等级?说明理由。

6. 背景资料中提及的施工现场危险告知制度包括哪些内容?

【解题方略】

1. 本题考查的是隧道施工工序。本题应充分考虑右侧围岩相对左侧围岩较弱以及软弱围岩的现实。

2. 本题考查的是台阶法开挖。本题需要考生从台阶法开挖的适用环境及条件考虑，应充分留意背景资料所给信息。

3. 本题考查的是隧道地质超前预报方法。首先考生应明确隧道地质超前预报方法主要有：地质调查法、物探法、超前钻探法、超前导洞法、水力联观测、TSP (Tunnel Seismic Prediction) 法、TGP 法或 TRT 法。然后在结合本隧道地质条件进行筛选。

4. 本题考查的是量测数据处理与应用。本题较为简单，考生结合实际工作经验即可正确作答。

5. 本题考查的是安全事故的等级划分。本题需要考生对安全事故各等级进行明确的区分。

6. 本题考查的是施工现场危险告知制度。施工现场危险告知制度的具体内容需要考生进行实记，亦可结合具体工作经验进行归纳总结。

【参考答案】

1. ③→⑩的正确施工顺序为⑤—⑥—③—④—⑨—⑩—⑦—⑧。

理由：右侧围岩较左侧更差，先开挖。

⑫→⑭的正确施工顺序为⑬—⑫—⑭。

理由：软弱围岩，尽快施工二衬，稳定拱部。

2. 不合理。

理由：如果围岩的完整性较好时，可采用多台阶法开挖。本案例中围岩软弱，地下水丰富，隧道断面尺寸大，优先采用单侧壁、双侧壁导坑法。

3. 本隧道可采用超前钻孔法、地质雷达法、TSP、TGP 或 TRT 等超前地质预报方法。

4. 出现反弯点表明围岩和支护呈不稳定状态，应密切监视围岩动态，并加强支护，必要时暂停开挖。

5. 背景资料中发生的塌方事故是重大安全事故。

理由：造成 10 人以上 30 人以下死亡，或者 50 人以上 100 人以下重伤，或者 5000 万元以上 1 亿元以下直接经济损失的事故，为重大事故。

6. 施工现场危险告知制度内容：按照《公路水运工程安全生产监督管理办法》，严格安全技术交底制度，施工单位负责项目管理的技术人员应当如实向施工作业班组、作业人员详细告知作业场所和工作岗位存在的危险因素，并由双方签字确认。设置明显安全警示标志，在无法封闭施工的工地，还应当悬挂当日施工现场危险告示，以告知路人和社会车辆。

案例分析题十三［2011 年真题］

【背景资料】

某桥梁工程由某公路建设工程公司中标承建。该桥梁下部结构为 ϕ1.2m 钻孔灌注桩，上部结构采用悬臂法施工，如图 6-19 所示。

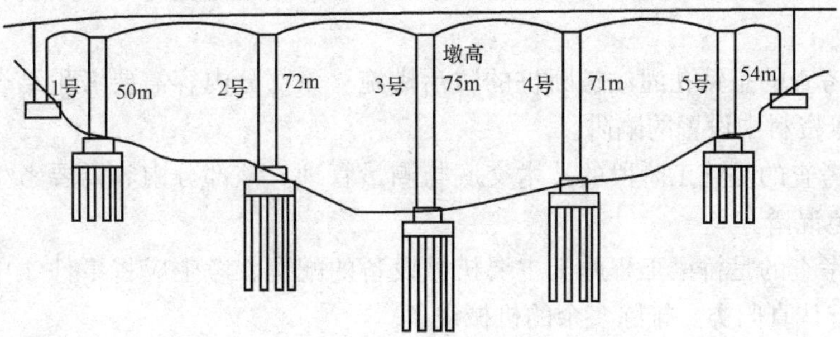

图 6-19　桥梁结构

施工过程中发生如下事件：

事件 1：为确保材料质量，工地试验室对供应商送至项目部的砂、碎石进行了取样试验，质量满足要求后确定了地材供应商。

事件 2：施工中，根据灌注混凝土的实际情况，项目部及时采取了相应措施。

（1）考虑灌注时间较长，在混凝土中加入缓凝剂。为避免混凝土离析，混凝土坍落度控制在 10～15cm。

（2）首批混凝土灌注后埋置导管的深度为 1.2m，在随后的灌注过程中，导管的埋置深度为 1.5m。

（3）当灌注到 27m 时，导管挂在钢筋骨架上，施工人员采取了强制提升的方法；之后继续灌注混凝土直到完成。养护后经检测发现断桩。

事件 3：项目经理部决心精心组织、科学施工，搞好现场技术质量管理，做了包括如下环节的工作。

（1）项目经理部由总工程师组织进行了技术交底；

（2）项目部接受导线控制点、水准控制点的桩位后，及时复测，将复测结果报勘察设计单位批准。

事件 4：施工单位为本桥配置了以下主要施工机械和设备：反循环钻机、混凝土高压泵、混凝土搅拌站、塔吊、载人电梯、悬臂式掘进机、架桥机、预应力张拉成套设备、爬模设备、钢模板、钢护筒、挂篮设备。

事件 5：台背填筑时，采用与桥头引道一致的黏土作为台背填料，并对进场的填料进行检验，采用水平分层填筑方法填筑，分层松铺厚度 20cm，用夯压机械进行夯实，每层夯实完工进行自检合格并报监理工程师验收后回填下一层。

【问题】

1. 事件 1 中，工地试验室的砂、碎石取样试验方式有何不妥？请指出并改正。

2. 事件 2 中，请指出采取的三条措施是否正确？如不正确，请指出并改正（逐条回答）。

3. 事件 3 中，项目经理部工作有不妥之处，请改正。

4. 事件 4 中，根据示意图，说明施工单位配备的施工机械和设备分别用于本桥哪些部位的施工？哪些设备不适用于本桥施工？

【解题方略】

1. 本题考查的是原材料的验证试验。关于本题考生应着重考虑，原材料的验证试验的程序问题。

2. 本题考查的是钻孔灌注桩断桩的防治措施。该部分内容需要考生结合教材进行实记。注意背景资料中设置的陷阱。

3. 本题考查的是施工阶段的技术交底与测量管理。该部分内容需要考生结合教材进行实记，避免混淆。

4. 本题考查的是桥梁工程施工主要机械设备的配置。考生应将事件 4 中主要施工机械和设备进行认真归类。排除多余的机械设备。

【参考答案】

1. 工地试验室的砂、碎石取样试验方式中，工地试验室对供应商送至项目部的砂、碎石进行取样试验不妥，应由材料采购部门填写“材料试验检验通知单”交项目试验室，由试验室主任指派试验人员配合材料采购人员到货源处取样，进行性能试验。

2. （1）为避免混凝土离析，混凝土坍落度控制在 10～15cm 不正确。

应改为：为避免混凝土离析，混凝土坍落度控制在 18～22cm。

（2）导管的埋置深度为 1.5m 不正确。

应改为：导管的埋置深度为 2～6m。

（3）强制提升不正确。

应改为：采取转动导管的方式。

3. （1）不妥之处：项目经理部由总工程师组织进行了技术交底。

应改为：项目经理部的技术交底工作由项目经理组织，项目总工主持实施。

（2）不妥之处：项目部将复测结果报勘察设计单位批准。

应改为：报监理工程师批准。

4. 桩基础：反循环钻机，钢护筒。承台、低墩：钢模板。高墩：塔吊，电梯、爬模设备。上部构造：挂篮设备、预应力张拉设备。全桥：混凝土高压泵、混凝土搅拌站。

不适用于本桥施工的设备：悬臂式掘进机、架桥机。

典 型 习 题

案例分析题一

【背景资料】

某施工单位承接了某公路 B 合同段 K8＋000～K9＋800 的路基、路面、1 座 3×20m 的简支梁桥和 8 道涵洞施工，合同工期为 200d。该段土质以松散砂土和黏土为主，路基主要工程量见表 6-3。

路基主要工程量 表 6-3

桩号	挖方(m³)		填方(m³)	备　注
	土	石		
K8＋000～K8＋800	15000	5000	0	挖方中含有机土 1000m³
K8＋800～K9＋100	2000	0	2000	道路左侧 20～80m 范围内为一滑坡体
K9＋100～K9＋800	0	0	24000	

注：表中挖方为天然密实方，填方为压实方。天然密实方与压实方的换算系数为：土方 1.16，石方 0.92。假设换算系数不因土石混填而改变，调运方在经济运距内。

施工单位进场后，积极组织施工，将路面分成三个段落组织流水作业，并绘制了施工平面布置示意图和网络计划，分别如图 6-20 和图 6-21 所示。

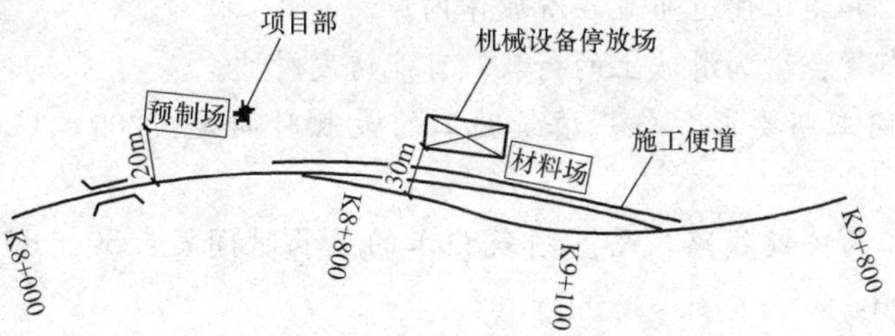

图 6-20　施工平面示意图

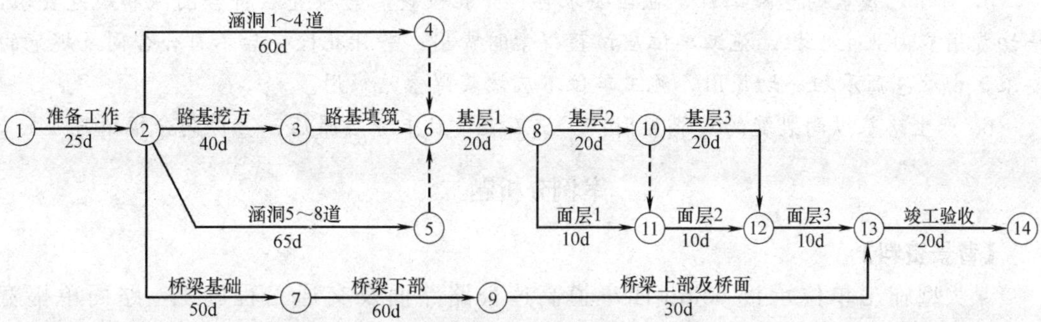

图 6-21　网络计划图

路基施工中，石方开挖采用爆破，土方开挖采用挖掘机配自卸汽车作业。经实测，挖掘机的台班平均生产率为 560m³/台班，机械利用率为 0.85。填筑施工采用土石混合倾填，并进行纵向分幅，用振动压路机碾压。

桥梁墩台基础施工完毕后，为确保工程质量，监理工程师要求施工单位挖开再次检查坑底承载力和基础混凝土质量，施工单位对此提出开挖费用索赔。

该路段投入使用 1 年后，在 K9＋200～K9＋600 段出现了路基的纵向裂缝。

【问题】

1. 列式计算路基施工中的利用方（天然密实方）和借土方（压实方）数量。

2. 指出平面布置示意图（图 6-20）中临时设施和临时工程布置的不妥之处，并说明理由。

3. 为满足合同工期要求，路基填筑施工最多不能超过多少天？若以桥梁施工为关键线路，路基填筑施工最多不能超过多少天？

4. 按进度计划要求，若挖掘机每天只安排一个班制，施工单位每天应投入多少台挖掘机（不考虑备用）？

5. 分析说明施工单位是否应该获得桥梁基坑开挖检查的索赔费用？

6. 根据背景资料，指出产生路基纵向裂缝的可能原因。

【参考答案】

1. 利用方数量：15000－1000＋5000＋2000＝21000m^3。

借方：24000＋2000－(15000－1000)/1.16－5000/0.92－2000/1.16＝6772m^3。

2. 平面布置示意图中临时设施和临时工程布置的不妥之处：将临时场地（机械设备停放场和材料场）和施工便道布置在滑坡体内。

理由：这种布置会增加滑坡上的荷载，可能诱发滑坡。

3. 为满足合同工期要求，路基填筑施工的最长时间是：200－(25＋40＋20＋20＋20＋10＋20)＝45d。

若以桥梁施工为关键线路，路基填筑施工的最长时间是：50＋60＋30－(40＋20＋20＋20＋10)＝30d。

4. 根据公式 $N=\frac{P}{W_1QK_B}$，施工单位每天应投入的挖掘机台班：(15000＋5000＋2000)/[(40/1)×560×0.85]＝1.16 台班，取 2 台班。

5. 对于已覆盖的隐蔽工程，监理要求再行开孔检查，若检查后符合图纸和规范要求，一切费用应由业主承担，施工单位应该获得索赔费用；若开孔检查后不符合合同及规范的要求，由承包商承担一切费用，施工单位不应该获得索赔费用。

6. 产生路基纵向裂缝的可能原因：①土石混填且未分层碾压；②纵向分幅填筑。

案例分析题二

【背景资料】

某大型施工单位承接 53km 四车道高速公路路面及交通工程施工，路面单幅宽 10.5m，自下而上路面结构层为：底基层为 18cm 厚 4%水泥稳定碎石；基层为 36cm 厚 6%水泥稳定碎石（分两层摊铺）；面层为 7cm 厚 AC-20、6cm 厚 AC-16、5cm 厚 SBS 改性 SMA 沥青混合料。

全线有 4 个互通式立交连接地方道路，其中设有 4 个匝道收费站、一个监控、收费及通信分中心，该分中心集中管理本路段监控系统、收费系统和通信系统，施工单位承担了包括安全设施、监控系统、收费系统、通信系统等施工。

施工单位将路段中间 K25＋000 右侧的弃土场硬化后，作为沥青混凝土拌合站场地，并配置了一套 4000 型间歇式沥青混凝土拌合设备。该设备主要指标如下：每拌制一份料的重量 G_j＝4000kg，每份料的加料时间 t_1＝15s，每份料的拌料时间 t_2＝220s，每份成品料的卸料时间 t_3＝13s，时间利用系数 K_B＝0.85。施工单位同时配置了两台 11m 宽的超大型摊铺机，4 台 YZC 双钢轮振动压路机及两台 16t 的 XP 胶轮压路机。

路面施工过程中，施工单位对上面层的压实十分重视，确定了质量控制关键点，并就压实工序做出如下书面要求：

(1) 初压采用双钢轮振动压路机静压1～2遍，初压开始温度不低于140℃；

(2) 复压采用双钢轮振动压路机振压4遍，复压开始温度不低于130℃；

(3) 终压采用胶轮压路机静压1～2遍，终压结束温度不低于120℃；

(4) 相邻碾压重叠宽度应大于30cm；

(5) 为保证沥青混合料碾压过程中不粘轮，应采用洒水车及时向混合料洒水。

改性SMA路面试验路段施工中，发现大量油斑。施工单位技术员分析后认为产生油斑的原因可能是：运输距离较远，SMA混合料中骨料与沥青产生离析；拌合时间太短，导致拌合不够充分；拌合料（特别是纤维掺加剂）及路表含有一定的水分等，经采取措施处理后，路面施工正常进行。

路面工程全部完工并验收后，施工单位进行了交通工程收费系统的施工，两周后，收费站出口车道的自动栏杆、通行信号灯等单机（体）设备安装及配线施工完毕。

收费系统全部施工完毕交付使用后，某收费站发生如下事件：

事件1：收费亭内收费员由于要核对某车辆信息，需与收费站监控值班员直接通话。

事件2：某日深夜，有歹徒袭击收费亭，收费员遭遇人身威胁。

【问题】

1. 计算沥青混凝土拌合设备的生产率（Q_j）（列出计算过程）。

2. 逐条判断施工单位对压实工序书面要求的正确性，并改正错误之处。

3. 补充3条产生油斑的可能原因。

4. 对摊铺及碾压中出现的油斑分别提出处理措施。

5. 在通电试验前，收费站出口车道设备应重点检查哪些配线的正确性？

6. 事件1中，收费员和监控值班员的直接通话应使用哪个收费子系统？事件2中，收费员应使用哪个收费子系统向收费站内的值班员报告情况？

【参考答案】

1. 每小时拌制的份数 $n=\dfrac{60}{t_1+t_2+t_3}=\dfrac{60}{15/60+220/60+13/60}=14.52$ 份/h。

设备的生产率 $Q_j=\dfrac{nG_jK_a}{1000}=\dfrac{14.52\times4000\times0.85}{1000}=49.37$t/h。

2. 第（1）条正确。

第（2）条正确。

第（3）条不正确。

正确做法：终压采用钢轮振动压路机静压1遍。

第（4）条正确

第（5）不正确。

正确做法：采用雾状喷水法，以保证沥青混合料碾压过程中不粘轮。

3. 产生油斑的可能原因还有：SMA混合料温度过高，改性沥青发生老化；纤维掺加剂拌合不均匀；用油量过高；压路机碾压遍数过多，使路面超压。

4. 摊铺中出现的油斑应及时铲除并用热料填补；碾压中出现的油斑，应及时在油斑区域洒机制砂。

5. 在通电试验前，收费站出口车道设备应重点检查电源线、地线等配线的正确性。

6. 事件1中，收费员和监控值班员的直接通话应使用内部对讲系统。事件2中，收费员应使用安全报警系统向收费站内的值班员报告情况。

案例分析题三

【背景资料】

某施工企业承包了一段36.8km的四车道高速公路沥青混凝土路面工程，路面单幅宽11.25m。路面结构形式为：基层为两层18cm的石灰粉煤灰稳定碎石；底基层为一层18cm的石灰粉煤灰稳定碎石；沥青混凝土面层为7cm的下面层、6cm的中面层和5cm的SMA表面层，桥上只铺5cm的SMA表面层，隧道内为水泥混凝土路面。

项目经理部人员进场后，完成了经理部的建设和设备的进场工作。施工平面布置示意图如图6-22所示。

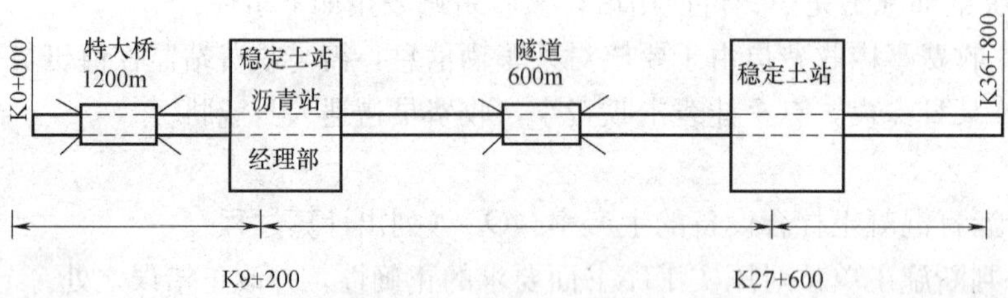

图6-22 施工平面布置示意图

合同规定沥青材料由业主提供，地方材料由施工单位自采。材料管理人员在查看过料场、进行了价格比选后，就开始进料。

项目经理部按照各项要求，在完成了一系列的准备工作后，开始施工石灰粉煤灰稳定碎石底基层。施工中，施工人员发现其中一段800m长的底基层出现了大量裂缝和破损，经检查是由于路基质量差所致，路面施工单位拟向路基施工单位提出索赔。

【问题】

1. 项目部需要采购哪几大类地材？项目部材料采购程序存在什么问题？

2. 指出石灰类材料质量检验中的两大主要指标。

3. 上述平面布置方式对稳定料的场内运输费有什么影响？说明理由。

4. 施工中，工地实验室对石灰粉煤灰稳定碎石应检测哪两项指标？并说明其合格值。

5. 由于路基交工推迟，给沥青混凝土路面施工的时间仅有140d，请通过计算（要求列出计算过程），从生产能力为160t/h、240t/h和320t/h的沥青搅拌站中选择出满足工期要求的合理设备（已知：沥青混凝土的容重取为2.4t/m^3，搅拌站每天有效工作时间按8h计算）。

6. 路面施工单位的索赔对象是否恰当？说明理由。

【参考答案】

1. 需采购：石灰、粉煤灰、碎石、砂和矿粉五种。材料采购中应取样试验，产品合格后才能采购。

2. 石灰类材料主要需检验：有效钙和氧化镁的含量。

3. 这种平面布置，可以节约场内运输费。从稳定土搅拌站到施工铺筑现场的平均运距为最小。

4. 应检测 7d 无侧限抗压强度和压实度。强度指标大于 0.8MPa，压实度应大于 98%。

5. 需要搅拌铺筑的沥青混凝土数量为：

$[(36.8\times1000-1200-600)\times(7+6+5)/100+1200\times5/100]\times11.25\times2=143100m^3$。

搅拌机每小时至少需要拌合沥青混凝土数量 $143100\times2.4/(140\times8)=306.6t$，所以选择 320t/h 的拌合站。

6. 索赔对象不恰当。路面施工单位不应该向路基施工单位索赔，因为他们之间没有合同关系，路面施工单位应向业主索赔。

案例分析题四

【背景资料】

某大桥施工过程中，设计为钻孔灌注桩施工方法。其中水下土质为砂类土，施工单位选择螺旋钻来钻孔，施工单位在施工前进行了场地平整，清除了杂物，并根据设计图纸用经纬仪现场进行桩位精确放样，并选择了适合的钻孔机械，埋设了护筒。

【问题】

1. 施工单位选择螺旋钻来钻孔是否合适?

2. 钻孔桩测量放线还可用什么仪器？放线后应由谁进行复核?

3. 施工中应根据什么选择钻孔机械?

4. 简述护筒在埋设时，应考虑哪些因素？并采取什么处理方法?

【参考答案】

1. 施工单位选择螺旋钻来钻孔是合适的。

2. 钻孔桩测量放线还可用全站仪进行桩位精确放样。放线后应由主管技术人员进行复核。

3. 施工中应根据地质条件及施工环境选择合适的成孔钻机。

4. 埋设护筒时应考虑的因素和采取的处理方法是：

护筒因考虑多次周转，采用 3～10mm 钢板制成，护筒内径，在使用旋转钻机时比桩径大 20～30cm，在使用冲击钻时比桩径大 30～40cm，埋置护筒要考虑桩位的地质和水文情况，为保持水头，护筒要高出施工水位（或地下水位）1.0～2.0m，无水地层护筒宜高出地面 0.3～0.5m，为避免护筒底悬空，造成塌孔、漏水、漏浆，护筒底应在天然的结实的土层上（或夯实的黏土层上），护筒四周应回填黏土并夯实，护筒平面位置的偏差应不超过 5cm。护筒埋置深度：在无水地区一般为 1～2 倍的护筒直径，在有水地区一般为入土深度与水深的 0.8～1.1 倍（无冲刷之前）。

案例分析题五

【背景资料】

某施工单位承接了某二级公路预应力混凝土连续箱梁跨河大桥，桥跨布置为 4 联，每联3跨，大桥纵断面示意图如图6-23所示。基础为钻孔灌注桩，桩长48～64m；桥墩采用双柱墩，墩身高度25～30m，桥台为桩柱式桥台，施工设计图中标明箱梁施工采用满堂支架现浇方案。桥位处平均水深5m，该河段不通航，河床地质为粉质沙土。

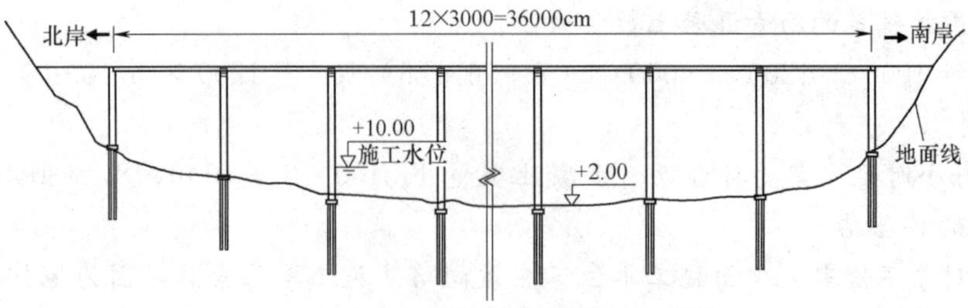

图6-23　大桥纵断面示意图

施工单位无大型施工船只，用于本桥大型临时设施的材料有ϕ560mm钢管、工字钢等型钢、贝雷架。

根据地质条件，施工单位采用正循环回转钻孔法施工灌注桩，在施工方案中对正循环回转钻孔施工方法描述如下：利用钻具旋转切削土体钻进，泥浆输入钻孔内，从钻头的钻杆下口吸进，泥浆挟带钻渣通过钻杆中心上升，从钻杆顶部连接管道排出至沉淀池内，钻渣在此沉淀而泥浆回流入泥浆池不再使用。

施工单位设置的钻孔灌注桩质量控制点有：①桩位坐标；②垂直度；③孔径；④A；⑤钢筋笼接头质量；⑥B。

根据现场实际情况，施工单位建议采用预应力混凝土箱梁预制安装方案。通过监理单位向建设单位提出变更设计申请，经建设单位和设计单位同意后，进行预应力混凝土箱梁施工。

【问题】

1. 根据背景资料，施工单位进行钻孔灌注桩施工应采用哪些主要大型临时设施？说明理由。

2. 施工单位关于正循环回转钻孔施工方法中的描述是否正确？如不正确，写出正确描述。

3. 写出钻孔灌注桩质量控制点A和B的内容。

4. 施工单位提出设计变更申请的理由是否正确？设计变更程序是否完善？并分别说明理由。

【参考答案】

1. 根据背景资料，施工单位进行钻孔灌注桩施工应采用的主要大型临时设施及理由：应采用的主要大型临时设施有施工临时栈桥；钻孔桩施工平台。

理由：水位较深，但该河段不通航，且施工单位无大型船只；且施工单位备有钢管、型钢，贝雷架等材料，故可搭设栈桥和平台。

2. 施工单位关于正循环回转钻孔施工方法中的描述不正确。

正确描述：利用钻具旋转切削土体钻进，泥浆泵将泥浆压进泥浆笼头，通过钻杆中心从钻头喷入钻孔内，泥浆挟带钻渣沿钻孔上升，从护筒顶部排浆孔排出至沉淀池，钻渣在此沉淀而泥浆流入泥浆池循环使用。

3. 钻孔灌注桩质量控制点A的内容：清孔质量。

钻孔灌注桩质量控制点B的内容：水下混凝土的灌注质量。

4.（1）施工单位提出设计变更申请的理由正确。

理由：因为施工图与现场实际情况不符。

（2）设计变更程序不完善。

理由：监理单位应该先审核技术是否可行，还需要核算造价影响，然后报建设单位。建设单位通知设计单位，经设计单位同意后，进行设计变更，变更后由建设单位将设计变更发监理单位，监理单位再发给施工单位进行施工。

案例分析题六

【背景资料】

某施工单位承建了二级公路施工项目，设计车速 60km/h，路基宽度 10m。桩号 K15＋000～K18＋000 为石方开挖地段，石方含量达 80％。桩号 K18＋000～K19＋000 为填方路堤，平均填方厚度 15m，采用分层压实法，自下而上水平分层，逐层填筑，逐层压实。填方路段划分为 4 级施工平台、4 个作业区段。在路床顶面以下 0.5m 为第一级台阶，0.5～1.5m 为第二级台阶，1.5～3m 为第三级台阶，3m 以下为第四级台阶。4 个作业区段是填石区段、平整区段、碾压区段和检验区段。填石作业自最低处开始，逐层水平填筑。每一层均采用机械摊铺、平整，铺撒嵌缝料，将填石空隙以小石和石屑填满铺平，采用重型振动压实设备碾压。施工单位为充分发挥机械设备的效率，强化了施工机械设备的现场管理。

施工单位在施工中对填石路基质量检验实测项目有：压实度、纵断面高程、中线偏位、宽度、边坡坡度和平顺度。

【问题】

1. 针对背景资料中的 4 个施工平台和 4 个作业区段，采用哪种施工组织形式最合理？

2. 写出填石路基的施工工艺流程。

3. 补充填石路基质量检验还缺漏的实测项目。

4. 简述填石路基施工中的装运机械设备配置、摊铺平整机械设备配置和压实机械设备配置。

5. 施工机械现场管理包含哪三方面工作？

【参考答案】

1. 针对背景资料中的四个施工平台和四个作业区段，采用流水施工组织形式最合理。

2. 填石路基的施工工艺流程：施工准备、填料装运、分层填筑、摊铺平整、振动碾压、检测签认、路基成型、路基整修。

3. 填石路堤质量检验还缺漏的实测项目：平整度、横坡。

4.（1）装运机械设备配置：装载机（挖掘机）和自卸车。

（2）摊铺整平机械设备配置：推土机。

（3）压实机械设备配置：自重不小于 18t 的振动压路机。

5. 施工机械现场管理包含的工作：

(1) 做好施工前的准备工作;

(2) 合理安排施工任务;

(3) 建立机械使用责任制。

案例分析题七

【背景资料】

某道路工程项目，施工总承包单位项目经理部根据该工程作业内容、土质条件、运距和气象条件，综合分析相关工程和设备的情况，对本工程的施工机械进行了选择和协调。具体施工中的部分工程施工机械的配置是：

(1) 对于清基和料场准备等路基施工前的准备工作，选择的施工机械与设备主要有铲运机、装载机、自卸汽车和平地机。

(2) 对于石方开挖工程，选择的机械与设备主要有推土机、铲运机、挖掘机、凿岩机和自卸汽车。

(3) 对于石方填筑工程，选择的机械与设备主要有平地机、推土机、洒水车和挖掘机。

【问题】

1. 逐条判断部分工程施工机械的配置是否合理？如不合理，请改正。

2. 沥青路面压实机械主要有哪几种？

3. 水泥混凝土路面施工主要机械设备有哪些？

4. 装载机主要是用于进行哪些作业？

5. 平地机主要用于进行哪些作业？

【参考答案】

1. 部分施工机械配置合理与否的判断：

(1) 不合理。

正确做法：对于清基和料场准备等路基施工前的准备工作，选择的机械与设备主要有推土机、挖掘机、装载机和平地机等。

(2) 不合理。

正确做法：对于石方开挖工程，选择的机械与设备主要有挖掘机、推土机、移动式空气压缩机、凿岩机、爆破设备等。

(3) 不合理。

正确做法：对于土石填筑工程，选择的机械与设备主要有推土机、铲运机、羊足碾、压路机、洒水车、平地机和自卸汽车等。

2. 沥青路面的压实机械配置主要有光轮压路机、轮胎压路机和双轮双振动压路机。

3. 水泥混凝土路面施工主要机械设备有：混凝土搅拌楼、装载机、运输车、布料机、挖掘机、起重机、滑模摊铺机、整平梁、拉毛养护机、切缝机、洒水车等。

4. 装载机主要是用来铲、装、卸、运散装物料，也可对岩石、硬土进行轻度挖掘作业和短距离转运工作，在较长距离的物料转运工作中，它往往与运输车辆配合，以提高工作效率。

5. 平地机主要用于路基、砂砾路面的整平及土方工程中场地整形和平地作业，还可用于修整路基的横断面，修刮路堤和路堑的边坡，开挖边沟和路槽等。

案例分析题八

【背景资料】

某施工单位承接了2km的山区二级公路工程项目，其中包含一座长260m的双车道隧道。隧道进口洞顶覆盖层较薄，出口段的路堑地段受落石和塌方危害，隧道进出口段均设置12m的拱式明洞。其中进口段的路堑对明洞有偏压，路床有软基处理，出口段的路堑对明洞无偏压。

隧道开挖后，及时修筑了第一次衬砌，通过施工中的监控量测，确定围岩变形稳定后，修筑防水层及进行第二次衬砌。

隧道洞口段路面采用水泥混凝土路面，路面结构层自上而下为：20cm厚C30水泥混凝土面层；20cm厚水泥稳定碎石层；20cm厚填隙碎石基层。路面施工完成后进行了隧道通风、照明设施的施工。

隧道通车后，在进口段发现路面出现横向裂缝，施工单位对出现裂缝的原因进行调查分析，发现该段基层顶面标高比设计标高平均高出5cm，而混凝土制备、浇筑工艺、养护都满足要求，切缝及时。

【问题】

1. 简述本隧道工程设置明洞的理由。
2. 根据荷载分布划分，该隧道的拱式明洞有哪些形式？
3. 补充隧道中还需要施工的其他附属设施。
4. 分析路面出现横向裂缝的可能原因。

【参考答案】

1. 本隧道工程设置明洞的理由：隧道进口洞顶覆盖层较薄，洞口有落石和塌方危险，应采用明挖法来开挖隧道。明洞既可作为地面建筑物用以抵御边坡、仰坡的塌方、落石、滑坡、泥石流等病害，又可作为地下建筑物用于在深路堑、浅埋地段不适宜暗挖隧道时，取代隧道的作用。

2. 根据荷载分布划分，该隧道的拱式明洞的形式包括：路堑对称型和路堑偏压型。

3. 隧道中还需要施工的其他附属设施：安全设施、供配电设施、应急设施等。

4. 本题中，路面出现横向裂缝的可能原因：

(1) 切缝深度过浅，由于横断面没有明显削弱，应力没有释放，因而在临近缩缝处产生新的收缩缝。

(2) 混凝土路面基础发生不均匀沉降，导致板底脱空而断裂。

(3) 混凝土路面板厚度不足，在行车荷载和温度应用下产生强度裂缝。

案例分析题九

【背景资料】

某路桥工程公司承揽了一条全长89.6km的高速公路，设计车速为130km/h，该工程路面采用热拌沥青混凝土，施工单位在施工中出现以下情况：

(1) 施工技术人员做好配合比设计后报送项目经理审批是否符合规定。

(2) 试验段开工前1个月安装好试验仪器和设备，配备好试验人员报项目技术负责人审核。

(3) 混合料的表面层采用走线法摊铺施工。

(4) 开铺前施工人员将摊铺机的熨平板加热到 50℃。

(5) 在接缝处理时，施工技术负责人要求施工人员纵向冷接缝上、下层的缝错开 10cm，横向接缝错开 1.2m。

【问题】

1. 逐条判断以上出现的情况是否妥当？如不妥当，请改正。

2. 对沥青路面混合料的运输有何要求？

【参考答案】

1. 施工过程中出现情况的不妥之处：

(1) 不妥之处：做好配合比设计后报送项目经理审批。

正确做法：做好配合比设计后报监理工程师审批。

(2) 不妥之处：安装好试验仪器和设备、配备好试验人员报送项目技术负责人审核。

正确做法：试验段开工前 28d 安装好试验仪器和设备，配备好试验人员后报请监理工程师审核。

(3) 不妥之处：混合料的表面层采用走线法摊铺施工。

正确做法：混合料的表面层采用平衡梁法施工，下、中面层采用走线法施工。

(4) 不妥之处：开铺前施工人员将摊铺机的熨平板加热到 50℃。

正确做法：开铺前将摊铺机的熨平板进行加热至不低于 100℃。

(5) 不妥之处：纵向冷接缝上、下层的缝错开 10cm。

正确做法：纵向冷接缝上、下层的缝错开 15cm 以上。

2. 对沥青路面混合料的运输要求：

(1) 根据拌合站的产量、运距合理安排运输车辆。

(2) 运输车的车厢内保持干净，涂防粘薄膜剂。运输车配备覆盖棚布以防雨和热量损失。

(3) 已离析、硬化在运输车厢内的混合料，低于规定铺筑温度或被雨淋的混合料予以废弃。

案例分析题十

【背景资料】

某施工单位甲承接了一座 3×30m 预应力混凝土先简支后连续梁桥工程，下部构造为重力式桥台和桩柱式桥墩，总体布置如图 6-24 所示。

地质钻探资料揭示，1 号、2 号墩有厚度 5～8m 不等的砂卵石覆盖层，其强度大于 25MPa，卵石平均粒径为 20cm，持力层为中风化砂层。设计要求桩基在低水位期间采用筑岛钻孔法施工。

施工单位甲将桩基施工分包给施工单位乙，并签订了安全生产管理协议，明确了双方在安全隐患排查中的职责。

桥梁上部结构的主要施工工序包括：

① 安装临时支座；

② 拆除临时支座；

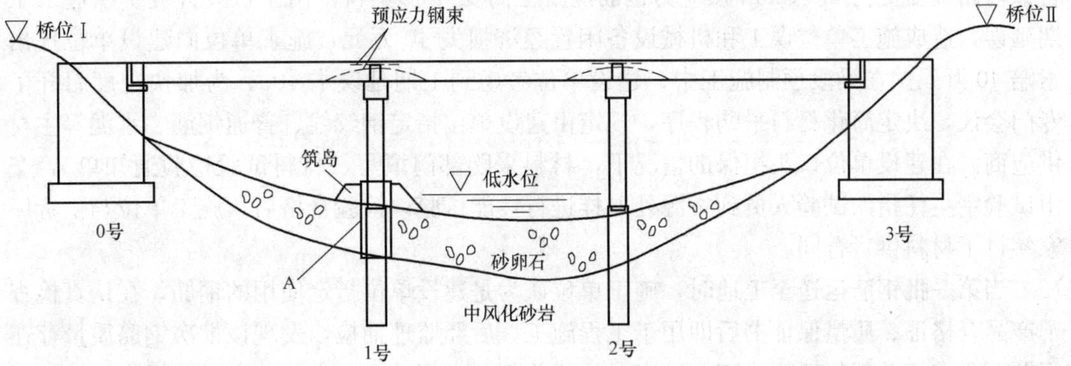

图 6-24　总体布置图

③ 安放永久支座；

④ 架设 T 梁；

⑤ 浇筑 T 梁接头混凝土；

⑥ 现浇 T 梁湿接缝混凝土；

⑦ 浇筑横隔板混凝土；

⑧ 张拉二次预应力钢束。

【问题】

1. 开展 1 号墩顶测量放样时，应控制哪两项指标？

2. A 是什么临时设施？有何作用？

3. 根据地质条件，宜选用何种类型钻机施工？

4. 在双方签订的安全生产管理协议中，施工单位甲对事故隐患排查治理应负有哪些职责？

5. 对背景资料中上部结构主要施工工序进行排序（用圆圈的数字表示）。

【参考答案】

1. 开展 1 号墩顶测量放样时，应控制的两项指标：墩顶坐标和高程。

2. A 是钢护筒，作用是稳定孔壁、防止坍孔，保护孔口地面，固定桩孔位置和起到钻头导向作用等。

3. 根据地质条件，宜选用冲击钻机（或冲抓钻机或旋转钻机）。

4. 在双方签订的安全生产管理协议中，施工单位甲对事故隐患排查治理应负有统一协调和监督管理的职责。

5. 对背景资料中上部结构主要施工工序进行排序：①→④→⑦→⑥→⑤→⑧→③→②（或①→③→④→⑦→⑥→⑤→⑧→②）。

案例分析题十一

【背景资料】

某高速公路穿越某旅游景区，其中 K49＋020～K49＋530 段原设计为填高 10～20m 的路堤，并需借土填方。建设单位要求施工单位加强环境保护，做到文明施工。因该地区申报 4A 级旅游景区，为保护该区域环境地貌，决定取消取土场。经相关各方协商，决定将该段路堤变更为20×25m预应力钢筋混凝土简支T形梁桥。由于该设计变更引起的工期延误，造成施工单位误工和机械设备闲置经济损失40万元，施工单位向建设单位提出索赔40万元。在梁段预制施工中，建设单位考虑到工期延误了40d，为加快进度召开了专门会议，决定简化材料采购程序，规定由建设单位指定钢绞线、普通钢筋、水泥等主材供应商。在建设单位口头担保的情况下，材料采购部门填写《材料试验检验通知单》，交由试验室主任指派试验人员到货源处取样进行性能试验，检验合格后，施工单位与供货厂家签订了材料供货合同。

当第一批钢筋运送至工地时，施工单位认为是建设单位指定使用的钢筋，在认真检查了产品合格证、质量保证书后即用于工程施工。后经监理抽检，发现该批次钢筋质量存在问题，要求相关部位暂停施工，已完成的相关部分全部返工，由此造成经济损失60万元，项目部据此向建设单位索赔60万元。

由于25mT形梁数量较多，施工单位设置了专门的预制场和存梁区，采用龙门吊机移运预制的梁段。施工中由于龙门吊机钢丝绳断裂导致预制梁坠落，两片T梁损毁，一人受伤，直接经济损失20万元。

【问题】

1. 根据《公路工程设计变更管理办法》，指出背景资料中所述的变更属于哪一级设计变更？简述该设计变更的程序。

2. 指出施工单位在材料采购和进场检验中的错误做法，并写出正确做法。

3. 分别指出施工单位就工程变更提出的索赔和工程返工提出的索赔是否合理？说明理由。

4. 根据《生产安全事故报告和调查处理条例》，指出预制场梁段坠落事故的等级。

5. 写出T梁预制施工中应做好的主要环境保护工作。

【参考答案】

1. 背景资料中所述的变更属于较大设计变更。

设计变更程序包括：意向通知、资料收集、费用评估、协商价格、签发变更令。

2. 错误有：（1）由建设单位口头担保，与主材料供货厂家签订材料供货合同；（2）钢筋到场后，未经检验即直接用于施工。

正确做法：（1）应通过公开招标方式确定供货商；（2）钢筋到场后，应由试验室在监理工程师监督下按规范规定的批量和项目进行检测试验，合格后方可使用。

3. 因工程变更进行的索赔合理，因为是由于建设单位的原因引起的变更。因工程返工引起的索赔不合理，因为造成该损失的原因是施工项目部未把好材料进场关，是施工单位的责任。

4. 一般事故。

5. 围挡隔离，场地道路硬化，清运车辆覆盖、封闭并清洗，洒水降尘，降低噪声。

案例分析题十二

【背景资料】

某施工单位承接了农村公路的5×16m简支板桥施工项目，桥梁上部结构为先张法预应力空心板，下部结构为双柱式桥墩，基础为桩基础，桥面面层为5cm厚沥青混凝土，采用租赁摊铺机摊铺。桥头附近为砂性黏土，地势平坦，施工单位拟在此布置预制梁场，所需普通工人主要在当地雇用。当桩基础施工完毕后按规定进行了完整性检测。

在施工中发生了如下事件：

事件1：施工单位购买了3套千斤顶，为使用方便，千斤顶、油泵随机组合起来张拉预应力钢绞线。由于工期紧，新设备购买后立即投入使用。

事件2：在桥面施工过程中，施工单位安装伸缩缝后即进行5cm厚沥青混凝土施工，要求摊铺机匀速行驶，技术员随时检查高程及摊铺厚度。

【问题】

1. 结合背景资料，写出施工单位需要签订哪些合同？

2. 现场预制梁场布置一般应考虑哪些因素？

3. 针对事件1，改正错误之处。

4. 针对事件2，改正错误之处。若按背景资料所述方法施工，可能产生哪些质量病害？

【参考答案】

1. 施工单位需要签订的合同：承包合同、采购合同、租赁合同、检测合同、保险合同、劳动合同、安全合同和廉政合同。

2. 现场预制梁场布置一般应考虑的因素：现场的面积、地形、工程规模、安装方法、工期及机械设备情况等。

3. 针对事件1，改正错误如下：在进行张拉作业前，必须对千斤顶、油泵进行配套标定，并每隔一段时间进行一次校验。有几套张拉设备时，要进行编组，不同组号的设备不得混合。

4. 针对事件2，改正错误如下：为改进构造物伸缩缝与沥青路面衔接部位的牢固及平顺，先摊铺沥青混凝土面层，再做构造物伸缩缝。

若按背景资料所述方法施工，可能产生路面不平整病害接缝处压实度不足造成跳车明显，还可能导致伸缩缝早期破坏。

案例分析题十三

【背景资料】

某公路工程项目，根据设计要求，基层采用无机结合料稳定基层，并采用中心站集中拌合法施工，施工中的部分施工方法是：

(1) 集中拌合时，土块的尺寸选择不小于15mm的土块进行均匀拌合。

(2) 拌合好的混合料利用大吨位的翻斗车运输到施工现场。

(3) 混合料采用沥青混凝土摊铺机进行摊铺。

(4) 混合料先用三轮压路机跟在摊铺机后及时进行碾压后，又用两轮压路机继续碾压密实。

(5) 混合料在施工中的温度控制在5℃以下。

(6) 混合料的养护是在每一段碾压完成后并经压实度检查合格后进行。

【问题】

1. 该工程的施工方法中有何不妥之处？请指出，并改正。

2. 对无机结合料基层养护的一般规定有哪些？

3. 绘出中心站集中拌合法的施工工艺流程图。

【参考答案】

1. 该工程施工方法中的不妥之处如下：

(1) 不妥之处：集中拌合时，土块的尺寸选择不小于 15mm 的土块。

正确做法：在集中拌合时，土块应粉碎，最大尺寸不得大于 15mm。

(2) 不妥之处：混合料先用三轮压路机跟在摊铺机后及时进行碾压后，又用两轮压路机继续碾压密实。

正确做法：宜先用轻型两轮压路机跟在摊铺机后及时进行碾压，后用重型振动压路机、三轮压路机或轮胎压路机继续碾压密实。

(3) 不妥之处：混合料在施工中的温度控制在 5℃以下。

正确做法：施工宜在春末和气温较高的季节组织施工，施工期的日最低气温应在 5℃以上。

2. 无机结合料基层养护的一般规定：

(1) 无机结合料稳定材料层碾压完成并经压实度检查合格后，应及时养护。

(2) 无机结合料稳定材料的养护期宜不少于 7d，养护期宜延长至上层结构开始施工的前 2d。

(3) 养护可采取洒水养护、薄膜覆盖养护、土工布覆盖养护、铺设湿砂养护、草帘覆盖养护、洒铺乳化沥青养护等方式，宜结合工程实际情况选择适宜的方式。

(4) 养护期间应封闭交通，除洒水车和小型通勤车辆外严禁其他车辆通行。

(5) 无机结合稳定材料层过冬时应采取必要的保护措施。

(6) 根据结构层位的不同和施工工序的要求，应择机进行层间处理。

3. 中心站集中拌合法的施工工艺流程，如图 6-25 所示。

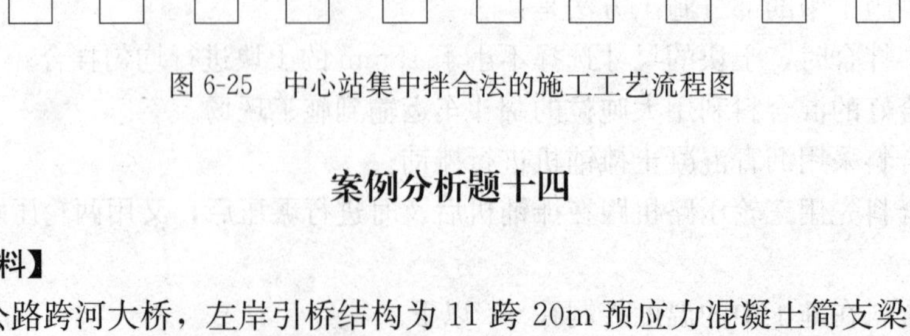

图 6-25　中心站集中拌合法的施工工艺流程图

案例分析题十四

【背景资料】

某二级公路跨河大桥，左岸引桥结构为 11 跨 20m 预应力混凝土简支梁桥，柱式墩，1.5m 桩基础。0 号桥台至 6 号墩桩长 12～14m，靠近主桥四跨桩长超过 20m。由于该河段枯水期长，且左岸地质水文条件较好，故引桥桩基采用人工挖孔方法施工，挖孔桩施工照明、电器和起吊设备安全控制要点部分如下：

(1) 孔内不得使用超过 110V 电压的灯具照明。

(2) 电器设备必须同时装设接零和接地保护。

(3) 起吊设备必须有限位器、防脱钩器等装置。

引桥所处河滩宽阔平坦，局部存在坑洼与淤泥地段，淤泥厚度 10～30cm，其下为砂砾土，地基经处理后承载力能满足预制场施工要求。项目经理部决定将引桥主梁预制场设在该段河滩上，主梁采用预制吊装施工，施工现场分为 A、B、C、D、E 五个作业区域，具体布置如图 6-26 所示。

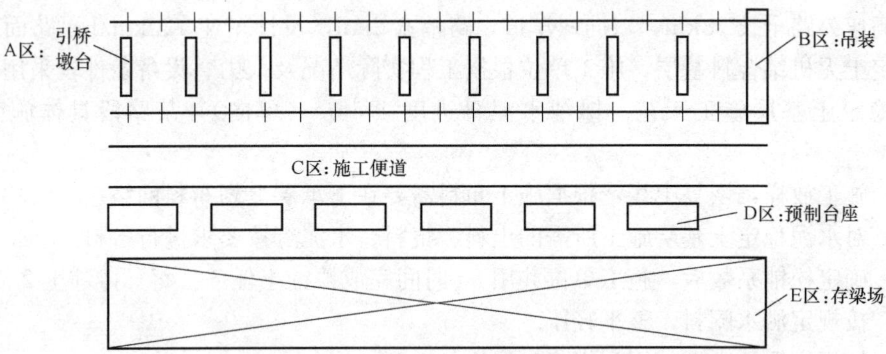

图 6-26　具体布置图

预应力张拉时部分主梁锚板处混凝土出现变形开裂现象，项目经理部现场处理方法如下：

(1) 清除锚下损坏混凝土，采用与主梁相同配比混凝土修补。

(2) 重新安设相同规格锚垫板，待混凝土强度满足要求后张拉。但张拉时仍然出现变形开裂情况，监理工程师指出了项目经理部现场处理方法的不足，并提出整改要求。

【问题】

1. 就左岸靠近主桥四跨的桩长情况，该段引桥桩基采用人工挖孔方法施工是否恰当？说明理由。

2. 改正背景资料中挖孔桩安全控制要点的错误之处。

3. 根据图示，指出引桥主梁所用的吊装方法。

4. C、D、E 施工作业区域布置是否合理？说明理由。

5. 改正背景资料中锚板处混凝土变形开裂现场处理方法中的不妥之处。

【参考答案】

1. 就左岸靠近主桥四跨的桩长情况，该段引桥桩基采用人工挖孔方法施工不恰当。

理由：人工挖孔超过 10m 深，应采用机械通风，并必须有足够保证安全的支护设施及常备的安全梯道。人工挖孔最深不得超过 15m。

2. 改正背景资料中挖孔桩安全控制要点的错误之处：

(1) 孔内照明应使用 36V 电压的灯具。

(2) 孔内电器设备必须装设漏电保护装置。

3. 采用的是跨墩龙门吊结合架桥机进行吊装施工作业。

4. C、D、E施工作业区域布置不合理。

理由：因为这样布置移梁距离远，施工不方便，成本高，宜将存梁场布设在C区，施工便道布设在E区。

5. 将锚具取下，凿除锚下损坏部分，然后加筋用高强度混凝土修补，将锚下垫板加大加厚，使承压面扩大。

案例分析题十五

【背景资料】

某高速公路全长78km，双向六车道，路幅宽29m，设计车速120km/h，路面基层为水泥稳定土无机结合料基层，施工单位根据工程实际情况及人力、设备条件，采用了路拌法水泥稳定土基层施工工艺。摊铺水泥日进度1.5km（单向），某路段具体施工过程如下：

(1) 施工放样，恢复中线：根据施工布料需要在下承层上划布料网络。

(2) 对水泥稳定土基层施工所需的土料、集料、水泥等按要求进行备料。

(3) 确定松铺系数后，施工单位共用5d时间完成摊铺土任务。每日摊铺土2.5km。

(4) 按规定洒水闷料，整平轻压。

(5) 按规定摆放水泥，用刮板将水泥均匀摊开。

(6) 为保证拌合质量，按规定采用了稳定土拌合机进行拌合。为了避免损坏下承层，拌合深度保持在下承层顶面5～10mm。

(7) 拌合料拌合均匀后，立即用平地机初步整形，为保证整形质量，全路段平地机均由两侧路肩向路中心进行刮平。

(8) 整形后，当混合料的含水率为最佳含水率（±1%～±2%）时，按规定用轻型压路机配合12t以上的压路机进行碾压。直线和平曲线段，由两侧路肩向路中心碾压，设超高的平曲线段，由外侧路肩向内侧路肩碾压。

【问题】

1. 无机结合料稳定基层根据使用材料和施工方法分为哪几类？

2. 本项目路拌法水泥稳定土基层施工准备中少了什么重要环节？并简述这一环节主要工作。

3. 本项目具体施工过程中存在哪些不妥之处？并改正。

【参考答案】

1. 无机结合料稳定基层施工根据施工中使用材料可分为：水泥稳定土基层施工、石灰稳定土层施工和工业废渣稳定基层施工。

2. 本项目路拌法施工水泥稳定土基层的准备中少了下承层的检查环节。

下承层检查的主要工作包括：无机结合料稳定基层施工前，必须检查下承层的压实度、平整度、高程、横坡度、平面尺寸。若下承层是土基，必须用12～15t压路机进行碾压检查，如有表面松散、弹簧等问题必须进行处理。

3. (1) 不妥之处：摊铺土的进度与摊铺水泥的进度不符合。

正确做法：摊铺土的进度应为1.5km（单向）为宜。

(2) 不妥之处：拌合深度保持在下承层顶面5～10mm。

正确的做法：拌合深度应达到稳定层底并宜侵入下承层5～10mm。

(3) 不妥之处：全路段平地机均由两侧路基向路中心进行刮平。

正确做法：在直线段采用此法，本曲线段应由内侧向外侧进行刮平。

(4) 不妥之处：超高的平曲线段，由外侧路肩向内侧路肩碾压。

正确做法：超高的平曲线段应该由内侧路肩向外侧路肩碾压。

案例分析题十六

【背景资料】

某施工单位承接了某山区二级公路4.5km的路基路面施工任务。合同段有一段长450m的两车道隧道和一座长20m的简支梁桥。隧道位于软弱围岩地段，桥梁采用重力式u形桥台，整个合同段均为沥青混凝土路面。

在隧道施工方案中有如下要求：

(1) 在隧道施工期间，由专职安全员作为安全生产的第一责任人，对隧道施工安全生产全面负责；

(2) 隧道的钻爆作业，必须由具有经过专业培训且持有钻孔操作合格证的专业人员作业；

(3) 在隧道施工中，坚持“长进尺、强爆破、早喷锚、勤量测”的原则；

(4) 采用干式凿岩机凿岩。

桥台基础采用明挖基础，开挖深度为2.5m，地下水位位于基底以下，土质为黏性土，为了方便开挖出的土方回填原处，民工队在开挖后的基坑南边距坑顶边缘1m内堆土（堆土高度1.0m），在北边基坑顶边缘1.0～3.0m范围内堆土（堆土高度2.0m）。由于天气炎热，为防止太阳辐射，民工戴草帽在坑内作业。

为了满足施工需要，招聘了一批工人。在进行体检时，发现：2人患有轻度脂肪肝、2人患有皮肤病、3人患有乙肝、1人患有心脏病、1人患有高血压。

【问题】

1. 指出隧道施工方案中存在的错误，并予以改正。

2. 背景资料中的桥梁基础施工宜采用哪种排水方法排除基坑内的积水？说明理由。

3. 指出并改正基坑施工过程中民工队的错误做法。背景资料中的桥台基础开挖是否属于高处作业？说明理由。

4. 在招聘的工人中，患哪些病的人不宜从事沥青作业？患哪些病的人不得从事高处作业？

【参考答案】

1. (1) 错误，应由项目经理全面负责。

(2) 错误，应由具有爆破证的人作业。

(3) 错误，坚持“短进尺”、“弱爆破”的原则。

(4) 错误，应采用湿式凿岩机（或带有捕尘器的干式凿岩机）。

2. 宜采用集水坑排水（或采用水泵除坑外）。因为地下水位位于基底以下，土质为黏性土，基坑深度不大。

3.（1）离坑边 1m 范围内不得堆土，离坑边 1.0～3.0m 范围内堆土高度过高（不得超过 1.5m），民工在坑内作业必须戴安全帽。

（2）属于高处作业，开挖深度超过 2m 时，即应按高处作业做好相关安全工作。

4. 患有皮肤病的人不宜从事沥青作业，患心脏病和高血压的人不得从事高处作业。

案例分析题十七

【背景资料】

某二级公路工程施工合同段，包含两段路基（K6＋000～K6＋460、K6＋920～K8＋325）和一座隧道（K6＋460～K6＋920），两段路基中既有挖方也有填方。隧道上覆土厚约 20m，围岩级别为Ⅳ、Ⅴ级，其中Ⅳ级围岩主要由较坚硬岩组成，Ⅴ级围岩主要由第四系稍湿碎石土组成，该隧道为大断面隧道。

施工单位采用挖掘机开挖路基挖方段土方，开挖时采用横挖法自上而下分台阶进行，直接挖至设计边坡线，并避免超欠挖。开挖时每层台阶高度控制在 3～4m 以内，并在台阶面设置 2%纵横坡以避免雨季积水。

根据施工组织设计要求，部分路基填筑利用隧道洞渣作为路基填料，一般路段采用分层填筑方法施工，土石方分层填筑施工工艺流程如图 6-27 所示。

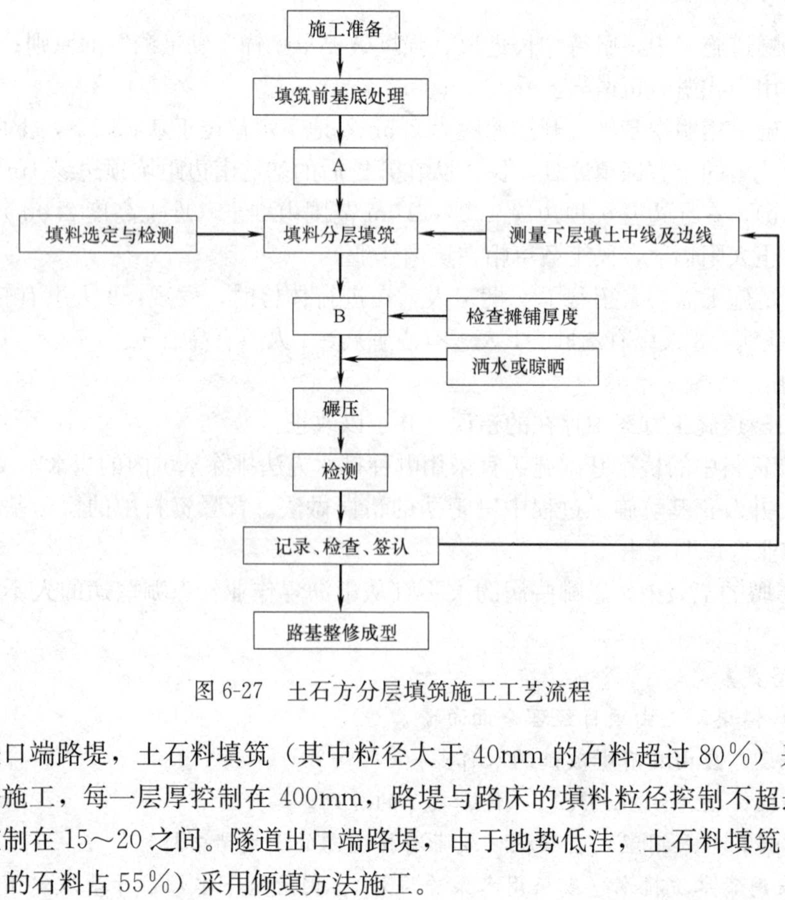

图 6-27 土石方分层填筑施工工艺流程

隧道进口端路堤，土石料填筑（其中粒径大于 40mm 的石料超过 80%）采用水平分层填筑方法施工，每一层厚控制在 400mm，路堤与路床的填料粒径控制不超过层厚，不均匀系数控制在 15～20 之间。隧道出口端路堤，由于地势低洼，土石料填筑（其中粒径大于 40mm 的石料占 55%）采用倾填方法施工。

隧道施工采用新奥法，根据施工进度计划，并结合地质情况及运输条件，施工单位对该合同段的隧道施工配置了挖掘机、自卸式汽车、风动凿岩机、装载机、凿岩台车、模板衬砌台车、钻孔机、混凝土喷射机、注浆机等施工机械。

【问题】

1. 指出路基土方开挖的错误做法，并说明理由。

2. 写出图 6-27 中 A 和 B 的名称。

3. 指出隧道进口端与出口端路堤填筑中的错误做法并改正。

4. 路基填筑前，“摊铺厚度”指标应通过什么方法确定？图 6-27 中，“洒水或晾晒”的目的是什么？

5. 在施工单位对该合同段配置的隧道施工机械中，指出可用于锚杆施工的机械。

【参考答案】

1. “直接挖至设计边坡线”的做法错误。因为按相关规范规定，应预留一定的宽度，以免扰动边坡线外土体。

2. A 是基底检测，B 是推土机摊铺整平（或摊平，或整平）。

3. “路堤与路床的填料粒径控制不超过层厚”错误。改为“路堤填料粒径不宜超过层厚的 2/3（即 267mm），路床底面以下 400mm 范围内，填料粒径应小于 150mm，路床填料粒径应小于 100mm”。

“土石料填筑（其中粒径大于 40mm 的石料占 55%）时采用倾填方法施工”错误。改为“土石料填筑（其中粒径大于 40mm 的石料占 55%）采用分层填筑、分层压实”。

4. “摊铺厚度”应通过试验（或铺筑试验路段）方法确定；“洒水或晾晒”的目的是使填料含水量接近最佳含水量，以达到最佳压实效果。

5. 在施工单位对该合同段配置的隧道施工机械中，可用于锚杆施工的有：风动凿岩机、凿岩台车、钻孔机、注浆机。

案例分析题十八

【背景资料】

某施工单位承接了一段长 30km 的沥青混凝土路面施工，其中基层采用厂拌二灰稳定碎石，施工前选择了相应的施工机械并经计算确定了机械台数，施工工艺如图 6-28 所示。

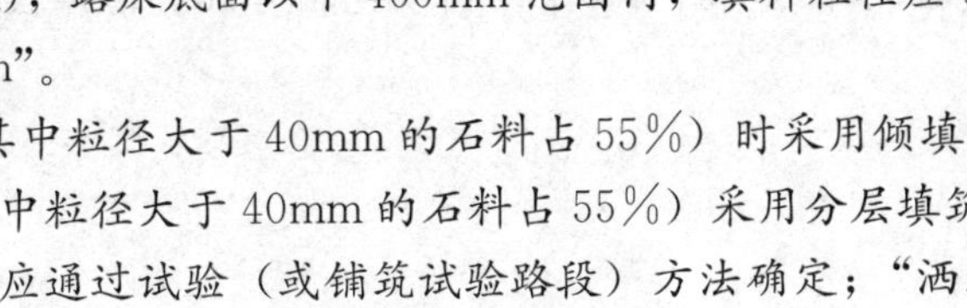

图 6-28 施工工艺

其中部分路段采用两幅施工，纵缝采用斜缝连接。同日施工的两个工作段接缝处，要求前一段拌合整修后，留 5～8m 不进行碾压，作为后一段摊铺部分的高程基准面，后段摊铺完成后立即碾压以消除缝迹。

二灰基层施工完毕后，且在面层施工前，检测了如下项目：弯沉、压实度、平整度、纵断面高程、宽度、横坡、回弹模量，以评定该分项工程质量。

【问题】

1. 二灰基层施工准备中，计算机械台数需要考虑哪些因素？

2. 补充方框 A、B 内的工序。

3. 改正接缝处理中错误的做法。

4. 指出二灰基层质量检测评定实测项目中的错项，并补充漏项。

【参考答案】

1. 二灰基层施工准备中，计算机械台数需要考虑的因素：计划时段内应完成的工程量、计划时段内的台班数、机械的利用率和生产率。

2. 方框 A 内的工序是施工放样（或放线，或测量），方框 B 内的工序是养护。

3. 改正接缝处理中错误的做法：

（1）纵缝必须采用垂直相接，不应采用斜缝连接；

（2）后一段施工时，前段留下未压部分，应再加部分生石灰结合料重新拌合，并与后一段一起碾压。

4. 二灰基层质量检测评定实测项目中的错项包括弯沉、回弹模量。补充的漏项包括厚度、强度。